日本の障害差別禁止法制

―― 条約から条例まで ――

池原毅和

信山社

はしがき

21世紀のはじまりとともに国際連合で本格的な審議が始められた障害のある人の権利と尊厳の保護、促進に関する国際人権条約の策定作業は2006年に障害のある人の権利に関する条約として結実し、日本も2014年に同条約を批准した。同条約の批准に向けて、障害のある人に対する差別禁止に関する国内法の整備が進められ、障害者基本法の改正（2011年）、障害者差別解消法の制定（2013年）、障害者雇用促進法の改正（2013年）などが相次いで行われ、また、各自治体でも障害者差別解消条例の制定が進められている。2020年現在で、中核市以上の地方公共団体で障害者差別禁止条例を制定している自治体は35以上に及んでいる。

現在までに形成されてきた障害のある人に対する差別禁止に関する法規は、障害者権利条約を上位の規範として各種法律、条例に至る障害差別禁止法制として一つの法分野を構成している。そして、障害差別禁止法制を構成する個別法令は障害者権利条約の要請に応える必要があり、一つの法体系として統一的に解釈運用される必要がある。しかし、障害者差別解消法や障害者雇用促進法などの個別の法律についての解説書は数多く出版されてきているものの、現在までに日本で形成されてきた障害差別禁止法制を体系的に捉えて障害者権利条約の観点から統一的に解釈の方向性を示し、さらに、法改正や新たな立法の必要性を論じる議論は十分には行われてきていない。本書はこうした観点から、個別法典の内部にとどまらずに、各法令を障害差別禁止法制を構成する体系の一部としてとらえ、障害者権利条約の要請に従った統一性のある解釈を示そうとするものである。

特に、障害差別禁止について中心的な役割を果たす実定法である障害者基本法、障害者差別解消法、障害者雇用促進法（本書では「差別禁止３法」と呼ぶ）は、いずれも行政施策と行政介入により障害差別問題を解決していく行政救済型の手法を基本としている点で欧米の障害差別禁止法とは異なる独特の法制になっている。行政救済型の差別禁止法制では差別禁止の私法上の効果は定めていないので、障害者差別解消法や障害者雇用促進法の差別禁止が私法上どのような効果を果たすかは、私法の解釈に委ねられることになる。障害者権利条約および差別禁止三法の規範的要請は、私法の一般条項を介して私法上の法律関係に反映されることになる（間接適用説）ので、不法行為における違法性（民法709条）あるいは契約法における信義則および権利濫用（同法１条２項、３項、労働契約法３条４項）、公序良俗（民法90条）、債務の本旨（同法415条）、安全への配慮（労働契約法５条）、合理的な労働条件（同法７条）、客観的合理性及び社会通念上の相当性（同法16条）などの条項も実質的には差別禁止法制の一部を担うことになる。しかし、この点についても必ずしも議論は深められいないので、本書では、この点も個別法典を超えた検討を加えている。

障害者権利条約は20世紀末までの国際人権思想を受け継ぎながら、社会モデルを超えた人権モデルを提示している。また、差別についても従来の形式論理的な均等／均衡モデルの公式（like cases should be treated alike）に対して社会的従属性に着目した新たな視点を示し、複合差別・交差差別という日本ではまだ馴染みが薄いが差別の本質にかかわる課題を明らかにしている。さらに、同条約は個人主義的な意思論への懐疑を投げかけ、人間の多様性の価値に基づく社会の包容化を求めるなど、日本の旧来の法制度が基礎としてきたパラダイムの大転換を随所に求めている。本書では、こうした障害者権利条約の最先端の議論を紹介しながら、それに基づいて日本の障害差別禁止法制のあるべき姿と解釈の方向性を明らかにしていく。

本書の巻末の差別禁止法令等索引は、関係各法令に広がりをもつ実質的な意味での障害差別禁止法制の全体を示している。特に本書では施行令、施行規則を含む実定法の条文に加えて、条約の解釈に影響する各条約体による一般的意見などの人権文書、障害者差別解消法に関する基本方針、対応要領、障害者雇用促進法に関する障害者差別禁止指針、合理的配慮指針など、各条項の有権的な解釈の基準も広く収録している。この索引から障害差別禁止法制の裾野の広さを概観し、また、個別的な課題について索引から逆引きしていく利用方法も有益かもしれない。法令索引では読者の参照の便宜のために、条文には見出しをつけ、一つの条文で参照個所が多岐にわたる条文についてはその条文がどのような論点と関連しているかを示す小見出しをつけた。また、一般的意見などについても参照パラグラフ（para.）には、その内容を示す小見出しをつけて論点との関係をパラグラフから逆に追うことができるようにしているので、辞書的に活用していただくこともできると思う。裁判例索引では国内裁判所の裁判例にとどまらず、障害差別禁止法の国際的な理解において特に先進的で重要と思われる裁判例等を掲載している。

本書が、障害当事者の方々をはじめ、障害差別禁止法にかかわる多くの実務家や研究者の方々の実践と研究に少しでも役立ち、障害差別禁止法制の発展のための議論の素材となることを願っている。

最後になるが、新しい法分野に関する研究と実践を進化させていくためには関係文献の出版に取り組んでくださる出版社の進取の協力が不可欠であり、本書の企画出版について積極的にご協力いただいた信山社の今井貴さん、稲葉文子さんのお力添えに心より感謝申し上げたい。

2020年７月

池原毅和

目　次

はしがき（iii）

◈第１章◈ 日本の障害差別禁止法の全体像 —— 3

◈**第１節　障害差別禁止法の全体像** …… 5

1　障害差別禁止法の法源………（5）
(1)　権利条約の批准と障害差別禁止法制の整備（5）
(2)　憲　法（6）
(3)　権利条約（7）
(4)　基本法、差別解消法、雇用促進法（差別禁止３法）（7）
(5)　雇用促進法の適用除外と国家公務員法等の適用（8）
(6)　基本方針、対応要領（10）
(7)　差別禁止条例（11）
2　障害差別禁止法制の法解釈の枠組み………（11）
(1)　権利条約による憲法規範の意味充填（11）
(2)　権利条約の解釈（13）
(3)　差別禁止３法の解釈（13）
(4)　差別禁止条例の解釈（13）

◈**第２節　障害差別禁止法の類型化** …… 14

1　救済方法からみた類型化（行政救済型と司法救済型）………（14）
2　法分野からみた類型化（憲法型、刑事法型、社会福祉法型、民事法型、行政指導法型）………（15）

◈第２章◈　権利条約の基本理論と基本条項 ―――――― 19

◈第１節　権利条約と障害モデル論……………………21

1　障害モデル論………（21）
(1)　障害構造の理解の仕方とモデル論（21）
(2)　モデル論と障害のある人の権利（24）
(3)　社会モデルから人権モデルへ（25）
2　権利条約と人権モデル………（28）

◈第２節　権利条約における差別のモデル論と形態論………31

1　差別者差別観から被差別者差別観へ………（31）
2　均等／均衡モデル（differentiation model）と反従属化モデル（anti-subordination model）………（32）
(1)　均等／均衡モデル（32）
(2)　反従属化モデル（33）
(3)　比較論の超克（35）
(4)　包括的平等（inclusive equality）（36）
3　差別形態論………（38）
(1)　権利条約と差別形態論（38）
(2)　直 接 差 別（39）
(3)　間 接 差 別（40）
(4)　合理的配慮の不提供（42）
(5)　関 連 差 別（42）
(6)　起 因 差 別（discrimination arising from disability）（44）
(7)　構造的・体制的差別（structural or systemic discrimination）（46）
(8)　ハラスメント、虐待、拷問等（46）

◈第３節　複合差別・交差差別 ……………………48

1　複合差別と交差差別の意義………（48）

(1)　複合差別と交差差別の定義 (48)
(2)　単一差別禁止事由アプローチ（single ground approach）と交差差別 (49)
2　交差差別禁止に関する国際人権規範の発展……… (53)
3　交差差別を障害差別禁止法に規定すべき締約国の義務……… (55)
◈ **第4節　法的能力の平等**……………………………………………………57
1　法的能力（legal capacity）と権利能力および行為能力……… (57)
(1)「法的能力」の解釈 (57)
(2)　法的能力の制限が内包する差別性 (58)
(i)　法的能力の測定技術の限界と成年後見制度の差別性 (58)
(ii)　精神的能力（mental capacity）を支える社会的基盤の偏り (59)
2　支援付き決定の意義……… (60)
(1)　法的能力行使のための支援の諸実践 (60)
(i)　インテンショナル・ピア・サポート (60)
(ii)　ファミリー・グループ・カンファレンス (60)
(iii)　オープン・ダイアローグ (61)
(iv)　サポーティッド・ディシジョン・メイキング (62)
(v)　マイクロ・ボード (63)
(2)　意思理論のパラダイム転換 (63)
(i)　意思の個人モデルとその変遷 (63)
(ii)　意思の社会モデルへの転換 (65)
(iii)　意思の社会モデルと支援付き決定 (66)
i ）支援付き決定への完全転換 (66)
ii ）支援の視点の転換 (68)
(3)　決定支援に対する濫用防止措置 (68)
3　現代的な契約と成年後見制度……… (70)
(1)　権利条約と成年後見制度利用促進法 (70)
(2)　成年後見制度の活用領域の限定 (70)
(i)　消費者法によるユニバーサルな解決手法（脆弱性スペク

トラム）(72)
ⅰ）　個人属性に着目する法理 (73)
ⅱ）　障害の社会モデルに親和的な法理 (74)
(ii)　福祉サービス受給契約の制度的契約性と権利擁護のあり方 (79)
(iii)　医療契約 (82)
(iv)　最後の手段（the last resort）としての成年後見制度 (84)

◈ 第５節　身体の自由と地域生活の権利 ……………………………85

1　身体の自由（14条）……… (85)
(1)　障害に基づく自由剥奪の禁止（14条１項ｂ後段）(85)
(i)　自由保障における差別の禁止 (85)
(ii)　疾病・障害の二分法の否定 (87)
(2)　恣意的拘禁等の禁止（14条１項ｂ前段）(88)
2　自立した生活および地域社会への包容（19条）……… (89)
(1)　自立した生活の権利と地域社会に包容される権利（19条柱書）(89)
(2)　特定の生活様式からの解放（19条ａ項）(91)
(3)　個別的な支援サービスと一般的な支援サービス（19条ｂ、ｃ項）(93)

◈ 第６節　人権モデルと社会権 ……………………………………95

1　人権モデルによる社会権実現形態の修正……… (95)
2　人権モデルによる教育を受ける権利の実現形態の修正……… (96)
(1)　教育を受ける権利とインクルーシブ教育 (96)
(i)　社会権としての教育を受ける権利と教育形態 (96)
(ii)　インクルーシブ教育の意義 (98)
(iii)　インクルーシブ教育の規範的構成要素 (99)
ⅰ）　価値基準（Values）(99)
ⅱ）　原則（Principles; 4As 原則）(100)

iii） インクルーシブ教育実現に向けて（100）
(2) 権利条約の規範的要請（101）
(i) インクルーシブ教育の普遍性（24条1項）（101）
(ii) インクルーシブ教育実現のための締約国の義務内容（24条2項）（101）
(iii) 言語とコミュニケーション技能の習得（24条3項、4項）（102）
(iv) 生涯にわたる教育への平等なアクセスの保障（24条5項）（103）
(3) 特別支援教育とインクルーシブ教育（103）
3 人権モデルによるその他の社会権実現形態の修正………（105）
(1) 無差別原則（non-discrimination）（105）
(2) インクルージョン（包容）（105）
(3) 尊厳および自律の尊重（105）
(4) 文化的・言語的同一性の尊重（105）
(5) 障害予防対策への視点（106）

◈ **第7節 権利条約の履行と履行の促進・保護・監視**…………… 107

1 3つの機関・機構の関係………（107）
2 履行のための中心的機関と調整機構（33条1項）………（107）
3 履行の促進・保護・監視のための機構（33条2項）………（108）
4 地域人権機関………（110）
5 日本の現状………（110）

◈ **第3章** ◈ **行政手法による差別禁止法** ———————— 113

◈ **第1節 基 本 法**………………………………………………… 115

1 障害福祉施策基本法から障害施策基本法へ………（115）
2 基本理念法から基本原則法へ………（117）
3 障害と障害者の定義………（119）

4　禁止される差別の成立要件（４条１項）………（120）
(1)　障害者に対する行為であること（120）
(2)　障害を理由とすること（121）
(i)　直接差別、間接差別、起因差別、関連差別（121）
(ii)　構造的差別・体制的差別（122）
(iii)　複合差別・交差差別（122）
(3)　差別行為であること（122）
(i)　区別、排除または制限であること（122）
(ii)　差別意図の要否（123）
(iii)　権利利益の侵害の要否（124）
5　合理的配慮義務の成立要件（４条２項）………（125）
(1)　個々の障害者との個別具体的関係で社会的障壁の除去が必要であること（125）
(2)　必要かつ合理的な配慮であること（125）
(3)　義務者の負担が過重でないこと（126）
(i)　社会的障壁を除去すべき社会関係にある者であること（126）
(ii)　作為義務が義務者に過重負担ではないこと（127）
i）　過重負担の法的性質（127）
ii）　負担の過重性の基準（128）
(4)　合理的配慮を求める意思の表明(申し出)の要否（129）
(5)　合理的配慮義務と差別禁止の関係（130）
(6)　合理的配慮義務の法的義務性（131）
6　差別禁止規定(４条)違反に対する救済方法………（132）

◈ **第２節　差別解消法** ……………………………………………… 133

1　差別と合理的配慮………（133）
(1)　禁止される差別の成立要件（133）
(i)　差別解消法による付加要件（133）
(ii)　正当化要件（134）
(2)　合理的配慮義務の成立要件（135）

(3)　差別禁止規定（7条、8条）違反に対する救済方法（136）
(i)　行政機関等について（136）
(ii)　事業者について（137）
2　差別解消のための支援措置………（139）
(1)　紛争の防止・解決体制の整備（14条）（140）
(2)　啓発活動（15条）（140）
(3)　情報収集・整理・提供（16条）（140）
(4)　障害者差別解消支援地域協議会（17条ないし21条）（140）

◈ **第3節　雇用促進法とその適用除外者** ……………………………… 143

1　雇用促進法の差別禁止規定………（143）
(1)　差別禁止と合理的配慮義務（143）
(i)　禁止される差別の成立要件（143）
i）　募集・採用時の差別禁止の要件（34条）（143）
①　事業主であること（143）
②　労働者の募集および採用について行う行為であること（144）
③　障害者に対する行為であること（144）
a．障害者の定義（144）
b．関連差別との関係（144）
④「障害者であることを理由として」の文言の欠如の意味（145）
⑤　障害者でない者と均等な機会を与えないこと（147）
⑥　正当化要件（147）
ii）　労働契約締結後の差別禁止の要件（35条）（148）
①　34条との共通要件（148）
②　賃金の決定、教育訓練の実施、福利厚生施設の利用その他の待遇についての取り扱いであること（148）
a．「その他の待遇」について（148）
b．最低賃金との関係（149）

③ 労働者が障害者であることを理由とすること (152)
a．労働者であること (152)
b．障害者であることを理由とすること (155)
ア．差別禁止事由としての障害者 (155)
イ．禁止される差別形態 (156)
④ 障害者でない者と不当な差別的取扱いであること (156)
⑤ 正当化要件 (157)
(ii) 合理的配慮義務の成立要件 (160)
i） 募集・採用時の合理的配慮義務（36条の2）(160)
① 事業主が労働者の募集および採用について行なう措置であること (160)
② 均等な機会の確保の支障になっている事情の改善に必要な措置であること (160)
③ 募集および採用に当たって障害者から申し出があること (160)
④ 障害の特性に配慮した措置であること (161)
⑤ 事業主に対して過度の負担とならないこと (161)
ii） 労働契約締結後の合理的配慮義務（36条の3）(161)
① 事業主であること (161)
② 障害者である労働者であること (163)
③ 均等な待遇の確保または能力の有効な発揮の支障となっている事情を改善するために必要な措置であること (163)
④ 障害の特性に配慮した措置であること (163)
⑤ 職務の円滑な遂行に必要な施設の整備、援助を行う者の配置その他の措置であること (163)
⑥ 事業主に対して過度の負担とならないこと (163)
(iii) 救 済 方 法 (164)
i）自主的解決方法 (164)
ii）行政指導による方法 (165)
iii）紛争解決の援助 (165)

① 都道府県労働局長による助言、指導または勧告（74条の６）(165)
② 紛争調整委員会による調停（74条の７、74条の８）(165)
(2) 積極的差別是正措置 (166)
2 雇用促進法の適用除外者（国家公務員、地方公務員、国会職員、裁判所職員、自衛隊員）………(166)

◈ **第４節　障害者虐待防止法**…………………………………… 168

1 障害者虐待防止法の概要………(168)
2 差別禁止法制としての評価………(170)
(1) 行為類型の課題 (170)
(2) 行為者類型の課題 (171)
(3) 予防、救済方法の課題 (171)

◈ **第５節　差別禁止条例**………………………………………… 173

1 差別禁止条例の役割………(173)
2 差別禁止条例による上乗せと横出し………(173)
(1) 障害・障害者の定義の拡張 (174)
(2) 差別形態の拡張 (175)
(3) 適用対象の拡張（事業者性の除去）(176)
(4) 合理的配慮義務の法的義務化と意思表明要件の緩和 (176)
(5) 生活領域ごとの規定の詳細化 (177)
(6) 救済方法の強化 (178)

◈ 第４章 ◈　救済方法（Remedy）—————————— 181

◈ **第１節　差別是正・撤廃のための国家の保護義務と救済方法**‥ 183

◈ **第２節　差別禁止法の民事法的効力**………………………… 187

1　不法行為法および契約法と平等権保護………（187）
2　私法領域における救済と是正………（188）
(1)　差別的な契約拒否に対する救済（188）
(i)　契約等の差別的な拒否と公開性・公共性（open or provide to the public）法理（189）
i）　公開性・公共性（open or provide to the public）法理（189）
ii）　裁 判 例（192）
a．ゴルフクラブの公開性が入会拒絶の許否を分けた裁判例（192）
b．公開性・公共性に着目した裁判例（193）
ア　店舗における集客の公開性（193）
イ　交 通 機 関（195）
ウ　娯楽・レクリエーション施設（195）
エ　加盟店契約（196）
c．合理的期待に着目した裁判例（197）
iii）　学　説（198）
(ii)　損害賠償責任に基づく間接的強制力（199）
(iii)　締約強制の可能性（200）
i）　差別的な条件の無効化による契約成立の可能性（200）
ii）　一般的な締約強制の可能性（201）
a．ドイツ民法と締約強制論（201）
b．差別禁止法制と締約強制（203）
(2)　契約内容の矯正（207）
(i)　一部無効による矯正（207）
(ii)　合理的配慮による契約条項等の矯正（209）
i）　契約条項の不適用（209）
ii）　契約に定めのない合理的配慮の補充（210）
a．私人間の契約関係における合理的配慮義務の位置づけ（210）

ｂ．私人間の契約関係における合理的配慮実現のための対話・協議義務 (212)
(3) 規範的要件の要素としての差別禁止 (213)
(i) 不法行為法と差別禁止法 (213)
(ii) 労働契約法と差別禁止法 (215)
ⅰ）労働法における間接適用関係 (215)
ⅱ）裁判例（合理的配慮義務の間接適用）(215)
ａ．就業規則の解釈に基づく合理的配慮義務 (215)
ｂ．労働契約における信義誠実の原則に基づく合理的配慮義務 (217)
ｃ．「債務の本旨」に基づく合理的配慮義務 (218)
ｄ．公序良俗に基づく合理的配慮義務 (219)
ｅ．権利濫用に基づく合理的配慮義務 (219)
ⅲ）労働契約に基づく合理的配慮義務の履行請求 (220)

・事 項 索 引 (223)
・裁判例索引 (230)
・障害差別禁止法令等索引 (232)

略　記

憲法	日本国憲法
自由権規約	市民的及び政治的権利に関する国際規約
社会権規約	経済的、社会的及び文化的権利に関する国際規約
人種差別撤廃条約	あらゆる形態の人種差別の撤廃に関する国際条約
移民労働者と家族の権利条約	すべての移民労働者とその家族の権利保護に関する条約
女子差別撤廃条約	女子に対するあらゆる形態の差別の撤廃に関する国際条約
子どもの権利条約	子どもの権利に関する条約
拷問等禁止条約	拷問及び他の残虐な、非人道的な又は品位を傷つける取扱い又は刑罰に関する条約
権利条約	障害者の権利に関する条約
一般的意見１号	12条　法の前における平等な承認、General comment No. 1 (2014), Article 12: Equal recognition before the law: CRPD/C/GC/1
一般的意見２号	９条　アクセシビリティ、General comment No. 2 (2014), Article 9: Accessibility: CRPD/C/GC/2
一般的意見３号	障害のある女子、General comment No. 3 (2016) on women and girls with disabilities: CRPD/C/GC/3
一般的意見４号	インクルーシブ教育、General comment No. 4 (2016) on the right to inclusive education: CRPD/C/GC/4
一般的意見５号	自立した生活及び地域への包容、General comment No. 5 (2017) on living independently and being included in the community: CRPD/C/GC/5
一般的意見６号	平等および無差別、General Comment No.6 (2018) on equality and non-discrimination: CRPD/C/GC/6
基本法	障害者基本法
雇用促進法	障害者の雇用の促進等に関する法律
差別解消法	障害を理由とする差別の解消の推進に関する法律
精神保健福祉法	精神保健及び精神障害者福祉に関する法律
医療観察法	心神喪失等の状態で重大な他害行為を行った者の医療及び観察等に関する法律
労働者派遣法	労働者派遣事業の適正な運営の確保及び派遣労働者の保護等

に関する法律

男女雇用機会均等法　雇用の分野における男女の均等な機会及び待遇の確保等に関する法律

総合支援法　障害者の日常生活及び社会生活を総合的に支援するための法律

差別解消法基本方針　障害を理由とする差別の解消の推進に関する基本方針

雇用促進法差別禁止指針　障害者に対する差別の禁止に関する規定に定める事項に関し、事業主が適切に対処するための指針（平成27年厚生労働省告示第116号）

雇用促進法合理的配慮指針　雇用の分野における障害者と障害者でない者との均等な機会若しくは待遇の確保又は障害者である労働者の有する能力の有効な発揮の支障となっている事情を改善するために事業主が講ずべき措置に関する指針（平成27年厚生労働省告示第117号）

雇用促進法局長通知　障害者の雇用の促進等に関する法律の一部を改正する法律の施行について（職発0616第1号平成27年6月16日）

ADA　障害のあるアメリカ人法: Americans' with Disabilities Act

アドホック委員会　障害のある人の権利と尊厳の保護及び促進に関する包括的国際条約に関するアドホック委員会（Ad Hoc Committee on a Comprehensive and Integral International Convention on the Protection and Promotion of the Rights and Dignity of Persons with Disabilities）

日本の障害差別禁止法制

第 1 章

日本の障害差別禁止法の全体像[1]

第1節
障害差別禁止法の全体像

1　障害差別禁止法の法源[2]

(1)　権利条約の批准と障害差別禁止法制の整備

権利条約の締結に必要な国内法の整備をはじめとするわが国の障害者制度の集中的な改革を行うために2009年に内閣に「障がい者制度改革推進本部」が設置された。同本部のもとには、障害のある人、障害のある人の福祉に関する事業に従事する者、学識経験者などからなる「障がい者制度改革推進会議」が設置され、同会議において基本法の改正と差別解消法の制定に向けた議論が行われた。基本法は2011年に改正され、差別解消法は2013年に成立した。また、雇用分野に関しては厚生労働省の労働政策審議会障害者雇用分科会において権利条約への対応が検討され、2013年に雇用促進法に差別禁止および合理的配慮

---

(1)　本書で「障害者差別」ではなく「障害差別」としているのは、第1に、障害に基づく差別は障害者に対する差別より範囲が広いためである。例えば、障害のある人にかかわる人（家族や友人など）に対して、障害のある家族や友人がいることに基づいて、他の人には課さない負担や制限を課すことは障害者本人に対する差別にはならないが、障害による差別にはなりえる。第2に、障害は個人的属性と考えられがちだが、権利条約が障害は「機能障害を有する者とこれらの者に対する態度及び環境による障壁との間の相互作用であって、これらの者が他の者との平等を基礎として社会に完全かつ効果的に参加することを妨げるものによって生ずる」と規定している（前文e）ように、障害は実は平等を基礎とした社会参加を妨げるものとの関係で構成されるものである。障害差別禁止法の本質は、その関係の中で「社会参加を妨げるもの」を打破していくことにあるので個人に着目するよりも社会関係に着目することが必要だからである。第3に、障害差別禁止法を包摂するより広い法分野として障害法がある。障害法は機能障害を有する者と社会の態度および環境の相互作用という社会現象を対象とする法分野である。障害差別禁止法はこの法分野の一部門として障害者差別ではなく障害差別とすることが適切と考えられるからである。

(2)　本書末尾の差別禁止法法令等索引および判例索引は実質的な意義での障害差別禁止法の全体を示すものになる。

義務に関する規定を加える改正がなされた。権利条約の締結に向けて整備されたこれら３つの法律は、わが国の障害差別禁止の基本となる法律であり、これらの法律を以下では差別禁止３法と呼ぶことにする。

差別禁止３法の整備をうけて権利条約は2014年に批准され⑶、これによって日本の障害差別禁止法制（以下見出語を除き「差別禁止法制」という）の基本が形成された。また、地方自治体においても権利条約の批准に前後していわゆる障害差別禁止条例が各地で制定されてきており、これらも差別禁止法制の一部を構成するものになっている。

⑵　憲　法

憲法（1946年）は、障害を明文で掲げた規定を定めていない。特に差別禁止にかかわる憲法14条１項は人種、信条、性別、社会的身分または門地を差別禁止事由として列挙しているが、障害は列挙事由に含まれていない。しかし、同条の列挙事由は限定的なものではないとするのが通説判例であり⑷、障害による差別も同条項の適用対象になる。もっとも、同条項は厳格な司法審査を必要とする差別禁止事由を列挙したものと解すべきか否かについては争いがある。列挙事由は歴史的社会的に従属した階層に置かれ抑圧されてきた人々の特徴となる事由であり、また、それらの人々は社会的に少数派であることなどから多数決原理が支配する選挙と民主制の過程では差別を是正することが困難な状態にある人々である。そのために憲法は特に厳格な司法審査によって司法救済の途を広げるために差別禁止事由を明示していると考えられる。障害のある人々も同様の状態に置かれてきた人々であるから、障害は列挙事由に準じる特徴とみることができる。したがって、列挙事由と同じように厳格な司法審査によって差別の是非が問われなければならない事由になるというべきであろう⑸。し

⑶　わが国は2007年に権利条約（2006年国連総会採択）に署名し、2014年１月20日に批准書を寄託し、同条約は同年２月19日にわが国について効力を発生した。憲法のもとでは内閣が締結し国会が承認した条約（73条３号）については包括的に国内法化される一般的受容形式をとっていると解するのが通説であるから（佐藤幸治『憲法（第３版）』（青林書院、1995年）29-32頁）、同条約は2014年２月19日以降日本の国内法としての効力も発生している。

⑷　最高裁判所昭和48年４月４日大法廷判決（刑集27巻３号265頁）

⑸　列挙事項特別意味説については佐藤・前掲注⑶477-478頁、植木淳（「障害のある人の権利と法」、日本評論社、2011年、169-170頁）は、米国連邦最高裁判所が合衆国憲法修正14条の違憲審査の定式化で用いた「疑わしき区分」の基礎にある「生来性・不変性」、「自尊侵害性」、「政治的無力性」、「差別の歴史性」という諸特徴が日本国憲法14条１項

たがって、憲法は障害差別禁止を明示していないが、差別禁止法制のもっとも上位の規範として位置づけられる。

⑶　権利条約

条約は、憲法98条2項の国際法遵守義務を根拠に、国会の承認（61条）後公布（7条1号）されることで国内法としての効力が認められる。条約と憲法の上下関係については、条約はその締結権が憲法に根拠づけられており、条約の締結（73条3号）および承認（61条）は憲法の枠内でのみ許容されていること、憲法改正については厳格な手続きが定められているが（96条）、条約の締結および承認はそれより容易であり、条約が憲法に優位するとすれば、条約によって容易に憲法を実質的に変更することが可能になり、厳格な改憲手続を定めた意味が失われることなどから、条約は憲法の下位の法規範と解するのが通説判例である[(6)]。他方、条約と法律の上下関係については、上記の国際法遵守義務および国会の承認手続に照らして条約は法律よりも優位の法規範とするのが一般的である。

権利条約は、法律の上位規範として、その内容に適合するように現行法制度・政策を改廃し、あらたに必要な法制度・政策を創設することを要請する（4条1項a、b、d）。権利条約は障害および差別の定義をはじめとして、基本法や差別解消法よりも詳細に差別が問題になる重要な生活領域について個別の規定を定めている。こうした規定に基づいて差別解消法などの概括的な差別禁止規定の内容を補充し、また、より実効性のある法律に向けた改正を進めることが求められる。

⑷　基本法、差別解消法、雇用促進法（差別禁止3法）

基本法は、「障害者の自立及び社会参加の支援等のための施策の基本となる事項」を定め（1条）、差別解消法は、「障害者基本法（昭和45年法律第84号）の基本的な理念にのっとり……障害を理由とする差別の解消の推進に関する基本

の列挙事由にも認められ、「障害」はこれらの諸特徴を共有しているので、「疑わしき区分」に該当し「社会的身分」に含まれると解して、非列挙事由とは異なる「厳格度の高い審査基準」（中間審査基準ないし厳格審査基準による趣旨と推察される）により違憲審査されるべきであるとする。髙井裕之（「ハンディキャップによる差別からの自由」『現代の法14』（岩波書店、1998年）220頁）は、障害者であることを「準・疑わしい分類」として、中間審査基準（重要な政府目的達成に実質的に関連する別異取り扱いであること）によるべきではないかとする。

⑹　最高裁判所昭和34年12月16日大法廷判決（刑集13巻13号3225頁）

的な事項、行政機関等及び事業者における障害を理由とする差別を解消するための措置等」を定めている（1条）。基本法は障害者施策全般の基本を定める法律であるのに対して差別解消法は障害差別禁止分野における特別法になる。

差別解消法は、「行政機関等及び事業者が事業主としての立場で労働者に対して行う障害を理由とする差別を解消するための措置については、障害者の雇用の促進等に関する法律（昭和35年法律第123号）の定めるところによる」（13条）としているため、雇用分野においては雇用促進法の差別禁止条項（第2章の2「障害者に対する差別の禁止等」および第3章の2「紛争の解決」）が適用されることになる。したがって、差別禁止分野においては差別解消法に対して雇用促進法は特別法になる。

差別禁止3法に国会制定の法律としての形式的な優劣関係はないが、基本法は他の2法に対して障害のある人に関する制度および政策の基本を定める法律として実質的には上位にある法規範である。また、基本法が規定する国際協力基本原則（5条）は国内の制度および政策を権利条約の要請に応じたものにしていくことを目指す規定であり、基本法は権利条約と国内の個別の法制度および政策の改革を結びつける要となる法律ということができる。

(5)　雇用促進法の適用除外と国家公務員法等の適用

差別禁止3法は、権利条約に対応するために改正あるいは新たに制定された法律であるが、雇用促進法は国家公務員等について雇用促進法の適用を除外しているために、障害のある公務員等については、差別解消法も雇用促進法の適用もなく、権利条約に対応する改正整備が行われないままの既存法による対応がなされるだけになっている。

すなわち、雇用促進法85条の3は、国家公務員および地方公務員については同法が定める労働者の募集・採用時および採用後の差別禁止規定（34条、35条）ならびに同各条に関して厚生労働大臣が定める「差別の禁止に関する指針」（36条）、さらに、「紛争解決」の規定（第3章の2）の適用を除外している。また、一般職の国家公務員(7)、裁判官および裁判官の秘書官以外の裁判所職員(8)、国会職員(9)、自衛隊員(10)については、同法が定める労働者の募集・採用時および採用

(7)　ただし、行政執行法人（独立行政法人通則法2条4項；例、国立公文書館、造幣局、農林水産消費安全技術センターなど）に属する一般職の国家公務員（行政執行法人の労働関係に関する法律2条2号）は除かれる。

(8)　裁判所職員臨時措置法

後のいわゆる合理的配慮義務（36条の2および同条の3）ならびにその指針（36条の4）、厚生労働大臣による助言、指導、勧告に関する規定（36条の5）の適用を除外している。

雇用促進法の適用除外（85条の3）の趣旨は、第1に国家公務員については「平等取扱いの原則」（国家公務員法27条）、「任免の根本基準」（同法33条）、人事院規則8-12第2条（任免の基本原則等）、同規則11－4（職員の身分保障）第2条が障害による差別を禁止する条項としても解釈できること、「能率の根本基準」（国家公務員法71条）、人事院規則10－4（職員の保健及び安全保持）第18条（中高年齢職員等に対する配慮）[11]が合理的配慮義務を含む規定と解釈できることなどから既存の条項で対応ができるためとされている。

第2に、地方公務員については「平等取扱いの原則」（地方公務員法13条）が障害による差別を禁止する条項として解釈できることから差別禁止に関する規定は適用除外にしたものとされている[12]。また、同法が定める人事委員会または公平委員会に対する勤務条件に関する措置要求制度および苦情処理制度等（同法第3章8節3款、4款）が雇用促進法の「紛争解決」に相当する規定とされている[13]。なお、地方公務員については合理的配慮義務の解釈根拠になる法令がないため、合理的配慮義務については雇用促進法の適用は除外されていない。

第3に、裁判所職員については国家公務員法27条、33条、71条が準用される（裁判所職員臨時措置法）こと、人事院規則10－4に相当する「裁判所職員健康安全管理規程」も定められていること、同規程17条は人事院規則10－4第

---

(9) 国会職員法1条

(10) 自衛隊法2条5項

(11) 同条は障害に言及しないが、「人事院規則10－4（職員の保健及び安全の保持）の運用について」18条関係は、「『特に配慮を必要とする職員』とは、健康診断の結果に基づく指導区分の決定を受けないが、健康障害の防止上特に配慮を必要とする虚弱者、身体障害者等をいう。」と定めている。

(12) 「障害者の権利に関する条約第1回政府報告（仮訳）」（外務省；http://www.mofa.go.jp/mofaj/gaiko/jinken/index_shogaisha.html）パラグラフ191の説明、障害者政策委員会第8回議事録；差別解消法6条2項の基本方針は雇用関係を想定していないという内閣府参事官の回答、厚生労働省障害者雇用対策課長の促進法の公務員に対する適用関係に関する回答

(13) 総行公第47号　平成25年6月19日「障害者の雇用の促進等に関する法律の一部を改正する法律の施行について」

18条と類似した規定になっていることから、国家公務員と同様に雇用促進法の適用の必要はないと考えられたものと思われる。さらに、三権の自律性の観点から裁判所職員の人事に関する事項は最高裁判所の権限としなければならないので、雇用促進法による行政介入は排除したものと考えられる。

国会職員については、国会職員法11条各号に該当する場合は「両議院の議長が協議して定めるところにより、その意に反して、これを降任し、又は免職することができる」と定められ、「身体又は精神の故障により、職務の遂行に支障があり、又はこれに堪えないとき」がその一事由として規定されている（同条２号）。

自衛隊職員については、自衛隊法42条２号が「心身の故障のため、職務の遂行に支障があり、又はこれに堪えない場合」を意に反する降任または免職の事由に掲げている。これらの規定を見ると国会職員と自衛隊員に対する障害差別禁止規定と合理的配慮義務規定は極めて不十分であり、むしろ、障害（心身の故障）を理由に障害のある人を排除する危険性を持っている。

国家公務員法およびこれを準用する裁判所職員臨時措置法、人事院規則、最高裁判所規則、地方公務員法などの上記の各規定は、現行の差別禁止法制に含まれるものではある。しかし、これらの法律は「障害」を明示しておらず、権利条約の要請に応じて障害のある人の特性や状況に適合するように法規定を改めてはいない。したがって、雇用促進法の適用除外とされた障害のある労働者に対する差別禁止法制は極めて不十分な状態に置かれているといわなければならない。

(6)　基本方針、対応要領

差別解消法および雇用促進法は、差別禁止および合理的配慮義務の内容を敷衍し実効性を持たせるために指針や要領を定めるものと規定している。差別解消法では、政府が差別解消の推進に関する施策を総合的かつ一体的に実施するための「基本方針」を定め（６条）、これに即して国の行政機関の長および独立行政法人等が、その職員が差別禁止と合理的配慮義務（７条）に関して適切な対応をするために必要な要領（「国等職員対応要領」）を定めるものとしている（９条）。また、地方公共団体の機関および地方独立行政法人についても基本方針に即して差別禁止と合理的配慮義務（７条）に関する「地方公共団体職員等対応要領」を定めるように努めるものとされている（10条）。さらに、主務大臣は、基本方針に即して差別禁止と合理的配慮義務（８条）に関する事業者が適切に対応するための指針を定めるものとしている（11条）。これらは差別解消法についての解釈運用を詳細化した法規範として差別禁止法制に含めて理解すべきものである。また、雇用促進法は厚生労働大臣が労働者の募集・採用時および採用後の差別禁止（34条、35条）について障害者に対する差別の禁止に関する指針（以下「雇用促進法差別禁止指針」）を定め（36条）、募集・採用時および採用後の合理的配慮義務（36条の２ないし４）について事業主が適切かつ有効な実施を図るために必要な指針（以下「雇用促進法合理的配慮指針」）を定めるものとしている（36条の５）。これらも同法の解釈運用を詳細化した法規範として差別禁止法制に含めて理解すべきものである。

⑺　差別禁止条例

障害者差別禁止条例（以下「差別禁止条例」という）は千葉県の「障害のある人もない人も共に暮らしやすい千葉県づくり条例」（2006年）を嚆矢として、その後、各地の自治体で条例が制定されてきている。差別解消法３条は各地方公共団体において障害を理由とする差別の解消のための施策の策定と実施を求めており、同法６条１項に基づいて策定された「障害を理由とする差別の解消の推進に関する基本方針」（以下「差別解消法基本方針」）は、条例と同法との関係について、いわゆる上乗せ・横出し条例を有効なものとして推進すべきものとしている。差別解消法の差別禁止規定は概括的で（７条、８条）、商品・サービスの提供、建物・交通機関の利用、不動産の取引、教育、労働、医療、福祉、情報の提供など個別の領域に応じた規定を定めていない。また、事業者の合理的配慮義務については努力義務にとどめている（８条２項）。そのため差別禁止条例には、個別の領域に応じた規定を定め、あるいは、努力義務とされている事業者の合理的配慮義務を条例に基づく法的義務に高めるなどの補完推進的な機能を果たすことが期待される。

2　障害差別禁止法制の法解釈の枠組み

⑴　権利条約による憲法規範の意味充填

憲法には障害のある人の人権をその保障の対象から排除する意図はないが、明示的に意識した規定も定めてはいない。これに対して権利条約は障害の観点から従来の人権規範を捉えなおし、障害のある人にとってもそれらが実効的に機能するように規定したものである。したがって、憲法の各人権規定は権利条約に照らして障害のある人の観点からその意味を充填して解釈することが求められる。

従来の人権規範は「何人も……居住、移転の自由……を有する」（憲法22条1項）、「すべて人は……自由に居住及び移転する自由を有する」（世界人権宣言13条1項）などと規定して、人間であればだれに対しても普遍的に人権を保障すると定めていたが、普遍的な規定では女性や人種、移民労働者、障害者などの人権が十分に保障されないことが認識され、それぞれに対応した人権条約が作られてきた。

権利条約は、世界人権宣言（1948年）以降、知的障害者の権利宣言（1971年）、障害者の権利宣言（1975年）、障害者の機会均等化に関する基準規則（1993年）の策定など、さまざまな努力がなされてきたが、「障害者が、世界の全ての地域において、社会の平等な構成員としての参加を妨げる障壁及び人権侵害に依然として直面している」（同条約前文k）という認識を前提として、他の者にも保障されている人権が障害のある人にも保障されなければならないことを明らかにしたものである。権利条約の多くの条項に書き込まれている「他の者との平等を基礎として」（on an equal basis with others）という法文は、同条約が「障害のある人の特権を創設するものではなく、障害ある人も形式的には他の人と同様の権利を有してはいるが、現実には権利を享有できていないという認識の下に、この権利の実際的な権利の享有における格差をなくしていくことが本条約の審議に当たった特別委員会の基本的なコンセプトであった」とされ、それを法文に落とし込んだのが上記の法文であるとされている[14]。

したがって、人権法としての憲法の人権条項について権利条約はその意味を充填する機能を持っており、憲法の解釈を権利条約の規定に基づいて行うことが必要である[15]。例えば、憲法26条1項「ひとしく教育を受ける権利」は、「障害者が障害に基づいて一般的な教育制度から排除されないこと」（権利条約24条2項a）、「個人に必要とされる合理的配慮が提供されること」（同項c）などに

⒁　東俊裕「障害に基づく差別の禁止」長瀬修ほか編『障害者の権利条約と日本』（生活書院、2012年）50頁

⒂　申惠丰『国際人権法（第2版）』（信山社、2016年）83頁～は、条約に対して憲法が優位するとの見解は主として憲法9条と日米安全保障条約との緊張関係を念頭に論じられてきたが、憲法の人権規定に親和的で補完的であり、かつ、「国際社会において多国間に共通の普遍的な法原則や義務を設定する条約」を同様に論じるべきではないことを示唆し、「条約の規定によって憲法解釈の内容が豊富化ないし補強されたとみなし、条約規定を憲法解釈の指針とすることが求められよう」としている。

よってその内容が充塡されなければならない。「すべて国民」、「何人」という文言には当然ながら「障害のある人」が含まれ、「個人として尊重される」（憲法13条）ことの含意として尊厳、自律、差異・多様性の尊重（権利条約３条）、インテグリティの保障（同17条）など、憲法規範にすでに含まれていたはずの内容があらためて意識的に補充されなければならない。

⑵　権利条約の解釈

権利条約の解釈については、同条約の審議過程等（Travaux Préparatoires）の議論が重要な解釈根拠になる。そのほか障害者の権利に関する委員会（34条、以下「障害者権利員会」）が条項の解釈のあり方等を提示する一般的意見（General Comment）、各締約国による報告（35条、以下「締約国報告」）に対して示す総括所見（Concluding Observation、36条）、個人通報（選択議定書１条）に対する同委員会からの勧告（同５条）、同条約に定める権利の重大なまたは系統的な侵害についての同委員会の意見および勧告（同６条）なども権利条約の重要な解釈根拠になる（条約法に関するウィーン条約31条、32条）。

⑶　差別禁止３法の解釈

差別禁止法の相互関係としては、基本法が障害者施策全般にわたる理念および基本原則を定める基本になる法律として実質的には上位規範になる。これに対して差別解消法は差別禁止分野の一般法であり雇用促進法は雇用分野の差別禁止の特別法になる。

差別禁止３法の差別禁止および合理的配慮義務の規定には文言上の相違が認められるが、基本法を前提にし、権利条約の要請から各条項を統一的に解釈することが求められる。

⑷　差別禁止条例の解釈

各自治体の差別禁止条例の中には差別禁止３法よりも先進的で権利条約の要請により適合した規定を定めている条例もある。差別禁止３法は全国的に遵守すべき差別禁止の最低限を定めたものであり、これに対して差別禁止条例がより効果的な差別禁止と合理的配慮義務等の規定を定めることが期待されている。各自治体における先進的な条例の策定とその実践が行われることによって自治体間での条例と国の法律の改善が促されることが期待される。

第2節
障害差別禁止法の類型化

1　救済方法からみた類型化（行政救済型と司法救済型）

差別禁止法が差別行為に対してどのような救済方法を規定しているかによって行政救済型と司法救済型を分けることができる。差別解消法と雇用促進法は行政的な介入（行政機関による啓発、相談、助言、指導、あっせん、調停、勧告など）によって差別を是正する手法をとっており行政救済型に分類することができる。基本法は差別禁止を基本原則として、国および地方公共団体が差別禁止の基本原則に則って障害者施策を総合的かつ計画的に実施することを求めている（4条、6条）。政府は基本法の目的を達するための法制上の措置を講じる義務があり（12条）、内閣提出法案により必要とされる現行法の改正および新法の成立を国会に働きかける義務があることになる。基本法は個別救済を定めてはいないが、行政府の役割によって差別を解消していくことを目指している点では行政救済型の差別禁止法に含まれる。

これに対して差別行為に対して民事責任あるいは刑事責任を司法手続によって追及し、あるいは、国内人権機関などの準司法的機関によって差別を是正していく方法を定める差別禁止法は司法救済型に分類することができる。例えば、韓国の「障害者差別禁止及び権利救済等に関する法律」は国内人権機関（国家人権委員会）による差別の是正、訴訟による損害賠償と立証責任に関する規定、罰則などを定めている（同法4章ないし6章）。英国の平等法、障害のあるアメリカ人法（以下「ADA」）も司法救済について定めており司法救済型の差別禁止法である。

行政救済型と司法救済型の違いは、第1に、行政救済型では最終的な権利義務の確定は果たされないのに対して司法救済型では最終的な権利義務の確定がなされる点である。第2に、行政救済型では法律は行政機関の権限と義務、行政介入の基準と方法などを定めることが中心になり、障害のある人の権利はその前提にあるものとして背景化する。これに対して司法救済型では、法律は裁判規範として訴訟において権利義務の確定が可能なように明確な規定であることが必要になり、障害のある人の権利を明確に定める法律になる。これに伴って第3に、行政救済型では行政機関が主導して差別禁止と合理的配慮義務のあり方などの基準を示し、必要に応じて介入する手法をとる。そこには行政機関の広い裁量権が認められことが多く、障害のある人が基準の設定や行政介入の方法を直接的にコントロールすることは困難になる。これに対して司法救済型は訴訟手続に基づく主張立証活動によって裁判所の判断を訴訟当事者がコントロールする方途が訴訟法上定められる。第4に、行政救済型は、個別救済よりは社会一般に差別禁止と合理的配慮義務の向上を図る底上げ効果があるのに対して(1)、司法救済型は、個別救済に優れているがクラスアクションなどの規定がないと社会一般にわたる波及効果には限界がある。

日本の差別禁止法制は行政救済手法によって権利性を前面には打ち出さず、勧告、公表など強制力の伴わない範囲で個別救済を図り、障害のある人に関する法制度・政策を改善していくことで全般的な権利保障水準の底上げをしていく手法をとっている。しかし、権利条約は「条約において認められる権利の実現のため、全ての適当な立法措置、行政措置その他の措置をとること」を要請している（4条1項a）。したがって、個別救済の途として司法救済を十分に機能させるための明文の規定を定めることが必要であり、現行法上も可能な限り司法救済の可能性を広げる法解釈が求められる。

2　法分野からみた類型化（憲法型、刑事法型、社会福祉法型、民事法型、行政指導法型）(2)

憲法型は憲法の平等条項の中に「障害」を明示し、あるいは、議会の議員数の一定割合を障害のある人とすべきことを定めるなど、憲法の条項で障害のあ

(1)　例えば、差別解消法は合理的配慮を的確に行うための施設の構造の改善および設備の整備、関係職員に対する研修その他の必要な環境の整備を進めること（5条）および啓発活動（15条）など全国的な規模で社会全体の差別禁止と合理的配慮義務の水準を底上げしていく方法を定めている。

(2)　Theresia Deggener and Gerard Quinn, “A Survey of International, Comparative and Regional Disability Law Reform”, https://dredf.org/news/publications/disability-rights-law- and- poli cy/ a- sur vey- of- international-comparative-and-regional-disability-law-reform/

る人の権利等を規定する法制である。憲法型は障害のある人の人権を明示し、国の客観的価値秩序の中に障害のある人の権利保障の重要性を位置づける点では優れている。しかし、憲法の性格上、規定が抽象的になりがちで具体的な場面に適用した場合にどのような結論を導けるかが明確でない点に課題が残る。また、私法関係については民法の一般条項等を介した間接的な適用をすることになるので、私人間における差別是正が必ずしも効果的に果たされないおそれがある。日本国憲法は障害を明示した規定は持たないが、すでに見たように権利条約によって人権規定の意味を充填し、障害の問題にも適用できるようにすることは可能であるので、日本法制は形式的には憲法型ではないが、権利条約の批准によって実質的には憲法型に接近し、障害のある人に対する差別的取り扱いを憲法上の平等権侵害の問題として違憲訴訟の対象とする可能性を開いたことになる。

刑事法型は障害のある人に対する差別や虐待を犯罪行為として類型化し、それについて刑罰をもって対応する法制である。差別や社会的排除、虐待は人間の尊厳を傷つける行為であるから、重大な違法行為であり、これらを犯罪行為として明示して刑罰をもって臨むことは、そのような行為が社会的非難を受けるべき許されない行為であることを明らかにする点で優れている。しかし、反面で刑罰行為類型としてその構成要件を明確に定めることが必要であるために処罰対象となる差別行為が限定されることになってしまう。また、故意の内容として差別意図などの主観的要素を証明することが必要になるが、障害のある人に対する差別は必ずしも悪意や積極的に差別する意図なく行われることが少なくないため、そうした差別行為には刑罰的対応は限界がある。さらに、合理的配慮義務を果たさない行為を不作為犯として規定することも不可能ではないが、犯罪行為の成否に不明確さが残るおそれがある。

社会福祉法型は個人の機能障害の改善のための医療・リハビリテーションサービスの提供、特別な生活や教育、就労の場の提供、稼得能力の欠如を補う所得補償などの障害者福祉制度を法制化したものである。こうした法制が整備されればされるほど障害のある人の人生はそれ以外の人とは分離され、生活、教育、就労の場は他の人とは分離された特別な場として整備されていくことになる。その結果、障害のある人が日常生活と社会生活において進むべき道はそれ以外の人が進む道とは別の行路（separate parallel track）になっていく(3)。障害のある人は彼らのための特別な法制度によって、それ以外の人の日常生活と社会生活の世界から排除され、同じ場に参加する機会を奪われることになる。社会福祉法型は医学モデルを前提にしているが、医学モデルに基づいて機能障害を改善しあるいはそれを補うための特別な生活、教育、就労等の場を提供する法政策は、障害のある人を積極的に排除する意図に基づくものでないとしても、障害のある人を社会から排除し、他の人と同等に社会に参加する機会を奪う効果を伴うことになってしまう。

わが国では障害の問題は、長いあいだ福祉の問題とされ憲法25条に基づく社会福祉法制によって担われてきた。基本法の2004年改正前までは、実定法上、障害差別を禁止する規定はなかった。また、同法の2011年改正までは障害の定義は医学モデルに基づくものであった(4)。同改正によって医学モデルを脱却して社会モデルないし相互モデルを基本とする実定法の基礎が作られ、2013年の雇用促進法の改正および差別解消法の成立によって、日本の差別禁止法制は社会福祉法型から離脱し始めた段階にある。

---

(3)　Lisa Waddingtonは、福祉政策の整備による法政策的な分離と排除の構造を「分離された並行行路」(“separate parallel track”)として分析している。Lisa Waddington and Matthew Diller, ‘Tensions and Coherence in Disability Policy: The Uneasy Relationship Between Social Welfare and Civil Rights Model of Disabilities in American, European and International Employment Law' in Mary Lou Breslin and Silvia Yee Afterword: Arlene B. Mayerson (eds), *DISABILITY RIGHTS LAW AND POLICY International and National Perspective,*「社会福祉（Social Welfare）モデルでは、障害は、社会において、通常のやり方では就労や活動をできなくする個人の内なる欠陥とみなされる。このアプローチでは、雇用や社会サービスなどの社会制度は、非障害者のニーズに適合するようにデザインされる。そうした社会制度を障害に対する配慮のため改造していくよりは、むしろ多数派である非障害者のための制度とは別個の所得とサービスを提供する分離されたパラレル・トラックに障害のある人を振り当てる。」と指摘している。

(4)　改正前の障害者の定義は「身体障害、知的障害又は精神障害（以下「障害」と総称する。）があるため、継続的に日常生又は社会生活に相当な制限を受ける者をいう」（改正前2条）とされていた。身体障害者福祉法（4条）および精神保健福祉法（5条）は医学的観点から障害を定義しているので、改正前の基本法の障害者の定義は医学モデル（生活上の支障の原因を機能障害に見出しその解決策として当該機能障害がある人の治療・改善を図ろうとするモデル）に基づいていた（なお、知的障害について定義している現行法はない）。これに対して改正後の定義は、発達障害を含む機能「障害及び社会的障壁により」生活上の制限を受ける状態にあるものとして、社会モデル（生活上の支障の原因を社会に見出し、その解決策として社会的要因の是正を求めるモデル）あるいは相互モデル（生活上の支障の原因を機能障害と社会環境の相互作用に見出し両者の改善あるいは多様性尊重の観点から社会環境の是正を求めるモデル）に基づいている。

民事法型はADAを典型とする法制であり、障害の社会モデルに基づいて一般の民事法自体に変更を加え、一般の民事法を障害のある人を包容（include）できるように修正していくものである。日常生活および社会生活において生活の場を確保し、就労と稼得の機会を得ること、生活に必要な財やサービスの購入から文化的活動や余暇を楽しむことまで、ほぼあらゆる生活上の事柄は民事的な契約を介して営まれている。したがって、民事法において障害のある人に対する差別を禁止し、障害のある人が他の人と平等に取り扱われることは広範囲の生活領域における平等を実現させ、障害のある人の包容化を促進させることになる。社会福祉法型に対して民事法型は法制度が作り出す分離と排除の構造（separate parallel track）を解消し、人間の多様性に対応できる法制度にしていく点にその意義が認められる。民事法型のもう一つの特徴は差別を受けたと考える障害のある人が民事訴訟を提起して自ら権利の救済を求めることができる点にある。社会福祉法型は行政機関の広汎な裁量の余地を残すので、具体的権利としての保障が十分ではなく訴訟が必ずしも効果的な救済手段にならない。これに対して民事法型では差別禁止法を直接の裁判規範として訴訟を行うことができるため訴訟によって個別の権利救済が図られることになる。

差別禁止３法は、すでに見たように行政救済型であり上記のいずれの類型とも異なる類型になる。差別禁止３法は行政機関の権限と責務に基づいて対象となる人の権利を保障しようとする点では社会福祉法型に類似している。上記の類型に対して差別禁止３法は行政救済型の下位分類として行政指導型の差別禁止法に類型化すべきであろう(5)。差別禁止条例も行政介入によって差別の禁止と合理的配慮義務の調整を図ろうとするものであり行政指導型に分類できる(6)。これらの上位法となる憲法および権利条約は権利章典としての役割を果たしているが、障害差別について司法救済の途を直接的に規定する実定法が欠如している点は現行差別禁止法制の欠陥である。

---

(5)　ポルトガル法（本書186頁、注(9)参照）のように助言・指導・勧告等の行政指導に留まらずに強力な行政救済方法を規定する法制もあり、さらに、行政罰を定める方法もありえる（本書179頁、注(16)参照）。日本の差別禁止３法はそこまでの効力はないので行政指導型とすべきであろう。

(6)　各自治体のいわゆる差別禁止条例は、差別の是正と合理的配慮の実現の方法として、相談、助言、あっせん、勧告という手段を定めており、自治体によってはさらに公表を定めているところもある。もっとも、条例違反について訴訟のための費用の貸付けの訴訟援助を定めている条例もある（千葉県）。

第 2 章

権利条約の基本理論と基本条項

第1節
権利条約と障害モデル論

1　障害モデル論

(1)　障害構造の理解の仕方とモデル論

心身の機能に障害がある人が障害のない人にできていることが不可能あるいは困難である原因とその不可能性あるいは困難性を解消する手段を探索する枠組みとして障害の医学モデルと社会モデルが対比されてきた。

医学モデルは、心身の機能に障害（例えば下肢の麻痺）のある人がそうした障害のない人にできていること（例えば二階にあるレストランに行くこと）ができない原因は心身の機能の障害にあると考える。したがって、その不可能を解消する手段は下肢の麻痺を軽減することあるいは麻痺があっても杖などの補助具を使って歩くことができるようにすることであると考える。これに対して、社会モデルは、心身の機能に障害のある人がそうした障害のない人にできていることができないのは、社会環境がその人の心身の状態に適合するように作られていないこと（例えばレストランが一階にない、二階へのエレベーターがない）に原因があると考える。したがって、その不可能を解消する手段はレストランを一階に作ることや二階へのエレベーターを設置することであると考える。二つのモデル論は心身の機能に障害がある人が直面する日常生活あるいは社会生活における制約や困難の原因の特定の仕方とその解消方法の考え方において対照的な違いを示している。

障害の構造について、世界保健機関は1980年に国際障害分類を発表し、障害は機能障害（impairment）、能力障害（disability）、社会的不利（handicap）という階層的構造をもったものであることを明らかにした。この障害構造論は障害という複合的な問題を生物医学的観点から心身の機能の問題のみに還元してしまう単純なものの見方の誤りを明らかにした。また、障害の問題に社会的不利という社会的要素がかかわっていることも示した。さらに、機能障害（例えば下肢の麻痺）と能力障害（例えば随所に移動できないこと）を区別することによって、機能障害から必然的に能力障害が生じるものではないことを示し、階層的な構造に対応したさまざまな改善策を生み出す可能性を与えた。しかし、国際障害分類は機能障害から能力障害、社会的不利へと問題が因果的に連関していくかのように受け取られやすかった。そのように考えてしまうと出発点の機能障害を改善することが抜本的な改善策になると考える傾向を生み出すことになってしまう。そうなれば、階層的構造に基づく障害構造論も実質的には医学モデルに逆戻りすることになってしまう。また、障害という問題にはより多くの要因が複合的に関係しており、国際障害分類の階層的構造は複合的な関連要因を捨象して単純化しすぎているという問題もあった。さらに、障害に関係するさまざまな要因は一方向の因果的連鎖ではなく、双方的な連鎖がみられる。例えば、社会参加の機会が増えることによって、能力障害が軽減し、その結果、機能障害も軽減するという現象が起こりうる。こうした点を踏まえて世界保健機構は国際障害分類を改訂し2001年に「国際生活機能・障害・健康の国際分類」（以下「国際生活機能分類」）を発表した。同分類によるさまざまな要因の構造は図1のように示されている。国際障害分類と対比すると、図1の「心身機能・身体構造」は機能障害の部分に相当し、「活動」は能力障害に、「参加」は社会的不利に相当する。そして、これらを含め他の関連要因はいずれも双方向

図1　国際生活機能分類の概念図(1)

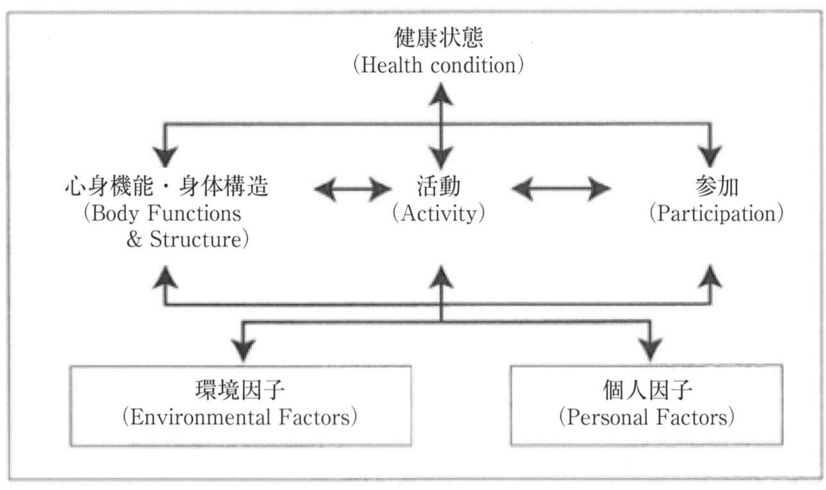

性で示されており、相互作用関係にあることが示されている。

国際生活機能分類はさまざまな要素が相互に作用しあって障害を生じさせるという相互モデルを提示している。個人の側の心身機能・身体構造は障害の一要素でしかなく、「参加」の状態、環境因子などの個人を取り巻く社会のあり方や環境、その他の要因との相互作用によって障害という現象が生じるとするのが国際生活機能分類の基本的な構造である。国際生活機能分類はさまざまな要因の相互作用関係を示すことによって心身機能に障害のある人が直面する日常生活および社会生活における制限や困難を解消するための方法を多角的に構想する基礎を与えている。

この構造論は規範的な視点を加えずに、さまざまな要素の相互作用関係を分析したものである。これに対して、法制度と政策がどの要因に介入してその改善をはかるべきであるかは、権利条約を主軸とした規範的な枠組みに従わなければならない。権利条約は障害が発展する概念であるとして定義を確定することを留保しながらも、「障害が、機能障害を有する者とこれらの者に対する態度及び環境による障壁との間の相互作用」であるとしている（前文e）。その面では国際生活機能分類と同様に相互作用を生じさせるいずれの要因に対する働きかけも論理的にはありうることになりそうである。しかし、権利条約は他方で障害を人間の多様性の一部として受け容れ、その差異を尊重しなければならないことを条約の基礎を形成する普遍的な原則の一つとしている（3条d）。また、同条約17条は「その心身がそのままの状態で尊重される権利」（インテグリティ）を保障している。こうした規範的枠組みからは、個人の心身の機能・構造は人間の多様性の一部あるいは差異として尊重しなければならず、また、その人のインテグリティの権利として保障しなければならない。したがって、許容される法制度および政策は、個人の側に改善を求めるものではなく、社会の側に改善を加えるものでなければならないことになる。この点で権利条約は国際生活機能分類とは異なっている。したがって、権利条約は相互モデルに立脚するものではない。しかし、障害のある人に生じる生活上の支障をすべて社会的要因に単純に還元してしまう極端な社会モデルとも異なっている。権利条約の立場は障害の原因論としては相互作用を取り入れながらも、解消策としては

(1)　上田敏「国際障害分類（ICIDH）から国際生活機能分類（ICF）へ――改定の経過・趣旨・内容・特徴――」〈http://www.dinf.ne.jp/doc/japanese/prdl/jsrd/norma/n251/n251_01-01.html〉

規範的観点から社会に変更を求めるモデルを構築している。

⑵　モデル論と障害のある人の権利

医学モデルは障害のある人に日常生活あるいは社会生活の制限や困難が生じるのは障害のある人に心身の機能の障害があるからであると考えるので、その制限や困難について社会に何らかの責任があるということにはならない。戦争などによって身体障害を負うことになった場合は別として、心身機能の障害は個人の問題であり、社会が心身機能の障害生じさせたたわけではないから、社会には障害のある人が直面する制限や困難について責任はないことになる。したがって、障害のある人のために社会のあり方を変えたり、特別な制度・政策を作る法的な義務があることにはならない。もっとも、心身機能に障害がある人は人間の社会に一定数存在し、誰もが心身機能の障害を持つことになる潜在的な可能性を持っている。したがって、博愛・慈善あるいは互助や相互連帯の理念から心身機能に障害のある人の日常生活や社会生活の制限と困難を軽減していく支援をすることは望ましいことにはなる。特に生存権を保障する憲法25条のもとでは心身機能に障害のある人たちに対する社会福祉および社会保障を行うことが国家の義務として求められる。したがって、医学モデルに基づいても心身機能に障害のある人が直面する制限や困難を軽減するための制度・政策は作られる。しかし、医学モデルによれば、そうした制度・政策は博愛・慈善という道義的な理念か、互助・相互連帯という共同体的理念あるいは技術的に高度化すれば保険的な技術によって賄われるべきものであって、心身機能に障害のある人が社会に対して個別的な権利を主張できるものではない。また、医学モデルでは問題解決の手段は心身機能の障害を改善することになるので、既存社会のあり方に変更を加える発想はない。結果として構築される制度・政策は主流の既存社会に傍流の社会福祉、社会保障制度を併設することになる（社会福祉法型）。その結果、separate parallel track が形成され、障害のある人の人生はそれ以外の人と分離されることになる。

これに対して社会モデルでは、心身機能に障害がある人が日常生活および社会生活に制限や困難を受けるのは、社会がその人たちの心身機能および身体構造のあり方に配慮せず、もっぱら多数派である障害のない人の心身機能および身体構造に適するように社会を作り上げていることによると考える。多数派が自派のみに有利で便宜なように公共物を作り上げて独占的にそれを使用するのは不公正である。心身機能に障害のある人は、その結果として、社会参加の機会を奪われ、他の人々と同じように日常生活および社会生活を営むことから疎外されている。こうした不公正な状況を作り上げているのは社会の多数派の横暴であるから、心身機能に障害のある人は社会に対して不公正な状況を改善することを求める権利があり、社会はそれに応じる義務があることになる。生活の制限と困難の元凶は社会にあるので、社会を変えることが問題の解決策になる。それとは逆に障害のある人の心身機能の障害を既存社会に適合できるように改善させようとすることは、あたかも全体主義国家の思想統制や植民地支配における同化政策と同様に個人の権利領域とアイデンティティに対する重大な侵犯行為になると考えられる。

以上のように、いずれのモデルに立脚するかによって、採用されるべき制度・政策は異なることになる。わが国の法制度は医学モデルと社会モデルが混在した状況にある。身体障害者福祉法および精神保健福祉法、知的障害者福祉法、障害者総合支援法は医学モデルに基づく障害の定義を前提にしており、その介入手法は障害のある人の心身の機能障害に対する働きかけを基本としている。これに対して基本法および差別解消法は社会モデルに近い障害の定義を前提にして差別の解消と社会的障壁の除去という対社会的な解決方法を採用している。しかし、雇用促進法の障害者の定義（２条１号）は社会的障壁という概念を提示しておらず、社会モデルへの転換を明確には示していない。雇用促進法は、法定雇用率制度が差別禁止法としての積極的差別是正措置とされるべきか社会福祉法としての特別枠とされるべきかとも関連して、同法の今後の改正によって差別禁止法として純化していくか否かが問われることになる。

⑶　社会モデルから人権モデルへ

社会モデルを理念的に純化すると[(2)]、心身機能に障害のある人の日常生活および社会生活に制限や困難を生じさせている原因は障害のない人たちにとってのみ適合するように作られた既存社会の構造にあるとされる。したがって、その構造を障害のある人にとっても適合する形に変えれば、すべての制限や困難は解消するという帰結が導かれる。しかし、そうした社会構造の是正がなされ

⑵　社会モデルの原型は以下のように定義されている。「われわれの見方によれば、身体機能障害のある者の能力を障害しているのは社会である。障害（disability）とは、私たちを完全な社会参加から必要もないのに分離し、排除することによって、私たちの機能障害（impairment）の上に賦課されたものである。」（Union of the Physically Impaired Against Segregation; March 1976、英国の身体障害者当事者団体）

ても、障害のある人には機能障害に基づく心身の苦痛や衰弱、余命の相対的な短さや健康への不安などの個体としての苦悩がありうる。それらは既存の社会構造と機能障害の不適合性とは関係なしに生じうる(3)。また、例えば、重症筋無力症の人が必要とする人工呼吸器について考えると、呼吸筋やそれを支配する神経系に損傷のない多くの人にとって呼吸は特別な社会的装置を要せずに生理的に自律的に支援なしに行われており、既存の社会の構造が呼吸筋やそれを支配する神経系に損傷のある人に適合していないために呼吸の困難性や人工呼吸器の必要性が生じているとは考えにくい。

社会モデルは、機能障害を持つ人の日常生活および社会生活を制限し困難化させる主要な原因を作っているのは既存社会であることを白日の下にさらす役割を果たしている。そして、障害のある人個人に原因を見出し、個人を変えていくことに腐心してきた伝統的な制度・政策を社会に原因を見出し、社会を変えていく制度・政策に転換をするためのパラダイム転換の役割を果たしている。しかも、社会モデルはその制度・政策転換の梃として障害のある人の権利を基礎づける役割も果たすことができる。しかし、すべてを社会的原因に帰する単純な還元主義は障害という複合的な現象を単純化することによって取り上げるべき要素を考慮の対象から取りこぼす弊害に陥る。心身の苦痛や衰弱その他の個人の心身に生じる苦悩や生理的なレベルでの制約など社会構造との関係が希薄な個人的ニーズに対して医療的、福祉的対応を要する領域は社会構造が改革されても残る。これらをすべて既存社会の偏頗な構造から説明しつくすことには無理があり、平等権だけがすべての問題解決の鍵になるわけではない。

こうしたことから、社会モデルを超えた人権モデルを基本とすることが考えられる。人権モデルとは、社会モデルが明らかにした既存社会の構造により生み出される不平等と排除という構造の根源にあるものを人権規範の視点から捉えなおし、障害のある人を包括的で総合的な人権の享有主体として再構成するモデルということができる。

国際人権規範の歴史を振り返ると、世界人権宣言（1948年）から自由権規約（1966年）および社会権規約（同年）に至るまでは、普遍化された人（「すべての人間」、「何人」など）あるいは「すべての人民」を対象とした国際人権規範になっている。これに対して人種差別撤廃条約（1965年）および移民労働者と家族

(3)　Tom Shakespeare, “Critiquing the social model”, Elizabeth F. Emens and Michael Ashley Stein, “Disability and Equality Law”, Ashgate Publishing Company 2013

の権利条約（1990年）は植民地化（colonization）や人種差別主義（racism）に焦点を当てた個別テーマに関する人権条約である。女子差別撤廃条約（1979年）は性差別主義（sexism）に対応し、権利条約は障害差別主義（ableism）に対応する個別テーマに関する人権条約である。テーマ別の人権条約は、人種や移民、女性や障害のある人の各々の歴史的社会的経験を踏まえた人権規範の必要性が認識されたことによって形成されてきた。これらのテーマ別人権条約に共通する特徴は社会的に従属的な地位（subordination）に置かれた人々を対象にしているという点にある(4)。社会的従属性とは支配（dominance）と服従（submission）という社会構造に基づく関係である。社会的に従属的な地位に置かれた者は、事実上、権利の享有主体としての地位を認められず、社会的排除と差別的で抑圧的な処遇の対象とされてしまう。彼らに対する差別はそれ以外の同胞集団内での差別とは比肩できない深刻さが伴う(5)。人権の享有主体性さえもおびやかす集団的排除と抑圧、差別的取り扱いは、人間の尊厳を損ない、あらゆる人権の保障を実効性のないものにしてしまう。それに対抗するためにそれぞれの社会的従属集団に応じたテーマ別の人権条約が形成されてきた。権利条約も障害のある人が「社会の平等な構成員としての参加を妨げる障壁及び人権侵害に依然として直面していること」（前文k）から策定された人権条約である。テーマ別人権条約が規定する差別禁止は社会的従属化を打破するために中心的な役割を果たしている。

しかし、障害のある人の場合は他の社会的従属集団とは異なり、従属的な社会構造そのものからもたらされる制限や困難だけではなく、個人の心身機能に伴う制約もあるという特殊性がある。個人の心身機能に伴う制約に対する従来の解決方法は社会権に基づいて医療・福祉サービスを提供することであった。しかし、それらのサービスは一般の人の生活とは分離された特殊なものとして提供されるもので、社会からの分離と社会的排除を補強し、社会的従属化を強める結果を招いていた。また、それらのサービスは障害のある人を処遇の客体

(4)　Theresia Degener, “A New Human Rights Model of Disability”, Valentina Della Fina et al. ed. “The United Nations Convention on the Rights of Persons with Disabilities”2017 Springer, Michael Ashely Stein, “Disability Human Rights”, 2007 Cornell University ILR School

(5)　Ruth Colker, “Anti-Subordination above All: A Disability Perspective”, ib. Ashgate は、反従属モデル（Anti-Subordination Model）によって障害差別禁止法の再構成を試みている。

にし、各個人の自律性を否定してしまう問題もはらんでいた。

こうしたことから人権モデルは障害のある人の人間の尊厳を最高規範として一方では社会的従属化による排除と抑圧、差別を禁止し、他方では障害のある人に対する医療福祉的な給付が人間の尊厳を守るための規範に従って提供されることを求める。排除と抑圧、差別の禁止は伝統的には自由権に基づくものであるが、地域社会からの排除をなくすためには国家の積極的な対応と社会資源の開発などの社会権的なアプローチも求められる。また、医療福祉的給付は主として社会権の役割とされるが、それらは分離や社会的排除を伴わない方法によって提供されなければならず、また、本人の意思に基づくことや身近な地域で提供されることなど自由権的な枠付けに基づいて提供されなければならない（本書第２章第６節参照）。自由権と社会権は人間の尊厳の確保のために不可分的、相互依存的、相互関連的に役割を果たさなければならない[(6)]。社会モデルは障害のある人の社会的従属集団としての排除と差別の構造を明確化する役割を果たしているが、人権モデルはさらにそれを包摂しながら、障害のある人に必要な医療福祉などが人間の尊厳を守り排除を伴うことなく提供されることまでを求めるモデルということができる。

2　権利条約と人権モデル

権利条約は、１条において「全ての障害者によるあらゆる人権及び基本的自由の完全かつ平等な享有を促進し、保護し、及び確保すること並びに障害者の固有の尊厳の尊重を促進することを目的とする」と定め、人間の尊厳を最上位規範（３条 a）として規定している。このことはもともと、同条約が「障害のある人の権利及び尊厳の保護と促進に関する包括的かつ総合的国際条約」（Comprehensive and Integral International Convention on the Protection and Promotion of the Rights and Dignity of Persons with Disabilities）として議論されていた経緯からも窺える。最終的には条約名を簡明にするために現在の名称にし、そのかわりに本来の条約のタイトルの趣旨は目的規定（前文および１条）に落とし込むこと

(6)　前掲第１章第１節注(15)申惠丰『国際人権法（第２版）』は、同書第４章「人権保障のための国家の多面的義務──人権二分論から国家の義務の実質的把握へ」において、「ある『権利（a right)』が国家に対して生じさせる相関的義務は一つでなく複数（correlative duties）あり、権利を侵害する行為を行わないという消極的な避止義務と、実際の状況において権利の実効的な保障という観点から引き出される様々な積極的な作為義務との双方にわたる」（154 頁）と指摘している。

にしたものである[7]。同条約は、平等権の保障（5条、障害のある女子：6条、障害のある児童：7条）にとどまらず、自立した生活と地域社会への包容（19条）、教育（24条）、就労（27条）、健康（25条）、ハビリテーション・リハビリテーション（26条）、文化的で相当な社会的生活の権利（28条、30条）等々の自由権的権利から社会権的権利に至るまで包括的で総合的な権利保障を定めている。しかも、同条約が保障する人権について同条約前文cは、「普遍的（universality）であり、不可分（indivisibility）のものであり、相互に依存（interdependence）し、かつ、相互に関連（interrelatedness）を有する」ものであるとしている。

社会モデルから導かれる権利は自由権的あるいは市民権（civil rights）的色彩が濃いが、障害のある人の尊厳を守るためには自由権と社会権を不可分に保障し、それぞれの権利の不可分性、相互依存性と相互関連性を重視したハイブリッドな権利保障が必要である[8]。例を挙げれば、権利条約は、自由権的な側面から特定の生活様式での生活を強いられない権利を保障するするとともに社会権的な側面から地域社会における生活と地域社会への包容を支援し、地域社会からの孤立等を防止するために必要な在宅サービス、居住サービスその他の地域社会支援サービスを利用する機会を保障しなければならないと定めている（19条）。また、社会権的側面から障害のために必要とする保健サービスの提供を求めるが、そのサービスは自由権的側面から障害のある人の人権、尊厳、自律を守って提供されるようにすることを同時に求めている（25条b、d）。人権モデルは、障害のある人を排除する偏頗な社会構造を差別禁止規定によって是正するとともに、障害のある人の個人的なニーズに対する社会権的な対応が再び障害のある人の尊厳、自律を損ない、他の者とは別路線の排除的な構造に陥らないための自由権的なセーフガードを設定する。したがって、権利条約の各規定は人権モデルに基づいて理解することができる[9]（人権モデルによる社会権

---

(7) 第7回アドホック委員会の2006年1月30日の議論等参照（http://www.un.org/esa/socdev/enable/rights/ahc7sum30jan.htm）リヒテンシュタインが条約の名称は簡明なものとし、その代わりに目的規定に権利と尊厳の保護と促進を含む当初の条約策定の趣旨を盛り込むべきではないかという提案をしており、議論はその方向で進んだ。

(8) 川島聡・東俊裕「障害者の権利条約の成立」、前掲第1章第1節注(14)

(9) 権利条約の策定段階では、人権モデルという概念は明示化されなかったが、条約成立後の加盟国の締約国報告に対する障害者権利員会の総括意見書には人権モデルからの指摘がみられるようになっている（CRPD/C/ARG/CO/1, 8 October 2012, para 7-8、CRPD/C/CHN/CO/1, 15 October 2012, para 9-10, 16, 54）。また、学説上も権利条約が

実現形態の修正について、本書第２章第６節参照)。

前提とする障害の理解について、社会モデルを超えて人権モデルを提示する見解が有力である。Theresia Degener, “A New Human Rights Model of Disability”, Valentina Della Fina et al. ed. “The United Nations Convention on the Rights of Persons with Disabilities” 2017 Springer は、人権モデルは、機能障害を人間の差異と多様性として尊重すべき規範を定立し、また、第二次世界大戦後の人権の発展の原動力の一つとなってきたマイノリティとその文化（例えばろう文化）のアイデンティティに基づく運動を支え、さらに、複合差別や障害予防政策に対する視座、障害と貧困の問題などにも光を与えることができるなど、社会モデルを超えた意義を持つことを指摘している。Michael Ashely Stein, “Disability Human Rights”, 2007 Cornell University ILR School 参照。

第2節
権利条約における差別のモデル論と形態論

1　差別者差別観から被差別者差別観へ

権利条約は個々の障害のある人が差別を受けずに平等の保護と権利を享受すること（3条b、e、5条）と同時に社会がインクルーシブであること（包容）を求めている（3条c、d、19条）。社会の全体構造がある集団に対してエクスクルーシブ（排除的）である状態では、平等性の保障と差別の禁止は十全なものにならない。また、個々の差別は排除的な社会構造に起因するものでもある。こうした視点から差別を捉えなおすと、障害という属性を持った個人に対する取り扱いが同様の属性を持つ集団に対していかなる社会的排除を生じさせるかという観点から差別の認識形式を考えることが必要になる。

従来、直接差別は差別禁止事由を直接的・明示的な理由とする選別であるのに対して間接差別は差別禁止事由に対して外見上中立的な基準等を理由とする選別であると理解されてきた。これは差別者側がいかなる理由で選別をしたのかという点に基づいた分類方法である。これに対して社会的排除の観点からみると、被差別者側が受ける社会的排除の影響に基づいて差別形態を分析することが必要になる。従来の分類方法との関係を考えると、障害を直接的・明示的な基準として選別すれば、障害属性を持った集団はすべて選別されて排除されることになるので、全面的な社会的排除を受けることになる。これに対して外見上中立的な基準による場合は障害属性を持たない者もその選別の対象になる場合があり（例えば「ペット同伴での店内飲食禁止」という基準は盲導犬を連れた視覚障害者と同時に愛犬家等も排除することになる）、一概に特定集団に対する社会的排除があるとは認められない場合がある。こうした点からみると直接差別と間接差別には特定集団に対する社会的排除の程度の差異を認めることができる。最近の欧州司法裁判所の判決例は、外見上中立的な基準を適用した場合でも特定属性集団のみを全面的に排除することになる場合は直接差別と解する判断を示し、基準の外形的形式による分類から実質的作用による分類へと判断枠組を変化させている[(1)]。

2　均等／均衡モデル（differentiation model）と反従属化モデル（anti-subordination model）[(2)]

(1)　均等／均衡モデル

均等／均衡モデルは、「同等のものは同等の取り扱いをすべし」（like cases should be treated alike）という平等性の公式を基本として、その裏命題ともいうべき「異なるものはその違いに照応した異なる取り扱いをすべし」（different cases should be treated in proportion to their differences）いう公式とあわせ、行為や制度が差別に当たるか否かを判断する枠組みである[(3)]。このモデルでは差別問題は、対等な市民間で偶発的で個別的に生じる違法行為と同次元の問題であり、差別の歴史的社会的構造には関心が払われない。また、差別は個別的、偶発的に生じる他の不法行為と同様に、差別者側の事情として当該行為の差別意図が要件になる。他方、差別を受ける側の事情としては当該個人の権利利益の侵害が問われ、当該個人と同様の属性を持つ被差別集団に対する抑圧や排除という効果には関心が払われない。このモデルの特徴は差別の問題を個人の問題としてとらえ、また、差別の問題を社会的文脈から切り離して抽象化された論理操作の課題として解決しようとするところにある[(4)]。このモデルには差別という論争的な問題を抽象化した論理的課題に置き換えることで差別性の判断を

---

(1)　Case C. 196/02 Vasiliki Nikoloudi v Organismos Tilepikoinonion Ellados AE［2005］ECR I-1789は、フルタイムで２年以上勤務した臨時雇用従業員を正規雇用に昇進させる基準に対して、女子専用のパートタイムの職務が２年未満とされていたために、パートタイム職員である女子が上記基準では正規雇用に昇進できないことは直接差別になるとした。Case C. 267/06 Tadao Maruko v. Versorgungsanstalt der deutschen Buhen, judgment of 1 April 2008（n.y.r）は、生存配偶者に年金を保障するいわゆる寡婦年金が、配偶者の死亡時に異性間の婚姻関係があったことを要件にしているために、同性カップルの生存パートナーには寡婦年金を認めない年金制度の要件は性的指向性に基づく直接差別になるとした。

(2)　Ruth Colker, “Anti-Subordination above All: Sex, Race and Equal Protection”, 61 N.Y. U.L.Rev. 1003, Samuel R. Bagenstos, “Subordination, Stigma, and Disability”, Virginia Law Review, Vol. 86. No.3（Apr. 2000）, pp. 397-534

(3)　棟居快行、『人権論の新構成』（信山社、1992年）113頁以下は、この公式と憲法14条に関する学説を詳しく分析している。

(4)　Kenneth L. Karst, “Why Equality Matters”, Georgia Law Review Vol.17, 1983

中立的でどの立場からも受け入れやすいものとし、その論理操作の中に柔軟に価値判断を組み入れることができる利点がある。しかし、反面で、差別の歴史的社会的構造を捨象するために、社会の差別的構造を変革する機能は十分に果たしえない。また、このモデルの公式の適用の前提として、いかなる観点から対象を「同等のもの」あるいは「異なるもの」と評価するのか、比較すべき対象群をどの特徴に基づいて特定するのかは判断者に委ねられてしまう。そのため判断者が望む結論を理由づけられるように公式の適用の前提を操作することが避けられない(5)。さらに、このモデルでは差別禁止事由である障害の定義や被差別集団に対する積極的差別是正措置（positive action）をモデルに基づいて説明することが困難になるという難点もある。

(2)　反従属化モデル

反従属化モデルは、個別の差別行為や差別的な制度は、歴史的社会的に形成されてきた社会集団間の抑圧や従属化という社会構造に基づいて生じ、また、個々の差別行為や差別的な制度は全体の従属的な社会構造を維持し強化する役割を果たしている点に着目する。そして、この従属的な社会構造を是正することを差別禁止法の本質的な意義と捉える。被従属集団に属する者はあるべき心身の能力や教養、民族的出自、人種的特徴などについて規範的状態から逸脱した劣等な者たちと位置づけられ、劣等者としての烙印を押されて下位の階層に追いやられた人々である。社会は上位の階層の者たちの状態をあるべき状態として規範化し、有形、無形の社会装置はその規範的状態に適合するように構成されていく。烙印化と隔離（segregation）は従属構造を作り出し存続させるための基本的な手法になる(6)。その結果、従属階層に属する者は既存社会への適

(5)　とりわけ差別が争われる問題では、法の運用や適用、執行にたずさわる者の結論先取りの対応（teleology）やつじつま合わせの理由づけ（藉口性：pretextuality）に留意する必要がある拙著『精神障害法』、（三省堂、2010 年）22 頁、Michael L. Perlin, “The Hidden Prejudice Mental Disability on Trial, The American Psychological Association, 2000, page 3-21）。

(6)　Ruth Colker, “Anti-Subordination above All: A Disability Perspective”, Norte Dame Law Review Vol. 82 Issue 4 は、隔離（segregation）は障害のある人の品位を傷つける取り扱いを隠蔽し、障害のある人を社会的に従属的な地位に置く役割を果たしてきたというのが歴史的経験的な事実であるとし、歴史的には分離（separation）も不平等と関連していたとする。しかし、十分なサービスと積極的な理解がある歴史的社会的状況に達すれば分離は隔離とは異なり必ずしも不平等を意味することにはならないとし、「分離は本質的に不平等である」（separate is inherently unequal）というブラウン判決（Brown v.

応が困難になり、自らの主張を貫徹する力のない状態（powerless）におかれる。この不適応と力の不均衡（power disparity）はますます従属関係を維持強化するように作用することになる。差別現象の背後には、人種、性的指向性、心身などに関して差異と多様性に不寛容で独善的な規範化と逸脱者に対する烙印化と排除がある。このようにして社会的に従属化させられてしまった人々の地位を平等な状態に回復させるために、差別禁止事由に基づく差別を禁止する法律が作られている。社会の従属的な構造の是正が差別禁止法の本質的な役割であるから、例えば、差別禁止事由とされる障害の概念は、従属階層への選別のもとになっている上位階層の心身規範からの逸脱とそれに基づく烙印化という社会的な要因を基に構成されるべきことになる。また、積極差別是正措置は従属的構造を転換する手段と位置づけられる。他方、個々の差別行為や制度に差別意図があることや差別禁止事由が明示されていることは本質的に必要ではなく、逆にその行為や制度が従属的構造を維持あるいは強化する効果を持つか否かが差別の本質的な要素になる。

1960年代以降にテーマ別の人権条約が作られてきたのは、人種や移民労働者、女性や障害のある人などの集団が社会的に従属的な階層に置かれ続け、その基本的自由と人権の享有と行使が果たされない歴史的社会的状況があったからである。それぞれの状況は人種差別主義（racism）、性差別主義（sexism）、障害差別主義（ableism）[(7)]という人間の多様性に不寛容な信念体系を基礎にしている。テーマ別の人権条約はこうした歴史的社会的に形成された階層的な支配従属関係をなくすことを目指している。障害を含む人間の多様性の尊重（権利条約3条d）は個人を超えた社会全体の構成のあり方にかかわる課題である。障害のある人の地域社会への包容（同条約19条）もすべての障害のある人が地

Board of Education of Topeka, 347 U.S. 483 （1954））に由来するスローガンの修正を提案する。しかし、同判決から半世紀以上、ADAから4半世紀以上を経過した米国の歴史的社会的状況と日本の現在の状況を同視することはできない。障害者限定枠のサービス（disability-only service）について差別的な隔離（segregation）と差別的でない分離（separate）の境界を明らかにすることは困難である。権利条約は差異、多様性の尊重、包容化の実現という規範的なフレームを定めており、分離を伴う障害者限定サービスは認められない。

(7)　能力がある（able）、という心身規範に基づく信念体系を意味している。精神障害者に対しては、同様の見方としてsane（正常）を規範とするsanism（精神障害差別主義）がある。

域社会に包容（include）されなければ実現されない。権利条約は個人の平等権の保障を超えて、排除と従属化のない社会の実現を求めている。

⑶　比較論の超克

均等／均衡モデルでは比較対象群の選び方と比較対象の仕方によって差別の成否が決まる。商品や生産物のように性能や品質、取引目的が単純なものの取り扱いの場合は取引の目的や物品の用途などから等価な要素と比較対象群を一義的に確定しやすい⑻。しかし、人間と社会生活関係は多様で多面的であるから、均等／均衡モデルの公式は、一義的に確定しえない要素の中から、あらかじめ差別を否定できるように等価な要素と比較対象群を設定する余地を与えてしまう⑼。また、その公式は「社会で多数を占める人々、または主流を形成している人々の『基準』」に他の者も達しているか否かによって等価性を判断することになるので、それに到達できない者に対する異なる取り扱いは差別にならないという結論を導くことになる⑽。さらに、比較対象群がない場合にはその公式を使うことができない。こうした観点から平等保障を十全にするための解釈とそれを法文化する方向性として、等価性評価が必要的ではない差別禁止形態への志向性が生まれる。こうした志向性にある形態として合理的配慮、ハラスメント、そして英国平等法（2010年）が定めた起因差別を挙げることができる。同様の志向性から間接差別において比較対象群との統計資料などに基づく実証的対比を必要としないアプローチも現れるようになっている⑾。差別禁止のア

⑻　欧州司法裁判所は、物品や事業取引の分野からこの公式を確立してきた（Takis Tridimas 'The General Principle of EU Law Second Edition' Oxford EC Law Library　2006 page78-94）。

⑼　英国平等法において起因差別形態が新設された経緯がこの問題を裏づけている。英国障害差別禁止法（Disability Discrimination Act 1995）は、障害に関連する理由による（3A⑴；for a reason which relates to the disabled person's disability）差別を禁止し、その要件として、他の者と比較して相対的に不利であることを要件としていた。これについてマルコム事件判決（Lewisham LBC v Malcom 2008 UKKHL）は、精神障害のある者が違法な転貸を理由に契約解除を受け、当該違法転貸が病状に関連していたと考えられる事案で、精神障害がなく違法転貸をした者を比較対象群に設定して相対的に不利な取り扱ではなく差別に該当しないとした。そこで比較対象の設定いかんによって差別禁止法が骨抜きになってしまうことを避けるために英国平等法は比較対象を要件としない起因差別形態を規定するにことになった。

⑽　浅倉むつ子『雇用差別禁止法制の展望』（有斐閣，2016年）12頁

⑾　欧州司法裁判所は、間接差別の差別効果について厳密に実証することまでは求めず、差別効果が生じやすいことを示すことで足り（傾向性アプローチ；liability approach）、

プローチは平等に伴う他との比較をすることなく差別を認める枠組みへと発展している。

(4) 包括的平等（inclusive equality）

一般的意見6号は、新たな平等モデルとして「包括的平等（inclusive equality）」という平等観を権利条約が提示しているとしている。包括的平等は、4つの次元から平等の内容を拡張し精緻化する平等観とされる。すなわち、第一に公正な再分配の次元として、社会経済的に不利な立場に対処すること、第二に認知の次元として、スティグマ、固定観念、偏見および暴力を撲滅し、人間の尊厳と人間相互のかかわりを正当に評価すること、第三に参加の次元として、社会集団の構成員としての人間の社会性を再認識し、社会に包容されることによって人間性が正当に認められるようにすること、そして第四に配慮（accommodation）の次元として、人間の尊厳の問題として差異を配慮する余地をつくること、というものである（para.11）。

包括的平等は実質的平等を包摂し、「差異のジレンマ（dilemma of difference）」を超克しようとする点において重要な視点を与える（para.10）。「差異のジレンマ」とは、人間の「人」としての同一性に着目して同一の取り扱いをすると、現実の差異によって不利な立場に置かれる場合を生じ、逆に、さまざまな差異に着目して異なる取扱いをすると、着目した差異がスティグマとなり差別と排除を誘発してしまう事態をいう。

差別効果の生じやすさについて裁判所は常識的判断（社会通念による評価；common sense assessment）を行うことができるとされる。常識的判断は、①明白な事実（obvious facts）に基づく場合（Case C-79/99 Julia Schnorbus v Land Hessen 2000 ECR I-10997は、兵役か代替公務を果たした者に優先的に司法研修の機会を与える基準は、女性は兵役等の対象にならないので、その機会を得られないことになるので女性に対し間接差別になるとした。）②公知（common knowledge）に基づく場合（Case C-322/98 Barbel Kachelmann v Bankhaus Hermann Lampe KG 2000 ECR I-7505は、整理解雇についてパータイマーを対象にする基準は、パートタイマーが女性である可能性のほうが高いのは一般的に知られているところであるから女性に対し間接差別になるとした。）③裁判所の確信（court's conviction）に基づく場合（Case C-237/94 John O'Flynn v Adjudication Officer1996 ECR I-2617は、英国内で葬祭を行う場合にのみ葬祭扶助を支弁する基準は、移民労働者は一般に出身国との繋がりから出身国で埋葬するはずであるから移民労働者に対し間接差別になるとした。）がある。Christa Tolber 'Limits and potential of the concept of indirect discrimination' European Commission Directorate-General for Employment, Social Affairs and Equal Opportunities Unit G.2 2008 page40

Marhta Minowは、差異のジレンマを生じる前提には、社会が差異を認知する構造に問題があると指摘している[12]。人としての差異は社会的に構築されるものであり、社会の優劣関係あるいは支配従属関係に基づいて構成されるものである[13]。差異の背後に隠されているこの社会的構造を認識しないままに、「同等のものは同等の取り扱いを、異なるものはそれに応じた異なる取扱いを」という均等／均衡モデルを適用してしまうと、「健常者」には「健常者」としての取り扱いを、「障害者」には「障害者」としての取り扱いをすべきであるということになり、社会の分断と排除を生じてしまう。逆に、障害の有無にかかわらず人として同等だとするなら、同等の取り扱いをすべきことになるが、それは「健常者」と同等の取り扱いになるので、「健常者」にあわせて作られている社会内では障害のある人には支障をもたらす取扱いになってしまう。差異のジレンマを乗り越えるためには、差異を構成する関係性を明らかにし、優劣や支配従属関係を超えた新たな構成を形成することが重要である[14]。包括的平等は、従来の形式的・実質的平等観を超えて、人間の尊厳を基礎において人間相互の関係と社会性に着目し、社会的包容の観点から平等を実現することを求めている。

---

(12) Martha Minow, "Making All the Difference Inclusion, Exclusion and American Law" Cornel University, 1990

(13) 「差異についての問いに隠されているのは、差異がスティグマと逸脱にリンクしており、同一性が平等の必要条件であるという思い込みである。…同等であるためには同じであることを要するとするなら、異なるものは同等でなく異常でさえある。しかし、異常とされることは、何かしら正常とされる観点から構成されなければならない。すなわち、対等な立場は、その関係を示すために用いられる構成的立場を意味している。―そして、それは等しい等しくないという関係性ではなく、優勢と劣勢という関係性である」（ibid. page 49-50）。Minowは同じ文脈でRuth Colker（前掲本節注(2)）の階層組織（hierachy）を自説の論拠に加えている。

(14) Minow（ibid. page 50 footnote 3）は、ColkerのほかにCatharine MacKinnon, "Feminism Unmodified: Discourse on Life and Law," Cambridge, Mass,: Harvard University Press, 1987（支配アプローチ：dominance approachを提唱）も引用して、両者ともに「優越性と従属性という問題に焦点を当てえていない平等権論を批判している」とし、「『同一』あるいは『中立』は、あらかじめそれを入れ込んだ階層組織を隠蔽してしまう。それゆえ、その階層組織を解消することが平等運動の最終目標であるとしている」と指摘している。

3　差別形態論

(1)　権利条約と差別形態論

権利条約２条は「障害に基づく差別」(discrimination on the basis of disability)を「障害に基づくあらゆる区別、排除又は制限であって、政治的、経済的、社会的、文化的、市民的その他のあらゆる分野において、他の者との平等を基礎として全ての人権及び基本的自由を認識し、享有し、又は行使することを害し、又は妨げる目的又は効果を有するものをいう。障害に基づく差別には、あらゆる形態の差別（合理的配慮の否定を含む。）を含む」と定義している。権利条約策定段階の議長草案は障害に基づく差別の定義に間接差別を含めた差別の形態を規定していた[15]。しかし、アドホック委員会の審議の中で、個別の形態を規定することはかえって、その形態に該当しない行為等が差別にならないとされて、差別禁止の範囲が狭まる危険性があること、「あらゆる形態の差別」を含むと規定することで、従来から差別形態とされてきたものは当然に権利条約が禁止する障害差別に含まれると解釈できることなどから、現在の条項になった[16]。こうした条約策定の経緯から、「あらゆる形態の差別」には以下の差別形態が含

---

(15)　議長草案（2003 年 10 月）は「障害に基づく差別」(discrimination on the ground of disability）は以下のものを含むとしていた。①障害に基づくあらゆる区別、排除又は制限であって、政治的、経済的、社会的、文化的、市民的その他のあらゆる分野において、人権及び基本的自由を認識し、享有し、又は行使することを妨げ、又は害する目的又は効果を有するもの、②あらゆる法律、基準、条項、運用、政策、準則又は協定であって、明示的には障害に基づくものではないが、a. 政治的、経済的、社会的、文化的、市民的その他のあらゆる分野において、人権及び基本的自由を認識し、享有し、又は行使することを妨げ、又は害する目的又は効果を有し、かつ、b. 法的に正当な目的を達成する合理的で均衡のとれた（proportionate）手段として客観的に正当化されえないもの、③合理的配慮の不提供、④障害のある人の関係者（associate）に対する、障害のある人の障害又はその人との結びつき（association）を理由にした、相対的に有利ではない取り扱い。障害の中には、障害の嫌疑をかけられる場合、障害があるとされてしまう場合、障害があると想定される場合あるいは将来の障害の可能性、障害があると受け取られてしまう場合、過去の障害あるいは過去の障害の影響が含まれる。
(http://www.un.org/esa/socdev/enable/rights/wgcontrib-chair1.htm# 2 参照)

(16)　アドホック委員会の 2006 年 1 月 31 日審議参照；http://www.un.org/esa/socdev/enable/rights/ahc7sum31jan.htm、議長草案が規定していた差別形態の例示は他の人権条約の条約体が差別の解釈として示してきたものを反映させたもので、「あらゆる形態の差別」はそれらを含み、それを超えるものを意味している（Rachele Cera,"Article 2 [Definition]", Valentina Della Fina et.al edit, “The United Nations Convention on the Rights of Persons with Disabilities A Commentary”, Springer, 2017,111 - 112 頁）。

まれるものと解される。

(2) 直接差別

直接差別は、明示的に障害に基づいて他の者と異なる取り扱いをする差別形態と解されている(17)。直接差別は法が差別禁止事由（人種、性別、障害など）として例示している事由を明示的な基準としてその事由のある者とない者に選別した取り扱いをする差別形態である。直接差別は差別禁止事由を明示的な選別基準とする点で差別禁止事由を明示的には選別基準としない間接差別と異なるとされている。また、間接差別の禁止については、通常、正当化事由による例外が差別禁止規定とともに定められているが、直接差別の禁止では原則として正当化事由による例外は認められず、例外を許容する場合は改めてそのための規定が定められる(18)。

---

(17) 女子差別撤廃条約に関する一般的勧告28号（General Recommendation No 28 on the Core Obligation of States Parties under Article 2 of CEDAW' UN Doc CEDAW/C/2010/47/GC.2）para.16、において、「女性に対する直接差別は明示的に性およびジェンダーの違いに基づいて（based on grounds of）異なる取り扱いをすることである。」としている。もっとも、一般的意見3号 para. 17a は、「差別禁止事由に関係する理由による」（for a reason related to a prohibited ground）異なる取扱いとして差別禁止事由との直接的な関係を広げており、一般的意見6号もそれを踏まえている（para. 18(a)）。同一般的意見は、「差別する側の動機や意図は、差別が発生したか否かの判定には関係ない」ことを明示している。

(18) EC法では、間接差別は例外的許容要件の不存在を定義に含めて規定する方式をとっている。例えば、「雇用及び職業における平等取り扱いのための一般的な枠組みの確立に関するEU指令」（Council Directive 2000/78/EC of 27 November 2000 establishing a general framework for equal treatment in employment and occupation）は、間接差別の定義として、外見上中立的な規定等が特定の宗教、信条、障害、年齢、性的指向性を持つ者を他の者と比較して不利な立場に置く場合であって、当該規定等が法律上正当な目的及びその目的を達成する手段が適切かつ必要であることによって客観的に正当化される場合ではないこと、という規定の仕方をしている（同指令2条2項b）。これに対して直接差別は例外的許容要件を含めずに定義されており、例外的許容が必要な場合は別に条項を改めて定めている。例えば、同指令2条1項は、直接差別については例外的許容要件の不存在を含めずに定義し、6条において年齢に基づく異なる取り扱いについてのみ例外的な許容要件を定めている（Christa Tobler, "Limits and potential of the concept of indirect discrimination", European Commission, 2008, page32, 48）。「正当化の観点については、EU法および欧州司法裁判所の判例法は、直接差別禁止の例外が認められる場合を限定し、かつ、拘束力のある法律にあらかじめ定められていなければならないとしている。」（Justyna Maliszewska-Nienartowiz, "Direct and Indirect Discrimination in European Union Law — How to Draw a Diving Line?" International Journal of Social

議長草案においても間接差別では「法的に正当な目的を達成する合理的で均衡のとれた手段として客観的に正当化され」る場合は間接差別にならないとして間接差別の定義に含めて例外を定めていたが、直接差別については例外の定めは規定していなかった。現行の権利条約は議長草案を前提にしながら差別禁止の範囲が限定されることを避けるために個別的な形態の法文化を避けたものであるから、間接差別は例外的に正当化される場合があるが、直接差別には例外を認めないという議長草案の枠組みは維持されていると解すべきであろう。差別が例外的に正当化されるためには、「法的に正当な目的」、「合理的で均衡のとれた手段」などの評価を要する要件の判断が必要になり、その評価をする者の主観や価値観によって差別禁止規範の機能が損なわれる危険性がある(19)。権利条約は、障害を明示的な選別基準とする直接差別は例外なく許されないものとして差別禁止規範が主観や恣意に流されることを防ごうとしている(20)。

⑶　間接差別

間接差別とは、「法律、制度あるいは慣行が、表面的には中立であるように見えるが、障害のある人に均衡を欠いた否定的な効果をもつことをいう」(21)。権利条約２条は「あらゆる形態の差別」を禁止するとともに、他の者との平等を基礎とした人権と基本的自由の行使等を害するなどの「効果を有する」場合を差別に含めているので、権利条約が間接差別を含めて禁止していることは明ら

Science, III (1), 2014, page 45)

⒆　とりわけ特定の社会集団に対する差別が歴史的社会的に形成されている社会においては、裁判官を含めて法の運用・執行にかかわる者が、性差別主義（sexism）や精神障害差別主義（sanism）に基づく認識・思考方法に傾斜しており、社会的認知の歪みから自由ではありえないことに留意する必要がある（拙著・前掲本節注⑸ 21 頁以下）。あたかも植民地支配下の人民が宗主国の裁判官の裁判を受けるようなものである。

⒇　憲法訴訟では「範疇化テスト」（「個別的文脈の如何を問わず一定の範疇に属する表現は絶対的に保護されなければならないとするもので」、「判定者の主観に流されやすいところを克服し、法律それ自体の合憲性判定基準として有効であることを企図する」（佐藤・前掲第１章第１節注⑶『憲法』、534 頁）ことによって、裁判官等の評定者の価値観の混入や恣意的な判断を避ける方法が考案されいる。検閲や拷問の禁止なども、その概念に該当すれば例外なく禁止されるとすることで表現の自由や人間の尊厳の保障を十全化しようとしている。

㉑　一般的意見６号（para.18 ⒝）、前掲女子差別撤廃条約に関する一般的勧告 28 号 para.16 は「女性に対する間接差別は、法律、政策、計画あるいは慣行は男女に関して中立的に見えるが、実際には女性に差別的効果を持つ場合である」としている。一般的意見３号 para.17 ⒝も同旨

かである。間接差別が差別になるのは、中立的に見える制度等が、すでに存在している不平等な関係を前提にして、その不平等を座視したまま制度を運用するため、その結果として差別構造が容認され維持・強化されることになるからである(22)。憲法が差別禁止事由として例示する事由あるいは人種や女子、移民労働者、障害のある人などに関するテーマ別の人権条約は、いずれも歴史的社会的に構造化されてしまった不平等な社会構造から生じる差別を是正することを目指している。間接差別の禁止は、①社会的に少数派の集団に構造的に及ぼされる差別作用に注目していること、②個別の権利侵害にとどまらず被差別集団に対する影響に注目していること、③ステレオタイプ（固定観念）や認知的バイアス（客観的な事実を無視・軽視したり特異な事実を一般化する社会的認知の歪み）(23)を含んだ既存の社会通念に基づく基準等に埋め込まれた「『差別性』をあぶりだす『包括的見直し機能』を持つこと」、④違法とされた基準は無効になり、正当な基準に変更さうるなどの「革新性」があることなど差別禁止において重要な役割を果たす(24)。

もっとも、制度、慣行等が用語や表現としては特定の障害を明示していなくても、実質的には特定の障害を選別基準とするのと同義的になる場合は間接差別ではなく直接差別になる。例えば盲導犬同伴での入店を拒否する対応は、視覚障害を明示した拒否ではないが、盲導犬を同伴する人は視覚障害のある人であるから、視覚障害を基準にした選別と同じ意味を持つ基準になる。したがって、それは間接差別ではなく直接差別になる(25)。

---

(22)　前掲女子差別撤廃条約に関する一般的勧告28号para.16、中立的に見える慣行等が差別になるのは、外見上中立的な方策が既存の不平等に対処しないためである。さらに、間接差別は、男女間の差別と不平等な力関係の構造的で歴史的なパターンを認識しないことによって現在の不平等を悪化させることになりうる、とも述べている。

(23)　前掲本節注(5)拙著21頁以下

(24)　前掲本節注(10)浅倉310頁、前掲本節注(11)Tolberは、間接差別の概念は、偏見や特定の集団を優等あるいは劣等とみなす観念、固定観念化された役割などの差別の裏に潜んだ原因を見えるようにし、それに異議を唱える手段とみることができるという。

(25)　労働政策審議会障害者雇用分科会意見書（平成25年3月19日）2頁。欧州司法裁判所の判例法でも外見上中立的な基準であってもそれが差別禁止事由と「密接な関連性」（inextricably linked to）がある場合は直接差別と判断している。

Ingeniørforeningen i Danmark, acting on behalf of Ole Andersen v Region SyddanmarkC-499/08[2010]ECR I-9343は、離職手当は離職時に老齢年金の資格がある場合には支給されないとする給与労働者に関する法律は、老齢年金受給資格年齢が60

⑷　合理的配慮の不提供

合理的配慮義務は社会における配慮の不平等性に基づいて発生する。例えば、大講堂で講演者がマイクとスピーカーを用いて講演するのは健聴者に対する配慮であるが、その際に手話・要約筆記などの聴覚障害のある人への配慮を欠いていれば、健聴者のみへの片面的で不公平な配慮をしたことになる。階段は異なるレベルの地点に移動するための歩行できる人に対する配慮であるが、車いすを利用する人が階上に移動するためのスロープやエレベーターなどの配慮を欠いていれば、歩行可能な人にだけ片面的で不公平な配慮をしていることになる。障害の社会モデルは既存社会が機能障害のある人の心身の特性を無視して、障害のない人にとってのみ便利で機能的な社会構造を作り上げているために障害のある人にさまざまな生活上の制限が生じてしまうことを明らかにしてきた。合理的配慮義務は障害のない人に片面的に便宜な事物、制度、慣行などを障害のある人にも同等に便宜なものとするための義務である。その義務が果たされないことは片面的で不公平な配慮を維持、存続させることになるので、それ自体が差別を構成することになる。そのため権利条約は合理的配慮の不提供が差別になることを注意的に明文で定めている。

⑸　関 連 差 別[26]

議長草案は「障害のある人の関係者（associate）に対する、障害のある人の障害又はその人との結びつき（association）を理由にした、相対的に有利ではない取り扱い」（「関連差別」と呼ぶ）を差別の定義に含めていた。成案となった権利条約の条項は議長草案を挟めるものではないので、「あらゆる形態の差別」の禁止を定めた現行の権利条約は関連差別も包摂して禁止していると解される[27]。

歳を超えた者とされていることから、差別禁止事由である年齢と密接に関連しているとして、直接差別に該当するとした。

㉖　一般意見３号 para. 17 は、直接差別、間接差別、合理的配慮の欠如、構造的・体制的差別については説明しているが、それ以外の差別形態については言及していないが、網羅的な説明をする意図は読み取れないので、他の差別形態を認めない趣旨ではない。

㉗　欧州司法裁判所は障害のある子を出産しその世話にあたらなければならなかった母親に対して他の職員には認めていた産休から現職への復帰や勤務時間の柔軟な調整等を認めなかった事案について、「雇用及び職業における平等取り扱いのための一般的な枠組みの確立に関する EU 指令」が定める直接差別の禁止は、本人に障害がある場合のみに限定されないものと解釈しなければならないとしている。そして、本人自身には障害のない被用者に対して、世話をしなければならない子の障害に基づいて、他の被用者よりも不利な処遇をすることは、同指令２条２⒜が定める直接差別の禁止に反するとしてい

関連差別と間接差別の違いは、関連差別は差別を受けた「人との関連性」を問題にするのに対して間接差別は差別禁止事由と「差別行為との関連性」を問題にする点が異なる（前掲本節注(11) Tolber, page50)。

関連差別と合理的配慮の関係では、障害のある人の関係者も合理的配慮を求めることができるかという問題がある。例えば、障害のある子の世話のために障害のない母が勤務時間等の調整を合理的配慮として求めることができるか、という問題である。Colman 事件（前掲本節注(27)）では他の従業員に比較して不利な処遇であったので関連差別として争うことができたが、他の従業員に認められる以上の勤務時間の調整や休暇を合理的配慮として求めうるかは明らかではない。ADA は合理的配慮を受ける主体を障害のある人としているのでその関係者が合理的配慮を受けることはできないと解されている(28)。これに対して権利条約は合理的配慮は障害のある人が他の者との平等を基礎として人権および基本的自由を享有または行使することを確保するために必要とされるものとして（2条）合理的配慮を受ける主体を障害のある人に限定していない。また、同条約前文(x)は「障害者及びその家族の構成員が、障害者の権利の完全かつ平等な享有に向けて家族が貢献することを可能とするために必要な保護及び支援を受けるべきである」としている。したがって、少なくとも障害のある人の家族に対する合理的配慮が当該障害のある人の人権および基本的自由の享有または行使を確保するために必要な場合には、その家族も合理的配慮を求める

る（the Colman Case; ECJ Case C-303/06, 17 July 2008; para.56）。同指令の定める差別形態は直接差別、間接差別、ハラスメントおよび差別行為の指示であり、関連差別を定めていないために、この事案は直接差別あるいは間接差別に含まれるか否かの解釈問題になった。間接差別の立証の困難性や正当化事由の広さから差別禁止の効果が高い直接差別形態を拡張していく方向性が同判決に窺える。なお、ADA における関連差別（12112 条(4)「適格性を有する個人が関係又は交際していることが知られている個人についての既知の障害を理由として、その適格性を有する個人に対し、平等な職務又は利益を排除又は拒絶すること」内閣府邦訳）の判決例として Den Hartog v. Wasatch Academy, 129 F 3d. 1076 （10th Cir. 1997）参照。

(28) ADA12111 条(9)「合理的配慮」という用語には、以下が含まれ得る。

(A) 被雇用者が利用する既存の設備を、障害のある個々人にも容易にアクセス可能で利用に適したものにすること。

(B) 職務の再編成、勤務時間の短縮又は作業スケジュールの修正、欠員職への配置転換、機器又は装置の取得又は改善、考査、訓練教材又は方針の適切な調整又は修正、適格性を有する代読者、通訳者の提供、その他障害のある個々人に対する類似の配慮

ことができると解すべきであろう。

(6) 起因差別（discrimination arising from disability）

起因差別は英国平等法（Equality Act 2010）で導入された差別形態である(29)。起因差別は、差別禁止事由である障害それ自体を理由にした差別ではなく、障害から生じる（arising from disability）事柄を理由にして障害のある人に対して不利な取り扱いが行われることを禁止する差別形態である(30)。例えば、精神科受診に必要な通院あるいは入院のために仕事を休みがちになることを理由に減給や解雇をすることは、精神障害そのものを理由にした不利な取り扱いではないが、通院や入院のための欠勤は精神障害に起因して生じているので、それを理由にした不利益取り扱いになる。したがって、起因差別に該当する。

直接差別は障害を明示的な選別基準とする形態であるからこうした場合に適用することは困難である。精神障害と入院の間には、女性と妊娠、年齢と老齢年金受給資格年齢のような実質的な同義性や密接関連性は認められないので、直接差別を密接関連性（inextricably link to）のある事由まで拡張しても入院等による欠勤を精神障害に基づく直接差別とすることは困難である。

間接差別では、精神障害とは無関係に定められている欠勤日数に基づく減給や解雇の基準が精神障害のある人に適用された場合に、その基準が精神障害のある人に相対的に不利に作用していることを証明することが必要である。そのため、原則として比較対象群との比較が必要になる。しかし、仮に、精神障害はないが欠勤を理由に減給や解雇をされた従業員を比較対象群にしてしまうと、その者たちも同程度の頻度の欠勤で減給や解雇を受けている場合、精神障害のある従業員に相対的に不利な取り扱いであることを証明できないことになる。これに対して、起因差別は比較対象群との比較を必要とせず、①ある事柄について不利な取り扱いがなされたこと、②その事柄が障害に起因するもので

(29) 英国法における障害起因差別については、長谷川聡「イギリス障害者差別禁止法の差別概念の特徴」季刊労働法225号（2009年）49頁以下、川島聡「英国平等法における障害差別禁止と日本への示唆」大原社会問題研究所雑誌641号（2012年）36頁以下参照。

(30) 英国平等法Section 15は、起因差別の要件を次のように定めている。①AがB障害者Bの障害の結果生じる（arising in consequence of B's disability）事柄を理由にBを不利に取り扱い、②当該取り扱いが正当な目的を達成するために均衡のとれた（proportionate）手段であることをAが証明できない場合であること、③ただし、Bが当該障害を持っていたことをAが知らず、かつ、知ることを合理的に期待しえない場合は起因差別にはならない。

あることを証明すれば足りる点で差別を受けた側の立証負担が軽減される。その反面で、相手方は当該取り扱いに法律上正当な目的があって、その目的を達成する手段として当該取り扱いが比例原則（必要性と均衡した手段であること）を満たしていること、または、当該障害があることを知りえなかったことを証明すれば起因差別の非難を免れる。この立証責任の軽減と相手方の抗弁権によって公平な解決が目指されているとされる(31)。

では、合理的配慮との関係をどのように理解すべきであろうか。減給や解雇に至る前であれば、障害のある人が合理的配慮として減給・解雇の欠勤日数基準を自分に関して変更する（あるいは欠勤扱いとならない特別な休暇を認める）ことを求めることも考えられる。それによって減給や解雇を免れることが期待できる。合理的配慮の不提供は差別になるので、欠勤基準の変更等をしないことは事業主にとって過度な負担にならない限り違法な差別になる。したがって、それを前提にした減給や解雇も違法と評価されうる。こうした局面で合理的配慮の不提供による差別と起因差別は結果的には重畳しうる。しかし、合理的配慮の不提供は合理的配慮という作為義務（例えば、欠勤基準を当該障害のある人には変更すること）を果たさないこと（不作為）を違法な差別行為とするのに対して起因差別は障害に起因する不利益な取り扱い（精神障害に起因する欠勤に基づく減給・解雇という作為）を差別行為とする点で評価対象が異なる。したがって、例えば、精神障害のある従業員にジョップ・コーチをつけ、あるいは、聴覚障害のある従業員のために手話通訳を配置する合理的配慮を提供したが、当該従業員の職務遂行が他の従業員より能率が悪く遅れてしまう場合に、低い職務評価をして減給した場合、減給という不利益取り扱いについて、さらに、起因差別を検討する余地がある(32)。

---

(31)　川島・前掲本節注(29)「英国平等法における障害差別禁止と日本への示唆」

(32)　この場合に、さらに、合理的配慮として職務評価基準の変更を行わなかった不作為を差別と評価する余地もある。しかし、ジョップ・コーチ等の合理的配慮を提供した以上、職務評価は他の従業員と同一の基準で評価すべきであるとされる可能性もある。あるいは、ジョップ・コーチなどを付す配慮をしても職務遂行が従業員として必要な技能の水準を満たしえないとすると、そもそも当該配慮は合理的配慮にならないとも考えられる。しかし、起因差別からは、減給が不利益取り扱いであり、その理由が障害に起因する職務遂行の遅延であることを証明できれば差別になりえ、あとは正当事由または障害不可知の抗弁が認められるか否かの問題になる。

⑺　構造的・体制的差別（structural or systemic discrimination）

一般的意見3号があらたに発掘した差別形態である[33]。この差別形態は、①歴史的社会的に形成されてきた行動様式や生活様式（文化）に内在する差別（例えば障害のある人に対する無能力視、危険視、障害のある人だけを地域から離れた特別な施設で処遇すること）、②社会規範や規律に内在する差別（例えば「健常者」中心の心身規範や審美基準のためにパートナーを得る機会が相対的に乏しくなること）、③多くの人が許されるあるいは従うべきと考えてしまう行動（institutional behavior）に内在する差別（例えば社会の現状では障害を持って生まれることは本人にとっても幸福ではないし親にとっても負担だと考えて中絶してしまうこと）として現れる差別形態である。この差別形態は差別の根本に社会構造上の力関係の落差と従属化があることを明確化する形態である。この差別形態の特質は差別を個別的事象と見るのではなく社会全体の構造と文化、そして、社会を構成する人々の意識の問題と把えてその改革にまで視野を広げ、差別を根絶しようとする点にある。

一般的意見3号はこの差別形態においては特に教師、保健サービス提供者、警察官、検察官、裁判官などの公務員と一般人の意識の改革のための研修や政策が求められることを指摘している[34]。

⑻　ハラスメント、虐待、拷問等

一般的意見6号 para. 18(d)は、「『ハラスメント』は差別の一形態であり、障害または他の差別禁止事由に関して、人間の尊厳を侵害し、威圧的な、または、敵意のある、品位を傷つける、自尊心を挫く、侮辱的な、状況を作り出す目的または効果のある行為が行われる場合の差別形態である」としてる。EUの差別禁止指令では、ハラスメントや差別を指示・扇動する行為も禁止されるべき差別形態とされている[35]。ハラスメントは社会的な力関係の落差や従属関係の

⒀ para. 17e

⒁ ibid.

⒂ Racial Equality Directive, Article2 (3); Employment Equality Directive, Article 2(3); Gender Goods and Service Directive, Article 2 (c); Gender Equality Directive Article, 2 (1)(c)、これらの指令に共通するハラスメントの要件は、①差別禁止事由（人種、性別など）に関して相手が望まないことを行い（unwanted conduct）、②その行為が人の尊厳を害する目的または効果を有し、かつ／または、③威嚇的な、敵意のある、品位を傷つける、または、屈辱的な状況のもとでの行為であること。ハラスメントになる行為には、言語的な行為と非言語的な行為および有形力の行使が含まれる。

中で行われる点で対等な市民間の偶発的で個別的な違法行為ではなく差別行為としての特徴を持つことになる。差別の指示・扇動も社会的な差別構造や従属関係を助長し強化する点で禁止さるべき差別形態になる。同一般的意見は、ハラスメントは「障害のある人を区別しあるいは抑圧することを永続させる効果を持つ言動によって起こりうる」とも指摘している。この形態では言語的、非言語的あるいは有形力の行使という行為の形態とそれが人間の尊厳を侵害する潜在的な影響力の観点から差別行為としての違法性を評価する(36)。したがって、差別性評価のために他の者との比較をする必要はない。また、ハラスメントの判断にあたっては、被害者自身にとって当該行為が受け容れがたく不快な行為であるかどうかが基本的な判断要素になるが、その行為が客観的に違法性の高いものであればそれだけでもハラスメントが認められうる(37)。虐待・ハラスメントは社会の差別構造を背景として従属的な地位にある者を抑圧し、その者の固有の尊厳（権利条約3条a)、身体の安全（14条)、拷問等からの自由（17条)、虐待等からの自由（16条）に反する極めて違法性の高い差別行為である。権利条約は平等性確保の文脈においてもこれらの行為を禁止し、締約国が必要な措置をとることを求めている。それには刑事法による対応も必要であるが、わが国の障害者虐待防止法は行政介入の手法にとどめている。

---

(36) "Handbook on European non-discrimination law", European Union Agency for Fundamental Rights 2010, page32。英国平等法Section26の定めるハラスメントは、障害に関連して相手が望まない行為（unwanted conduct）を行い、当該行為が尊厳を侵害し又は脅迫的、敵対的、冒涜的、屈辱的あるいは攻撃的環境を作り出す目的又は効果を有する場合と定義される。

(37) Council Declaration of 19 December 1991 on the implementation on the Commission Recommendation on the protection of the dignity of women and men at work, including the ode of practice to combat sexual harassment, OJC27, 04.02.1992 page 1; Commission Recommendation 92/131/EEC on the protection of the dignity of women and men at work, OJL 49, 24.02.1992, page 1

第3節

複合差別・交差差別

1　複合差別と交差差別の意義

(1)　複合差別と交差差別の定義

権利条約前文pは、障害のある人が複合的または重畳的形態の差別（multiple or aggravated forms of discrimination）による困難に直面している事態に憂慮を示し、同条約6条は特に障害のある女子が複合差別を受けていることを認識して、その人権および基本的自由を完全かつ平等に享有できるようにすることを締約国に求めている。

一般的意見3号（para．4(c)）は、「『複合差別（multiple discrimination）』とは、増幅されあるいはより深刻な差別になる二つないしそれ以上の事由に基づく差別を受ける場合である」と定義している(1)。これを受けて一般的意見6号（para.19）は、「『複合差別』は当委員会によれば、差別が増幅されあるいはより深刻化する点で、二つまたは幾つかの事由に基づく差別を受ける可能性がある状態である」としている。

これに対して、「『交差差別』（intersectional discrimination）は、幾つかの事由が、それぞれ分離しがたく相互に同時に作用する場合である」（一般的意見3号para．4(c)）とされ、一般的意見6号（para.19）では「『交差差別』は、障害のある人あるいは障害と関係のある人が、皮膚の色、性、言語、宗教、種族、ジェンダー、その他の事情と結び付けられて、障害に基づく何らかの形態の差別を蒙る場合に発生する」と敷衍されている。すなわち複合差別に対して交差差別

---

(1)　一般的意見3号が引用する女子差別撤廃条約4条パラグラフ1に関する一般的勧告25号（以下「女子差別撤廃条約一般的勧告25号」）para. 12は、複合差別（multiple form of discrimination）とは、女性であることに加えて、人種、民族、宗教、障害、年齢、階級、身分等の事由が重畳する差別であり、これらの事由による差別は男性よりは主として女性に影響し、あるいは、男性とは異なる程度や形で影響する可能性がある、と指摘している。

は、いくつかの事由が分離しがたく（inseparable）同時に相互に作用する場合であり、これらの事由には年齢、障害、民族、先住民、出身国、社会的出自、性同一性、政治的意見等、人種、難民、移住者または亡命者、宗教、性、性的指向が含まれるとされている(2)。

複数の差別禁止事由が重畳する場合として、複数の事由が差別を引き起こしているが、それぞれの差別禁止事由を別個に分析できる場合（例えば女性であることに基づいて賃金差別を受け、障害があることに基づいて正規雇用を拒否されたことが明確な場合など）と複数の差別禁止事由が融合して差別を引き起こしている場合（例えば障害のある女性や高齢者がどこで誰と住むかの選択を制限された場合やハラスメントを受けた場合）が考えられる。交差差別は特に後者の差別を指す概念である(3)。

(2)　単一差別禁止事由アプローチ（single ground approach）と交差差別

人種、性別、障害などのさまざまな差別禁止事由に関して、従来は差別禁止事由ごとに差別の成否を分析する手法（single ground approach；「単一差別禁止事由アプローチ」という）がとられてきた。このアプローチは、アメリカ独立宣言から世界人権宣言に至る、人間が、人間として本質的・普遍的に同じ存在であるという抽象化された人間像を基準点としている(4)。この基準点から見ると、

(2)　一般的意見3号が引用する女子差別撤廃条約2条に基づく締約国の主要義務に関する一般的勧告第28号 para. 18は、交差差別（intersecting forms of discrimination）について、性とジェンダーに基づく女子差別は、人種、民族、宗教、信条、健康状態、年齢、階級、身分、性的指向、性同一性などの事由と解き難く結合（inextricably linked）して、これらの集団に属する女性に男性とは異なる程度あるいは形の増幅した否定的な影響を引き起こす可能性がある、と指摘している。

(3)　Kimberle Crenshaw, "Demarginalizing the Intersection of Race and Sex; A Black Feminist Critique of Antidiscrimination Doctrine, Feminist Theory and Antiracist Politics", University of Chicago Legal Forum Vol. 1989 Issue 1Article 8, Dagmar Scheik, Anna Lawson ed. " European Union Non-Discrimination Law and Intersectionality Investigation of Triangle of Racial, Gender and Disability Discrimination", 2016 Routledge, Sandra Fredman, "Intersectional discrimination in EU gender equality and non-discrimination law", 2016 European network of legal experts in gender equality and non-discrimination

(4)　アメリカ独立宣言は「すべての人は平等に造られ」とし、フランス人権宣言1条は「人は、自由、かつ、権利において平等なものとして生まれ、生存する」とし、世界人権宣言1条は「すべての人は、自由、かつ、尊厳と権利において平等なものとして生まれている。すべての人は理性と良心を授けられている」としている。ここから抽象化された

人間は確かに性別や皮膚の色、健康状態や機能障害の有無など生物学的な差異を持っているが、そうした各人の属性は人間の本質的・普遍的な同一性に対して偶有的で非本質的な属性とみなされる。この立場では、差別は人間が個別に偶有した非本質的属性を理由に異なる取り扱いをするところから生じると考える。なぜなら、その属性は人間の普遍的・本質的同一性に影響しないはずであるから、異なる取り扱いは「同等のものは同等の取り扱い」をしなければならないという均等／均衡モデルの公式（第２章第２節２(1)）に違反することになるからである。また、人間は普遍的・本質的に同一なのだから、当該差別禁止事由以外の事由について、あえて差異を探し出す必要はない（単一差別禁止事項アプローチ）ということになる。さらに、平等条項が差別禁止事由として掲げている事由は偶有的で非本質的な差異であるから、特別な意味を持つ事由ではなく例示にすぎない事由になる。そこから列挙事由に関して特に司法審査の基準の厳格性も変える必要はないことにもなる。積極的差別是正措置に関しては、普遍的・本質的に同一であるはずの者に対して、個人の生物学的な差異などに着目した優遇措置（異なる取り扱い）なので、同一のものに対する異なる取り扱いとして、例外的な特別な措置と説明することになる。

さらに、単一差別禁止事由アプローチは、差別禁止事由に示された属性を偶有的な個人属性とみることから、差別を生み出す社会構造への視点を持つことができない。しかし、本質主義・普遍主義のもとで抽象化された人間像は、実は社会の主流を形成している支配階層の人間をモデルにしている。それは経済的に安定した同一人種・同一民族の壮年の男性（性差別以外では女性も含まれる）といった暗黙の前提に立つモデルである。このモデルを前提にして単一差別禁止事由アプローチに従うと、障害差別であれば障害はあるが他の点では差別を受けていない男性が基準として想定され、性差別では障害その他の事由による差別を受けていない女性が基準として想定されることになる。そのためこのアプローチは個別の差別禁止事由以外の点では支配階層の状態が人間のひな型であることを容認し、構造的な差別を黙認することになってしまう。また、差別禁止法の適用の仕方としても、障害のある人に対する差別では性差別を無視するか、あるいは、性差別を視野に入れようとすると、いずれの差別禁止事由に基づく別異取り扱いかが特定できないことになり、障害差別禁止法の適用を断

人間の本質的同一性（essentialism；本質主義）あるいは普遍的な同一性（universal sameness；普遍主義）が導かれる。

念するほかないことになってしまう。

以上に対して、差別行為や差別的な制度は歴史的社会的に形成されてきた社会集団間の抑圧や従属化という社会構造に基づいて生じるとする反従属化モデル（本書第2章第2節2(2)）によれば、交差差別も抑圧や従属化という社会構造との関係を分析することによって明らかにすることができる。交差差別の分析においては、支配階層が被差別者の属性（烙印のためのアイデンティティ）を作り上げ、それを効果的に用いることによって、どのようにして人を従属化させていくかを明らかにすることが重要である。その分析においては各人にどのような属性があるかが問題なのではなく、それがどう扱われているか、いかなる差異が、従属化のマーカーとして意味のある差異として採用されるかが重要になる(5)。すなわち個人の生物学的な特徴（性別、皮膚の色、機能障害など）は、それだけでは社会的な意味がなく、それが特定の従属集団に属する者のマーカーとして採用されることによって、抑圧や排除、さまざまな社会的不利と結びつけられていることに問題の本質がある。抑圧や排除、いわれのない社会的不利の賦課は人間の尊厳を損なわせる。差別の本質は個人間の均等性や均衡性を損なわせることにあるのではなく、抑圧・排除等が人間の尊厳を損なわせることにある。この観点からすると、憲法や人権条約が掲げる差別禁止事由は被抑圧者・従属者のマーカーとして特別な意味をもつ事項であり、それに基づく差別は厳格な司法審査によって救済することが求められる事由になる。また、人は、通常、さまざまな階層集団に帰属しており、複数の被抑圧階層・従属階層に属する人はいっそう深刻な抑圧と従属化、社会的不利を被ることになるので、その抑圧と従属化から解放するために複合差別・交差差別の禁止が要請される。さらに、差別の根本には抑圧と従属化を作り出す社会心理的な領域から政治、経済、文化的な領域に至る歴史的社会的構造があるので、その是正のために積極的差別是正措置が求められることになる。間接差別の禁止も同様の理由から要請されることになる(6)。

(5)　Fredman, page 31

(6)　女子差別撤廃条約一般的勧告25号は、差別解消のための締約国の中心的な義務には3種類の義務があるとする（para. 6）。第一は、人間の本質的・普遍的同一性に着目した形式的平等（formal equality、男女同一待遇）であり（para. 6）、第二は、人間の特定の差異に着目した実質的平等（substantive equality、男女非同一待遇）であり（para. 8）、第三は、抑圧と従属化の社会的構築物に着目した変革的平等（transformative equality、差別的な制度や社会構造の変革および有害な価値観や偏見、固定観念の修正）である

図1　垂直的・対角的・階層的な従属化の構造

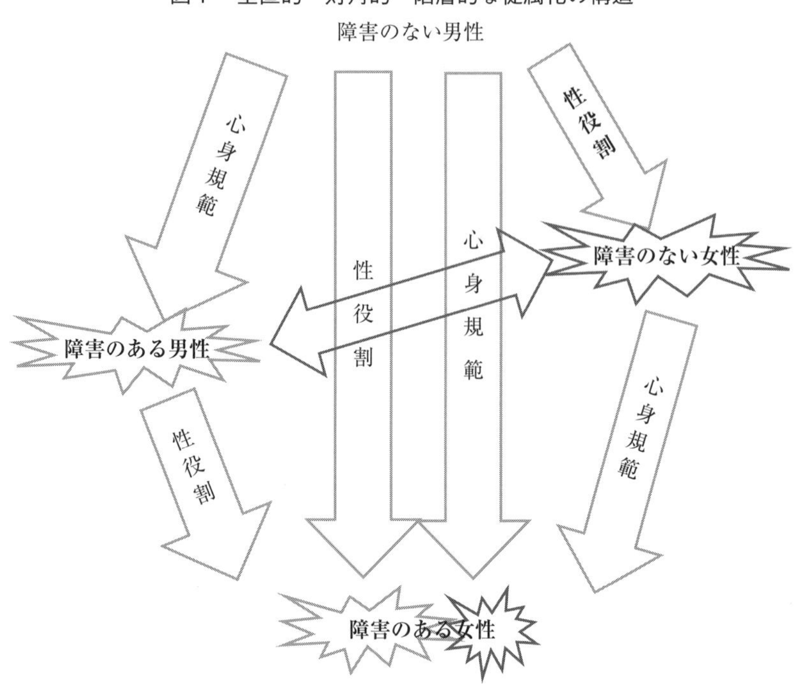

交差差別の観点から従属化の関係を分析すると、図1のようにその関係は垂直的な二項関係（非障害者と障害者）だけでなく、対角方向の関係もあり、また、複数の従属化のマーカーの組み合わせによって階層化が形成されることがわかる。このように差別事象は複合的な従属関係と階層に基づいて生じる複合的な

(para.10)。変革的平等以前においては差異を生物学的な個人属性と理解しつつ、その差異を人間の本質的・普遍的同一性との関係で均等／均等取扱いのいずれを適用すべきかが問われていたが、変革的平等においては差異を意味づける社会的作用と関係性に視点が転換される。国際人権法の差別禁止規範は、形式的平等から実質的平等へ、そして、変革的平等へと差別根絶のための法的対応のあり方を前史を統合しながら発展させている。Oddy Mjoll Arnardorri, "A Future of Multidimensional Disadvantage Equality?", 'The UN Convention on the Rights of Persons with Disabilities European and Scandinavian Perspective', Gerard Quinn et al.（Eds.） Martinus Nijhoff Publishers, 2009, Simone Cuzack and Lisa Pusey, "CEDAW and the Rights to Non-discrimination and Equality", Melbourne Journal International Law 14(1)参照。

事象である。実社会に生きる人間はさまざまな階層集団に帰属しているので、交差差別は実は例外的な差別事象というよりも差別事象は一般に複合的な事象として生じているといってよい。従来の単一差別禁止事由アプローチが、複合的に生じる差別事象を単純化してしまったために差別の一般的な形態ともいうべき交差差別を認識しにくいものにしていたのである。

2　交差差別禁止に関する国際人権規範の発展

差別禁止事由を従属集団に属する者のマーカーとみる見方は、障害や性、人種などの差別禁止事由を社会的構築物とする見方に立っている。差別禁止事由は個人の生物学的な差異として意味を持つのではなく、その差異を持つ人々を従属集団に属する人として取り扱うためのマーカーとして意味があるのである。そのマーカーは社会から否定的な意味づけをされ抑圧と従属化、排除と結び付けられる[7]。

差別禁止事由を社会的構築物とみるとともに交差差別を禁止すべき差別として指摘する動きは1980年代以降にみられるようになってきていた。すなわち、障害者に関する世界行動計画（1983年）は、夙に女性であることに障害を持つことが加わることによって社会参加がより困難化することを指摘している。女子差別撤廃条約一般的勧告18号（1991年）は、二重の差別（double discrimination）を受ける女性障害者の状況に憂慮を示している。第4回世界女性会議北京宣言（1995年）は、女性が人種、年齢、障害などの要因による複合的な障壁（multiple barriers）に直面しているためにその人権および基本的自由の平等な享受を保障するために特別な努力が要請されると指摘している（para.32）。人種主義・人種差別・外国人排斥及び関連のある不寛容に対する世界会議宣言（Durban Declaration 2001年）は、人種差別等の不寛容による被害者は、性、社会的出身、財産などの関連した理由に基づいて複合的あるいはより深刻な形態の差別（multiple or aggravated forms of discrimination）を被ると指摘している（General Issues 2）。そして、女子差別撤廃条約一般的勧告25号（2004年）は、男性と女性の間の「社会的・文化的に構築された差異」を考慮し（para.8）、「社会的・文化的構造・制度における差別の現れによる」差別の結果を生物学的な差

(7)　社会構成主義についての入門的な文献としては、ケネス・J・ガーゲン著、東村知子訳、『あなたへの社会構成主義』（ナカニシヤ出版、2016年）、Ian Hacking, “The Social Construction of What ?”, The President and fellows of Harvard College, 1999

異による経験と区別すべきであるとして女子差別の社会的構築性を明確に指摘している[8]。さらに、同勧告は男性による女性の従属化（subordination）によって女性に対して差別的な効果を生じさせる法制度・政策が作られていることも指摘している（Note 1）。子どもの権利条約一般的意見9号（2006年）は障害のある子どもの権利を特にテーマとしている。同一般的意見は障害児が、依然として深刻な困難および障壁を経験していること、そして、その障壁は障害そのものではなく、障害児が日常生活の なかで遭遇する社会的、文化的、意識的および物理的障壁の組み合わせであると指摘している（para.5）。それは障害児という特徴が社会的構築物であることを指摘しているものと理解できる。同一般的意見はまた、障害のある女子はジェンダー差別のため[9]、社会において差別をはるかに受けやすいとも指摘している（para.9）。

権利条約6条は、以上の国際人権法の発展の系譜を受けて複合差別（multiple discrimination）の禁止を明文で規定したものである。また、同条約は、差別禁止事由である障害を生物学的な差異ではなく、社会的障壁との相互関係であるとして、それが社会的構築物であることを明示し（前文e、1条）、以上の系譜に明確な条文上の根拠を与えた[10]。

一般的意見3号は、複合差別および交差差別の定義を示すとともに、女性の人権を確保するために第一に必要なことは社会構造と力関係に対する幅広い理解であると指摘している（para.8）。そして、個人が差別を経験するのは、単一の同質的な集団の一員としてではなく、アイデンティティ、社会的地位および生活状況に関する多元的な階層（multidimensional layers）に帰属する個人であるという認識が交差差別の概念を形成しているとも指摘している。こうした交差差別の理解の仕方によって、複合的で交差する差別の形態（multiple and intersecting forms of discrimination）によって社会的不利がいっそう深刻化してしまう現実の生活におけるありのままの人々の姿と経験が認識されるとしている（para.16）。さらに、一般的意見6号（para. 9）は、「障害の人権モデルは、障害

(8)　これに先立って人種差別撤廃条約1条1項「世系」（Descent）に関する一般的意見29号（2002年）は、世系が「社会階層（social stratification）」に基づく共同体の構成員に対する差別を含むと指摘して、世系を血筋のような生物学的な観点ではなく階層化された集団のマーカー（社会的構築物）として分析すべきことを示唆している。

(9)　ジェンダーの定義は生物学的な性差に与えられる社会的な意味であり（女子差別撤廃条約一般的勧告25号 Note 2）、社会的構築物である。

(10)　一般的意見6号 para. 9

(disability) は社会的構築物 (social construct) であり、機能障害が人権の否定又は制限の正当な理由とされてはならないことを認める」として、障害が社会的構築物であることを明確に指摘している。

3　交差差別を障害差別禁止法に規定すべき締約国の義務

交差差別を含む複合差別については、権利条約6条1項は、締約国が、障害のある女子が被っている複合差別に関して「全ての人権及び基本的自由を完全かつ平等に享有することを確保するための措置をとる」ことを要請している。また、同条約5条2項は、「障害に基づくあらゆる差別」だけでなく「いかなる理由による (on all grounds) 差別」についても、「平等かつ効果的な法的保護を障害者に保障」すべきものと定めている。「障害に基づくあらゆる差別」は、本書2章2節3で論じた障害に基づく差別のさまざまな形態を意味し、「いかなる理由による差別」は、権利条約前文pおよび同条約6条1項を踏まえて、障害以外の理由が加わった場合の差別の禁止をも締約国の義務とすることを定めたものである (一般的意見3号 para. 13)。

障害者権利員会は加盟国の締約国報告に対する総括所見の中で複合的および交差的差別に対して取り組む手段について勧告している⑾。その主なものは、第一に、従来、複合差別・交差差別の実態の把握がなされてこなかったことから、その実態を明らかにすること。今後のさまざまな対策の進捗をモニタリングできるようにするために、その実態についての情報とデーターの収集を行い、さらに、評価のための明確な指標を設定することである⑿。第二に、障害に加えてジェンダーの視点を差別禁止法をはじめとした法制度・政策の主要な内容に組み込むことである。また、実効的な法律にするために法的強制力の付与、制裁のあり方、その他の救済手段を法定し、積極的差別是正措置を取り入れることである。第三には、持続可能な開発目標 (2015年国連総会採択) の目標5 (ジェンダーの平等及びすべての女性・女児のエンパワーメントの達成) の中でと

⑾　障害のある女子に関する一般的意見3号が出される以前の総括所見としては、CRPD/C/MUS/CO/1、CRPD/C/BRA/CO/1、CRPD/C/CZE/CO/1、CRPD/C/DNK/CO/1、CRPD/C/AUS/CO/1、CRPD/C/DEU/CO/1、CRPD/C/SWE/CO/1、同意見後の総括所見としては、CRPD/C/CAN/CO/1、CRPD/C/GBR/CO/1、CRPD/C/LUX/CO/1、CRPD/C/LVA/CO/1など。

⑿　Human Rights Indicators: A Guide to Measurement and Implementation, ©2012 United nationsの活用が推奨されている。

りわけ、あらゆる場所における女性・女児に対するあらゆる形態の差別の撤廃(5.1)、人身売買、性的・その他の搾取を含む女性・女児に対する公私領域におけるあらゆる形態の暴力の排除（5.2)、政治・経済・公共分野のあらゆるレベルの意思決定について女性が指導力をもつための参画と平等な機会を確保すること（5.5）に沿った措置をとることである。

差別解消法は、合理的配慮義務に関する規定（同法７条２項、８条２項）において「当該障害者の性別、年齢及び障害の状態に応じて、社会的障壁の除去の実施について必要かつ合理的な配慮をするように努めなければならない」として、性および年齢に言及し、交差的な差別状態を合理的配慮によって解消する方向性を打ち出しているが、交差差別を対象とした規定を明確に定めるには至っていない。基本法 10 条１項も障害者施策の基本方針として性別、年齢等に応じた内容の策定と実施を求めているが、交差差別に直接対応する規定にはなっていない。交差差別禁止規定が定められるまでの間は、これらの規定に権利条約の要請を最大限反映させなければならない。

第4節
法的能力の平等

1　法的能力（legal capacity）と権利能力および行為能力

⑴「法的能力」の解釈

権利条約12条2項は「障害者が生活のあらゆる側面において他の者との平等を基礎として法的能力を享有することを認める」と定めている。同条項の「法的能力」（legal capacity）が日本法における権利能力のみを意味しているのか行為能力も含む概念であるのかについて、障害者権利員会に対する日本政府の第1回締約国報告を見ると、政府は権利能力に限定して理解しているようである[(1)]。

しかし、一般的意見1号は、「法的能力は法の下において権利の帰属者であり、かつ、行使者であることができることを含んでいる」（para.12）と述べて、法的能力が権利能力と行為能力の両者を含む概念であることを明らかにしている。同意見はさらに「法的能力は権利義務を帰属させ、それらの権利義務を行使する資格（ability）である」（para.13）と説明し、「法的能力は、…二つの要素から成る。第一の要素は、権利を帰属させ、法の前で、法人格（legal person）が認められる法的適格性（legal standing）である。…第二の要素は、これらの権利を活用し、その行為が法律的に承認される法的行為を行える権限（legal agency）である。障害のある人が、しばしば否定され、あるいは制限されるのは、この要素である。たとえば、障害のある人の財産の所有は法律で認められているが、その売買に関する行為は必ずしも尊重されていない。」（para.14）と述べて

⑴　第1回締約国報告は、para.74 - para.80において成年後見制度について報告し、権利能力は平等であること（民法3条）、本人の意思を尊重しその身上に配慮すべき義務が成年後見人にあること（同法858条）、家庭裁判所に成年後見人の事務を監督する権限が定められていること（同法863条、876条の5 第2項、876条の10第1項）、判断能力が回復した場合には成年後見開始の審判を取り消すことができること（同法10条、14条1項、第18条1項）、障害者虐待に対応しうるものであることなどをアピールしている。

いる。このように一般的意見１号は、法的能力の平等性の保障は権利能力の平等性は当然として、行為能力の平等性を保障することにこそその意義があるとしている。したがって、「法的能力」が権利能力と行為能力の両者を含む概念であることは、障害者権利委員会の有権解釈として明らかである。

⑵　法的能力の制限が内包する差別性

しかし、人間の思考力、判断力は現実には人ごとに大きな差があるはずであるから、その差を無視してすべての人の法的能力を同等とみなすことには無理があるのではないかという疑問が生じる。けれども、この疑問の前提には、法的な評価を含む価値関係概念である法的能力とその評価の前提となる事実としての没価値的な精神的能力の同一視による誤解がある。また、個人モデルに基づく精神的能力観ともいうべき精神的能力に対する偏狭な見方がある。

(i)　法的能力の測定技術の限界と成年後見制度の差別性

法的能力は人の精神的機能の事実状態に対して権利義務の帰属主体とするに足りるか、また、有効に法律行為を行う主体とするに足りるかという法的評価を加えた概念である[2]。したがって、人の法的能力に区別を設けるとするなら、第一に法的評価の前提になる精神的機能の状態を正確に測定することが可能でなければならない。そして第二に、その測定結果について能力の存否を切り分ける境界値を定めることが必要になる。しかし、人間の精神的機能を測定する方法としてさまざま仮説に基づく試論が提示されてきているものの、正統性が認められている測定方法はいまだに確立されてない[3]。また、人間科学の発達によって人間の精神的機能を正確に測定できるようになったとしても、能力の存否を切り分ける境界値を価値判断を介在させずに科学的に確定することはできない。なぜなら、その境界値は自己決定権と誤った選択から本人を守るパターナリズムの権衡をどこに定めるべきかという価値判断に基づかざるをえないからである[4]。その価値判断は、しばしば偏向したパターナリズムに基づいて

⑵　一般的意見１号 para.13 は「法的能力と精神的能力（mental capacity）とは異なる概念である。」と指摘している。

⑶　一般的意見１号 para.15 は精神的機能の分析は仮説の域にとどまっていると指摘している。

⑷　「精神的能力という概念は、それ自体、極めて論議を呼ぶ概念である。精神的能力は、一般的に示されるような客観的、科学的および自然発生的な現象ではない。精神的能力は、その評価において支配的な役割を果たす専門分野、専門職とその業務がそうであるように、社会的および政治的文脈に左右される。」（一般的意見１号 para.14）

行われてきた。

たとえば成年後見制度は、取引社会で怜悧で利己的な者が能力の乏しい者の無思慮・浅薄に乗じて利益を得ようとすることから能力の乏しい者を保護することを目的とする制度と説明される。しかし、この発想は、人を餌食にして搾取する加害者を放置して、その被害者の権利を制限するという発想である。その発想は知的障害のある女性が無責任な男性によって妊娠させられることを防ぐために子宮摘出をする発想と同様である。そこには障害のない多数者による既存社会の現状は優越的に保障し、障害のある少数者に譲歩を求めて従属的状態に置く差別的構造を見て取ることができる。

⒤ **精神的能力（mental capacity）を支える社会的基盤の偏り**

従来、精神的能力は個人の内面の問題であり、その分析はもっぱら精神医学によってなされるべきだとされてきた。しかし、人が何かの問題を解決しようとする場合、その問題をどのように解決していけるかは、その人がそれまでに受けてきた教育や社会経験の豊かさに大きく依存している。また、その人が助言や相談、ときには励ましや批判などを得られ、豊富な社会関係の中で多角的な視点からその問題を検討する機会が与えられていることにも大きく依存している[(5)]。社会的に孤立している人の判断は誤りやすく詐欺などの被害に遭いやすいことはよく知られている。豊かな教育と社会経験を積み上げ、豊富な人間関係の中で十分な助言や相談等を受けている人の決定と十分な教育も社会経験も積むことができず、助言や相談の相手もいない人の決定には、決定の意味やその結果の影響、関連情報の取得の量やその比較、利害得失の判断など、解決すべき問題を検討して判断するすべての過程においてその充実度に大きな差が生じることになる。精神的能力には社会的な要素が大きく影響している。

障害のある人は、他の者と平等に包容化された（インクルーシブ）教育を受ける機会を与えられず、他の者と平等に就労し、その他の社会経験を積む機会も奪われてきた。その結果、障害のある人は問題解決の土台になる社会的関係を形成することも広げることも妨げられてきた。こうした排除的で差別的な社会構造が障害のある人の精神的能力を脆弱化させてきたということができる。

精神的能力を脆弱化させる排除的で差別的な社会構造を座視し、その結果と

(5)「精神的能力は、物事を決定する技能であり、そのままの状態では、人によって異なるが、同じ人でも環境的要因および社会的要因を含む多くの要因によって変化する可能性がある。」（ibid.）

して脆弱な状態に追いやられた者について、その精神的能力が不十分であるから法的能力を制限するというのは、既存社会の差別構造の追認と自己決定権の制限という二重の差別をしていることになる。12条は社会的観点を見落としていた従来の法的能力の見方の前提にある差別構造を明らかにし、その完全な平等化を求めている[(6)]。

2　支援付き決定の意義

(1)　法的能力行使のための支援の諸実践

権利条約12条3項が定める「法的能力の行使に当たって必要とする支援」とは、さまざまな種類と程度のインフォーマルな支援とフォーマルな支援の組み合わせ（arrangements）を含む広義の用語である（一般的意見1号 para.17）。その支援に含まれる実践として、以下の支援の実践が参考になる。

(i)　インテンショナル・ピア・サポート[(7)]

同じ障害と強制医療のトラウマなどの経験を持つ者同士による支援関係の構築を行うものである。この支援関係は相互性（mutuality）を基軸にする関係である。この相互的支援関係は、お互いに学び成長する相互的関係であって専門家との関係のように一方的に提供され指導される関係ではない。そこでの対話は医学的な診断や分析を問題にするのではなく、人生のあり方をテーマにしてお互いの感じ方や考え方の異同の淵源を探究することを重要な要素としている。ピア・サポート関係にある両者はいずれも、自尊感情を回復し相互に「病的」体験や他者との関係を解釈しなおし、それをお互いに理解できるものとしていくことで自己と他者との関係を修復していく。ピア・サポートの相互関係の中で、両者は自らの生活のあり方や必要なサービスを選択していくことができるようになっていく。

(ii)　ファミリー・グループ・カンファレンス

家族を含む親密圏内の人々が小コミュニティを形成して本人が抱える課題の解決を円陣形式（サークル）で話し合う方法である。DVや児童虐待、修復的司

(6)　一般的意見1号 para. 5は、同条が保障する権利は、公の緊急事態を含めていかなる場合にあっても剥奪または制限することが許されない（no derogation）ものである（自由権規約4条2項、権利条約4条4項）と指摘している。また、合理的配慮は法的能力行使の支援を補完するものにはなるが、法的能力行使の支援は合理的配慮義務のように過度の負担の抗弁等によって免れる余地のない義務であるとしている（para.30）。

(7)　Shery Meed, “Intentional Peer Support”, Intentional Peer Support Organization, 2014

法などさまざまな分野で応用され、非自発的入院や成年後見を回避する方法としても応用されつつある(8)。ファミリー・グループ・カンファレンスはユルゲン・ハバーマスの「生活世界の植民地化」の理論を前提にしている(9)。その理論によると、インフォーマルな生活世界では民主的対話による調整、解決と親密圏の人々の参加と解決のための役割分担が基本にされる。これに対して法的（権力的）な問題解決の方法は、公的機関による非対話的な方法であることを特徴にしている。法的（権力的）介入は一定の法律要件に該当するか否かによって介入の可否と内容がシステマティックに決定される。生活世界内ではその世界内のインフォーマルな集団が民主的対話に基づいて問題解決を行うのに対して、法的（権力的）介入は、生活世界外の公的機関が非対話的でシステマティックな介入によって問題解決を行う点が異なっている。ファミリー・グループ・カンファレンスは、生活世界の植民地化の侵攻に対して、生活世界の人々の関係が持つ問題解決機能を見直し人間相互の対話を復活させることで、民主的な方法で自ら問題を解決できるようにする手法ということができる。

(iii)　オープン・ダイアローグ

典型的には統合失調症の急性期の危機的状態に対して本人、家族を含め、治療スタッフが臨機応変に対話の場（サークル）を作り、危機的状態を脱するまでほぼ毎日1時間内外の対話を続けていく方法である。非自発的入院や抗精神病薬のみに依存した治療方法に比べて、極めて良好な治療成績を上げている(10)。この方法は人間を「対話性存在」と捉えるミハイル・バフチンの理論を取り入れるとともに(11)、グレゴリー・ベイトソンのコミュニケーション理論(12)やナラテ

(8)　Paul Nixon et al. “Family Group Conferences — Where Next? Policies and Practices for Future”, Family Rights Group, 2007、拙稿「障害者権利条約と成年後見」、実践成年後見第54号（民事法研究会、2014年）「障害者権利条約と成年後見制度」、成年後見法研究第12号（民事法研究会、2015年）。

(9)　ユルゲン・ハバーマス著、丸山高司ほか訳『コミュニケイション的行為の理論』（未来社、1996年）

(10)　ヤーコ・セイックラほか著、高木俊介ほか訳「オープンダイアローグ」、日本評論社、2016年、Jakko Seikkula et al. “Open Dialogues and Anticipations Respecting Otherness in the Present Moment”, National Institute for Health and Welfare, 2014

(11)　ミハイル・バフチン、桑野隆ほか編訳『バフチン言語論入門』（せりか書房、2002年）、同『マルクス主義と言語哲学――言語学における社会学的方法の基本問題（改訂版）』（未来社、1989年）、同、望月哲男ほか訳『ドストエフスキーの詩学』（ちくま学芸文庫、1995年など参照。バフチンによれば言語は人間の協働作業の必要性から生まれたもので、も

ィヴ・セラピー、家族療法の理論など幅広い現代の心理学、社会学、哲学などの理論を基礎としている。いずれの理論も人間の精神活動や心理的活動を人と人の相互作用とし、関係性の中に精神活動を位置づける点で、西欧近代の個人主義を超越し社会的文脈において人間を理解しようとしている。

(iv)　サポーティッド・ディシジョン・メイキング

本人が信頼できる家族や友人などから一人以上のサポーターを指名し、本人は、医療や住む場所、支援サービス、仕事、余暇、ライフスタイルなどさまざまなことの決定について支援を受け、モニター担当の者がそのプロセスに関与して、問題があればそれを指摘するなどしながら適正に支援が行われるようにしていく手法である。ファミリー・グループ・カンファレンスなどのアプローチと同様に家族、友人など親密圏の支援者たちがサークル（対話の輪）を形成し、本人の望みや希望を形成し（formulate）、実現していく。この手法の前提は、本人の中にあらかじめ確固とした意向や希望があるとするのではなく、関係者が本人と協働して、本人の希望を形作っていく（formulate）とする点にある。そのサークルは、本来、生活世界が普通に持っている自然な支援関係の力を高めようとするものだとされる。

このアプローチは人間が相互依存的（interdependent）であるという認識を前提にしている。人間の相互依存性（interdependency）は孤立化された人間は無防備である（vulnerability）という認識と表裏の関係にある。人間一般に認められる相互依存的関係は障害のない人には充足されているが、障害のある人には充足されていない。法的能力行使の支援はそれを充足するものである(13)。

ともと社会的なものである。人間の思考は言語による概念と論理操作によって行われるので、言語が社会的なものであるとすれば精神活動それ自体も社会的なものに基づいている。そうだとすると妄想や幻聴などの「了解不能」で患者の内面に起こった現象のように見える「症状」は、単純に脳内の神経伝達物質のアンバランスによって生じた現象（生物医学モデル）とすべきではなく、言語の持つ対話的関係の中で生じる間主観的現象としても扱うべきものになる。この理論を前提に「対話」（ダイアローグ）を重要な治療上の鍵にしているのがオープン・ダイアローグであり、その治療成績はこうした人間の言語と社会性、精神についてのバフチンの理論を実証的に裏づけるものとみることができる。

(12)　グレゴリー・ベイトソン、佐藤良明訳『精神の生態学』（新思索社、2000年）、同、佐藤悦子ほか訳『精神のコミュニケーション』（新思索社、2006年）

(13)　Office if the Public Advocate Systems Advocacy, “A journey towards autonomy? Supported decision-making in theory and practice”, Queensland Government2014,

(v)　マイクロ・ボード

家族や友人など本人にかかわりのある小コミュニティの人々が本人を中心にした会議体を作り、さまざまなアイデアを出し合いながら、本人の夢や希望を実現していく方法を創出し実行していく方法である。マイクロ・ボードでは、制度や常識にとらわれずに、被支援者のアイデンティティやニーズ、望みに焦点を当てること、多様な市民が積極的にかかわる支援のサークルを開発することを基本に据えている。人々の関係を基礎としてサークルを形成し、相互的な関係性を重視している点は他の手法と共通している。体系的に法定された福祉サービスは、画一的・硬直的で個別のニーズに対応できなかったのに対して、マイクロ・ボードは、各人の夢や希望を実現するマイクロ・ボードの計画に必要な費用を割り当てる方法に転換したことで、本人の個別ニーズに対応し柔軟で創造的な支援方法になっている(14)。

(2)　意思理論のパラダイム転換

(i)　意思の個人モデルとその変遷

日本民法が前提にする意思表示の理論は19世紀ドイツの心理学やカント哲学の影響を受けたドイツ民法を参考に構築されてきた(15)。その理論が前提にする人間像は、人間を自由競争の取引単位とするために共同体との関係から分離する。そして、個人を自己完結的な存在として、自己の内なる小宇宙に独自の価値体系を持ち、理性に基づいて合理的に利害得失を計算して他者とかけ引きをしながら能動的に自己の利益を追求すべく行動していく功利的な人間をモデルにしている(16)。そして、その能動主義的、個人主義的人間像にもとづいて意

Solveig Magnus Reindal, “Independence, Dependence, Interdependence: some reflections on the subject and personal autonomy”, Disability & Society, Vol. 14, No. 3, 1999, pp.353-367

(14)　“Self-directed Support Corporations and Microboards”, Wisconsin Department of Health Service/Pathways to independence, David and Faye Wetherow, “Microbords and Michroboard Association Design, Development and Implementation”, https://www.communityworks.info/articles/microboard.htm、カナダのブリティッシュ・コロンビア州の実践について　https://www.velacanada.org/vela-microboards

(15)　吉田邦彦「ドイツ民法史論」『民法学の羅針盤』（信山社、2011年）267-292頁

(16)　ラートブルフは、ルネッサンス・宗教改革・ローマ法継受による西欧近代社会のはじまりとともに法における人間類型は、「利潤追求と打算に終始する商人像を模してつくりあげられたものであり（『商売に感情はない』）、商人の要求が、じつは、ローマ法継受とそれにともなう新しい人間類型への法の転換ということのもっとも本質的な原因であ

思理論が作られている。すなわち、各人は、外部から情報を得るにしても、独自にそれを自己の内的世界の価値体系に照らして吟味し、一定の結論に向けて動機を形成し、それに従って一定の法律効果を求める効果意思を形成し、それを表示意思に従って表示する個人意思の構造（個人意思自治の原則）である[17]。それは意思の個人モデルということができよう[18]。

人間の精神活動や意思形成がこのようなものであるとすると、理性に基づいて合理的に利害得失を計算して他者とかけ引きをする能力がない状態の言動には法律効果（権利義務の変動）を認める前提が欠けていることになる。また、そのような状態にある者は容易に競争社会の餌食にされ、あるいは、自滅的な結果に陥る可能性があるから本人を保護する必要があると考えられる。そのために本人の行為能力を制限して成年後見人が本人に代わって法律行為を行うことが意思の個人モデルの帰結になる。

しかし、意思の個人モデルが前提にする理性的かつ功利的で他者とは利害得失の駆け引きでしか関係しない孤独な人間像は、各人を資本主義社会における取引単位とするための法的な虚構にすぎない。その虚構は人間の知的・経済的・社会的勢力関係の違いや人間の弱さや愚かさを捨象してしまったために、現実には不平等な契約関係を容認することになった[19]。このため現代における

った。したがって、いささか誇張していうならば、それ以来、法はすべての人を商人と同視しており、労働者さえも『労働』という商品の売り手とみているのである」とし、その人間類型に基づく近代法秩序においては「人間の意思こそその天国なのである。そこでは利益とそれを実現するための手段とを、法的手段をも含めて、認識しかつ実行に移すだけの怜悧さと積極性とが前提とされている」として「法は、あらゆるその領域において、個人主義的、主知主義的な人間類型に向けられ」てきたと指摘している（桑田三郎ほか訳『ラートブルフ著作集第5巻 法における人間』〔東京大学出版会、1962年〕6-10頁）。村上泰亮（「産業社会の病理」、中央公論新社、2010年）は、能動主義、手段的合理主義、個人主義の3つの価値観が産業社会を支配した価値観であったとしており、近代の法的人間像はこうした価値観に基づいているものといえる。

(17)　四宮和夫・能見義久『民法総則（第9版）』（弘文堂、2018年）171頁以下、内田貴『民法Ⅰ（第4版）』（東京大学出版会、2008年）45頁以下

(18)「意思」が、個人を社会の基礎単位とし、個人に権利や責任を帰属させるために社会的に作り出された構築物であり、社会的な諸要素の相互作用を捨象して、権利義務の帰属を単純化するための社会的装置であることについて、拙稿「障害者権利条約パラレルレポートと成年後見制度」季刊 福祉労働 163号（現代書館、2019年）参照

(19)　ラートブルフ（前掲本節注(16)）10頁は「人間は、かならずしもつねに、自己の利益を看知し、または看知した利益を追求しうるとは限らないし、またかならずしもつねに、

法的人間像は、人が持っている社会関係や人の弱さ愚かさを前提にしたものへと修正することが求められている。ラートブルフは、自由主義時代の自由、利己および怜悧という抽象的な人間像に対して、権利主体の知的・経済的・社会的な勢力関係というものも考慮し、「孤立した個体ではなく、社会の中なる人間、すなわち、集合人（Kollektivmensch）」という人間像を提示する（前掲書11頁）。その指摘は意思の捉え方においても孤立した個体としてではなく社会の中なる人間相互の関係を視野に入れるべき方向への転換を示唆しているように思われる[20]。また、星野英一は民法の現代法への変遷は、「抽象的な法的人格から具体的人間へ」、「理性的・意思的で強く賢い人間から弱く愚かな人間へ」という変遷であるとしている[21]。人の弱さや愚かさは、その人の属性というよりも社会的状態であるvulnerability（孤立した人間の無防備性・脆弱性）と言い換えることもできる。弱さや愚かさの程度は支えあう人との関係の質量に大きく依存している。このように見ると人間の内面的属性と考えられてきた個人の意思も社会と人との関係を視野に入れて再構成していくことが必要になる。権利条約12条3項が求める法的能力行使の支援は、こうした新たな法的人間像と意思の理解のありかたの転換を求めているものと理解すべきである。

(ii)　意思の社会モデルへの転換

権利条約12条3項に含まれる上記(1)で述べた支援付き決定についてのさまざまな実践は、人の認識、思考、判断などの精神的活動は、周囲の人々との相互依存的・相互的・対話的関係の中で動的に形成（formulate）されていくと考えている。人間の意思あるいは理知的な高次の精神的活動は意思の個人モデルのもとでは自己完結的な内面の活動と理解されてきたが、現実の人間においてはその活動は社会に開かれた相互依存的・相互的・対話的関係に基づいている[22]。

その利益、ただそれだけによって動かされるとは限らない。それゆえ、無経験とか、困迫、軽率といったようなすべての場合においては、もっぱら狡猾にして自由かつ利己的な人間を対象として作られた法は、それとは性質を異にする人人を破滅に導かずにはおかなかったのである」として近代から現代への法的人間像の変遷を説明している。

(20)　河野正輝（「新たな社会法としての障害法──その法的構造と障害者総合支援法の課題」日本障害学会編「障害法」創刊号（2017年）16頁）は、「障害法における法的人間像は、社会全体の仕組みによる構造的な不利益（従属としての障害）を受けている集団的人間像であるとともに、アマルティア・センの潜在能力アプローチによって解き明かされた『人間の多様性』を具有する人間像として捉えられるであろう。」としている。

(21)　『民法論集第6巻』（有斐閣、1986年）29頁

(22)　Joanne Watson, “Assumption of Decision-Making Capacity: The Role Supporter

意思が相互依存的・相互的・対話的な人間関係に基づいているとするなら、意思決定は、その関係を補強しあるいはあらたに構築することによって支援することができる。人が相互に創造的に影響しあう関係に基づいて本人を中心にしながら願わしい未来を形成していくことができる。国際生活機能分類は、「活動」（精神的活動）は、「心身機能」（精神機能の障害）とともに「参加」（教育・就労等）その他の「環境因子」（周囲の者との関係）などとの相互作用によって変化することを明らかにしている。国際生活機能分類からも人間の精神機能は相互依存的・相互的・対話的な社会との関係から分離して理解すべきではないことがわかる。

このように見てくると権利条約12条3項が法的能力行使の支援を定めた意義は、意思の個人モデルから意思の社会モデルへの転換を図る点にあったと考えられる。同条項は、相互依存的・相互的・対話的な人間像を前提にして人間の判断や決定が他者との対話的な相互関係の中で形成されていくものであるとし、その関係を補強あるいは構築することによって障害の有無にかかわらず法的能力の行使が可能になると考えている。

(iii)　意思の社会モデルと支援付き決定

i）　支援付き決定への完全転換

一般的意見1号は、権利条約12条は代行決定から支援付き決定への完全な転換を図ることを求めている[23]。この要請は遷延性意識障害の状態などを考え

Attitudes Play in the Realization of Article 12 for People with Severe or Profound Intellectual Disability", MDPI, Basel Switzerland 2016は、被支援者と支援者との間の相互依存的・複合的・動的な決定過程においては、決定を行なおうとする者は言語や表情、身振り、心理社会的反応（例　脈拍や呼吸の変化などを含む）のさまざまなコミュニケーション様式（modalities）を使って意思と選好を表出し、それに対して支援者は無視とは対極の態度としての「受けとめ」（acknowledge）、「解釈」および「応動」（action）という反応を示す。双方の対話関係では、これが螺旋的に繰り返されていく動的（dynamic）過程を辿り、最終的な結論（未来像の形成・選択）が形成されていく。この過程は障害のある人に特有なものではなく人間一般の決定の過程である。環境要素を切り離して個人のみに焦点を当てた認知技能（cognitive skill）の捉え方は人間の相互依存性という根源的な要素を見落としている。人間の相互依存性は非障害者の社会では認められているのに、むしろ障害のある人には別のルールが適用されているなどの点を指摘している。

(23)　完全転換の要請は、支援付き決定を成年後見制度と併存させることを認めないものであり、多くの締約国に対する総括所見（Concluding Observations）において、その点を再三指摘している（para.26, 28）。

ると無理な要請であるようにも思える。しかし、意思の社会モデルに基づくと代行決定から支援付き決定への全面的な転換を図るための理論的な基礎を与えることができる。

意思の社会モデルが前提にする対話的相互関係においては、支援者はそれぞれ本人が発する情報を暫定的に解釈し、それに基づいて本人および他の支援者に対して応える。それに対してまた、本人や他の支援者が暫定的な解釈をして応える。こうした過程が繰り返されることによって最終的な判断が形成されていく。言語に限らず心身の状態の変化を示すあらゆる情報がここでの解釈の対象になる。さらに、本人の現在までの人生や生活のあり方もその解釈の重要な資料になる。精神的機能の障害がない人の間の日常的な対話的相互関係の場合は、言語的表現に大きく依存しており、言語的表現では意味が明確で相互的な解釈が行われていないようにみえる。しかし、実際には言語的表現も他の身体的言語や状況によって多様な意味を持ちえるものであり、その解釈なしに理解することはできない(24)。言語による対話が困難な重度の自閉症や能動的な情報の授受が困難に見える遷延性意識障害の状態にある人の場合も、本人が残し(25)、あるいは現に発しているさまざまな情報を解釈することは可能である(26)。両者の違いは前者では暫定的な解釈が本人と支援者の対話の過程で修正され動的に展開していくのに対して、後者の場合はその過程が十分に機能しない点にあ

(24) バフチンは、生体の活動あるいはその過程の全てが心理の記号になりうるとし、「呼吸、血液循環、身体の動き、調音、内的発話、顔面の動き、外部からの刺激、たとえば光にたいする反応などです。一言で言えば、生体のうちにおこるすべてのことが経験を表現する記号となりうる」と指摘する（「言語と文化の記号論」『ミハイル・バフチン著作集4』〔新時代社、1980年〕60頁）。

(25) 明確に本人が残した意思の情報として事前指示（advanced directive）という方法があり、一般的意見1号も言及している（para.17）。しかし、10年先に生じるかもしれない未経験の事態の仮定的状況に対して意思を定めることには大きな困難がある。決定は現実に直面している具体的な課題に対する判断であるから、遠い過去の意思を絶対視することはかえって現在の意思から遊離する危険性もある点に留意すべきである。

(26) 精神的能力をC（capacity）、心身機能をI（impairment）、人の相互関係をR（inter-relation）として、IおよびRを変数と考えると、権利条約のパラダイムは、C＝F（I, R）という関数関係で比喩的に説明できる。変数Iが減少するとき（機能障害としては重いとき）、変数Rをそれに応じて増加させればCの値は変化しない。変数Iがゼロになっても Cの値が変化しないための変数Rの値を算出することも可能である。これは数式を借りた比喩的な説明にすぎないが、支援は同一数式内の量的な変化にすぎず、代行決定制度という別の数式への転換は不要になる。

る。そのために権利条約12条４項は支援者の解釈的な関与方法に一定の濫用防止措置を定めている。したがって、12条４項も意思の社会モデルに基づいて理解することができる。

ⅱ）　支援の視点の転換(27)

意思の個人モデルでは、支援は個人の内面に確立しているはずの価値体系を探り出し、具体的な課題をその価値体系にあてはめて結論を導く思考過程の手助けをすることになる。したがって、内面の価値体系がないか知りえない場合あるいは価値体系へのあてはめが不可能な場合には支援はできないことになる。その場合には代行決定が最後の手段（the last resort）として残らざるをえない。これに対して意思の社会モデルによれば、人間の内面にあらゆる課題に適用できる数学の定理のような確固たる価値体系が自己完結的に確立されているわけではないと考える。人の判断や決定は、人との対話的相互関係を通じた動的な過程の中からそのつど生成されるものであると考える。したがって、支援は被支援者の心の中に隠されているはずの価値体系、あるいは、埋もれているはずの選択の意思を掘り起こす作業ではない。選択さるべき未来像は具体的な課題に応じて対話的相互関係の中から生成されるものになる。

⑶　決定支援に対する濫用防止措置

意思の社会モデルを障害の有無を超えたユニバーサルなものとすれば、支援に伴う烙印化と社会的排除、さらに差別をなくしていくことが期待できる。しかし、障害のある人と障害のない支援者の関係は既存の社会では民主的で対等な関係になく、非対称な関係にあるために、対話的相互関係の動的で創造的な作用を損なう危険性がある。対話的相互関係における支援者の関与の量的増大は本人の発信情報を無視する危険性を内包している。そのため権利条約12条４項は「濫用を防止するための適当かつ効果的な保障を国際人権法に従って定めること」として、①権利、意思と選好の尊重、②利益相反および不当な影響の回避、③障害の状況に応じかつ適合すること、④可能な限り短期間であること、⑤独立・公平な機関による定期審査、⑥権利・利益に対する影響に比例することの６点から関与者による濫用を規制すべきであるとしている(28)。

(27)　支援のパラダイム転換について、前掲本節注(18)拙稿参照

(28)　社会参加の機会の剥奪によって人間的な相互関係の形成を阻害されてきた障害のある人は、そのことによって自己の主張を貫徹する力のない（powerless）、無防備な（vulnerable）状態に置かれている。相互関係の非対称性は、ピア・サポートにおいて極

濫用防止措置に関して一般的意見1号は以下の点について特に指摘している。第1は「権利、意思と選好の尊重」について「著しい努力がなされた後も、個人の意思と選好を明らかにすることが現実にできない場合、『意思と選好の最善の解釈』が『最善の利益』に取ってかわらなければならない。」(para.21) として「最善の利益」基準から「最善の解釈」基準への転換を求めている。

「最善の利益基準」(beat interest standard) は、本人の内面の意思や価値体系にかかわらずに客観的な最善の利益を探求すべきであるとする基準である。これに対して自己決定権に配慮した修正基準として「代行判断基準」(substituted judgement standard) がある。同基準では仮に本人に意思があったとすれば、どのように判断したかを本人のかつて持っていたであろう価値体系に照らして探求する基準である。しかし、いずれの基準も、本人を対話的相互関係の相手と認めない点で意思の個人モデルに基づいている。これらの基準に対して「意思と選好の最善の解釈基準」(best interpretation of will and preference) は本人を対話的相互関係の主体として認め、本人が残しまた発している諸情報をもとに対話的相互関係の支援者が最善の解釈を探求するべきであるという基準である。同基準は意思の社会モデルを前提にしている。

第2は、「不当な影響の回避」について、「不当な影響は、支援者と被支援者の相互作用の質の中に、怖れ、攻撃的、脅迫的態度、誤導や操作的な対応の兆候が含まれる場合に生じる特徴がある。法的能力の行使のための濫用防止の保障には不当な影響からの保護を含めなければならない。しかし、この保護は、危険を冒し間違いを犯す権利を含む、権利、意思と選好を尊重するものでもなければならない。」(同意見 para.22) としている点である。障害のある人との接触経験が乏しい人は未知ゆえの怖れを抱きやすい。あるいは、センセーショナルな報道などから障害のある人についての知識をえるだけで大多数の障害のある人のごく一般的な日常の生活を知らないことから、障害のある人を社会にとって迷惑な危険な存在として敵対視してしまうことも起こりうる。さらに、専門的知見から望ましいと考える結論に相手を引き込む操作をする可能性もある。障害のある人と障害のない人との対話的相互関係には不当な影響が生じる危険性が伴っているため、権利条約は意思の社会モデルを前提にしながらも同

小化し、非障害者との関係において増大し、専門家との関係において極大化する。対話的相互関係の濫用防止策はこれに対応して厳格度を高め、「障害者の権利及び利益に及ぼす影響の程度に応じたもの」としなければならない (12条4項)。

時に濫用防止措置定を求めている。

3　現代的な契約と成年後見制度

⑴　権利条約と成年後見制度利用促進法

権利条約が意思の社会モデル化を提示し、行為能力制限を前提とする成年後見制度を廃止して、支援付きの決定制度に全面転換することを求めていることは上記にみたとおりである。しかし、わが国では、権利条約の批准（2014年）後に成年後見制度の利用の促進に関する法律（以下「成年後見制度利用促進法」、2016年）が制定されている。同法は成年後見制度が「認知症、知的障害その他の精神上の障害があることにより財産の管理又は日常生活等に支障がある者…を支える重要な手段であるにもかかわらず十分に利用されていないことに鑑み、…成年後見制度の利用の促進に関する施策を総合的かつ計画的に推進することを目的」（１条）とすると定めて、むしろ成年後見制度を広く活用していく法政策を採用している。もっとも、この法律は基本理念において「成年被後見人等の意思決定の支援が適切に行われるとともに、成年被後見人等の自発的意思が尊重さるべきこと」を基本理念（同法３条１項）に含め、また、「成年後見制度の利用者の権利利益の保護に関する国際的動向を踏まえる」ことを基本方針（同法11条本文）に含めている。その限りにおいては成年後見制度を少なくとも最終手段（last resort）として限定してゆこうとする欧米諸国の動向や、さらに、代行決定から支援付き決定への完全転換を求める権利条約12条の要請に一定の配慮をしているようにもみえる。しかし、同法が定める成年後見制度利用促進基本計画（第３章）、成年後見制度利用促進会議（第４章）、成年後見制度利用促進委員会（第５章）などの諸規定は成年後見制度の利用促進に関するもので、意思の社会モデルを基本に置いた支援のあり方について定める規定はない。こうした同法の方向性は権利条約や国際的動向に逆行するものというほかない。

そこで以下では、成年後見制度利用促進法が前提にしている成年後見制度が「認知症、知的障害その他の精神上の障害があることにより財産の管理又は日常生活等に支障がある者…を支える重要な手段」であるとする認識の当否について検討する。

⑵　成年後見制度の活用領域の限定

成年後見制度は、取引社会で怜悧で利己的な者が能力の乏しい者の無思慮・

浅薄に乗じて利益を得ようとすることから能力の乏しい者を保護することを目的とする制度と説明される。しかし、こうした成年後見制度の目的自体が近代社会初期の人間像と取引社会を前提にしたものであり、すでに現代の消費社会と福祉サービス受給関係には適合しない制度になりつつある。すなわち、障害のある人が必要とする大半の契約は現代的な契約（消費者契約(29)あるいは福祉サービス受給契約(30)）であることからすると、成年後見人によって対応しなければならない契約は乏しく、むしろ、近代初期の取引社会を前提にする財産保全システムであった成年後見制度を障害のある人の生活にかかわる契約関係に流用することは時代錯誤の対処方法となりつつある。

現代における契約法理の進化は、一方では怜悧で利己的な判断をする抽象的な人間像を脱して消費者としてのより具体的な属人的要素と社会的状況を契約の効力に反映させる法理を発展させてきている。また、障害のある人の生活や人生を支える福祉サービスの受給契約は、そもそも近代社会初期の取引社会でモデル化された取引的契約とは異なる原理に支配される部分が多い。

わが国では、成年後見制度は福祉サービスが措置から契約に転換されたのに伴って、障害のある人が福祉サービス受給契約を締結する能力が不十分な場合を補う制度として旧無能力者制度の改正として求められた面が大きい。しかし、契約当事者が自己の利益の最大化を目指して交渉する取引的契約の餌食にされることを防ぐことを目的とする成年後見制度は、それとは異なる福祉サービス受給契約に用いる必要性に乏しく、適切に機能しない。また、消費者契約においては障害に特化しないユニバーサルな法理に基づいて不利な契約の拘束

---

(29)　消費者契約法は、「『消費者』とは、個人（事業として又は事業のために契約の当事者となる場合におけるものを除く。）をいう」とし、「『事業者』とは、法人その他の団体及び事業として又は事業のために契約の当事者となる場合における個人をいう」と定め、「消費者と事業者との間で締結される契約」を消費者契約と定義している（同法2条1号ないし3号）。

(30)　福祉サービスの利用関係を形成する契約については、さまざまな命名がなされいまだ用語が統一されていない。また、福祉サービスの利用関係には、利用者と行政機関、サービスを提供する事業者、介護・訓練等の給付を提供する事業者等の複数主体との関係がある。ここでは障害者総合支援法に基づく福祉サービスを利用するために当該サービスを提供する事業者と当該サービスを利用する障害のある人との間の契約を福祉サービス受給契約と呼ぶことにする。本沢巳代子ほか『社会福祉と契約』社会保障法学会編社会保障法第19号（法律文化社、2004年）新井誠ほか『福祉契約と利用者の権利擁護』（日本加除出版、2006年）

から離脱する方策が提供されうるので、特殊で差別的な作用を伴う成年後見制度を用いる必要性も妥当性も乏しい。さらに、さまざまな意思決定支援策を尽くしても現代の技術水準では意思形成が困難な場合には、成年後見人のように独占的に広汎な裁量権を持つ決定者によるよりも、本人を支える人のネットワークを基礎にし、関係する人権規範に準拠した謙抑的な選択のあり方が必要かつ適切である。以下では、消費者法によるユニバーサルな解決方法を検討し、福祉サービス受給契約および医療契約が成年後見人による決定になじまない契約であることをみてゆくことにする。

(i)　消費者法によるユニバーサルな解決手法（脆弱性スペクトラム）

現代消費社会の契約関係における契約当事者間の情報および交渉力の格差、消費者の脆弱性などを契約法理に取り込みつつ発展してきた消費者法は、特定の集団に対する差別的・排除的作用をもたらしてしまう制限行為能力制度によらずにユニバーサルな法理によって、精神障害や知的障害のある人が取引社会の犠牲にされることを防ぐ役割を果たすことが期待されている[31]。

日本でも1970年代以降、消費社会が到来すると、消費者の利益を保護するための法改正（1972年割賦販売法改正）や新たな法律（1976年訪問販売法、1978年無限連鎖講防止法、1983年貸金業法など）が相次いで制定されるようになった。とりわけ近時、提示されるようになってきた「消費者の脆弱性」（European Commission；"Consumer vulnerability across key markets in the European Union"）[32]は、消費者法が前提にする新たな法的人間像として注目に値する。消費者の脆弱性は、事業者に対する消費者の情報量と交渉力の相対的劣位性のほかに、インフォーマルな関係を含む社会的な支援の状態、事業者の消費者に対する対応の仕方、消費者自身の経済生活や日常生活の状態、心身の状態などによってさまざまであるが、脆弱性の程度は異なるもののどの人にもあるものであり、また、同じ人でも時期や状況、年齢などによって異なるものである。したがって、脆

(31)　熊谷士郎『成年後見と消費者契約法』、新井誠ほか編『成年後見法の展望』（日本評論社、2011年）、菅富美枝『新 消費者法研究 脆弱な消費者を包摂する法制度と執行体制』（成文堂、2018年）

(32)　菅（上記注(31)）は、消費者脆弱性を多面的・複合的なものであり、属人的な要素と外部環境の相互関係によって脆弱性が助長されたり抑制されたりもする点で、障害の社会モデルと通じる面があるが、属人的要素を基に考えていくと普遍性を欠いた差別的な法律になるので、状況的要素から脆弱性を位置づけることが重要であることを指摘している。

弱性はあるかないかに二分できるものではなく、むしろスペクトラム（連続体）をなしているものであり、消費者法は人間の脆弱性スペクトラムに着目していると言ってもよいであろう。

利害得失の合理的な判断力がある人間像に代えて脆弱性スペクトラムの中に人間を位置づけると、法的能力の存否という二分法によって人を選別する法制度に代えて、脆弱性の連続量に比例したユニバーサルな法的対応を考案する余地も生まれてくる。

消費者法における契約的拘束からの離脱の法理には、消費者の属人的要素に着目する法理と消費者を取り囲む社会的・状況的要素に着目する法理がある。消費者の属人的要素に着目する法理は、一定の属性を有する者を特殊化し差別と取引社会からの排除を生じさせる危険性を含んでいる。これに対して社会的・状況的要素に着目する法理は、障害の社会モデルとの親和性があり、誰にでも適用されるユニバーサルな解決方法を提供する可能性を含んでいる。障害のある人に取引社会に参加する平等な機会を保障する観点からは、本人を取り巻く社会的・状況的要素に着目する後者の法理を基本にすることが求められる。以下では、消費者実定法の基礎にある基本法理に焦点を当て、消費者法の発展がユニバーサルな方法によって成年後見制度を代替していく可能性を検討する。

i）　個人属性に着目する法理

契約の相手方の知識、経験、財力、契約目的など個人属性に照らして不適当な勧誘を行ってはならないという不作為義務を課す狭義の適合性原則とそのような個人属性に照らして適切な勧誘を行う作為義務を課す広義の適合性原則がある[33]。狭義の適合性原則は、契約の相手方の個人属性に着目して契約の対象から除外する作用を持つため、社会的排除や差別を生じさせる危険性を内包している[34]。これに対して広義の適合性原則は個人属性に適合した積極的な指

(33)　後藤巻則『消費者契約と民法改正』（弘文堂、2013年）60頁以下、現行法としては金融商品取引法40条1項、金融商品販売等に関する法律9条2項2号、3条2項、貸金業法16条3項など

(34)　後藤（上記注(33)）63頁は、狭義の適合性原則は対象者の属性を評価することをつうじて対象者の差別・排除に転嫁する危険性をはらんでおり、また、相手方が適合性を欠く者であることを認識しえない事業者にとって過度の規制にもなりうるとし、狭義の適合性原則は次善の法理とすべきで、契約の効力否定という観点からは、状況の濫用法理や不招請勧誘規制がより重要だとする。吉田克己「市場秩序と民法・消費者法」現代消

導、助言を勧誘行為に含めることを要請する点では契約者の理解と利害得失を見越した契約行動を支える義務を事業者に課す点で契約場面で合理的配慮義務と類似の作用が期待できる(35)。もっとも、広義の適合性原則においても、事業者がそうした作為義務が必要となる人を契約相手とすることを敬遠する傾向を生じることは想定される。そうした傾向に対しては障害を理由にした契約の拒否の差別性の問題として対処する必要がある（本書第４章第２節２(1)参照）。

ⅱ）　障害の社会モデルに親和的な法理

人が契約に至る社会的な諸関係に契約的拘束からの離脱の根拠を見いだそうとする法理としては、第一に「状況の濫用法理」がある。これは、特別な状況によって契約をしようとしている者に対して、契約の相手方が、そのことを知りまたは知りえ、その認識しうる事情からすれば当該契約を思いとどまらせるべきであるのにもかかわらず、当該契約をするように働きかけて契約を成立させた場合に契約の取り消しを認める法理である。特別な状況の例としては、窮乏状態、他方当事者に対する従属化、軽率さ、通常でない精神状態あるいは無経験などが例示される(36)。軽率さや精神状態、無経験などは属人的な要素とも考えられるが、軽率さや無経験には、学業や職業その他の社会参加の経験の程度が関係し、精神状態にも社会的な孤立性などの要素が大きく影響する。それらが契約の他方当事者の認識と契約成立に向けた働きかけの態様などとの相関的関係において状況の濫用と評価される場合には、当該契約からの離脱を認める点において、状況の濫用法理は障害の社会モデルと類似の理論構造を持っている(37)。国内実定法としては過量契約の取消権（消費者契約法４条４項）は「通

費者法１号（民事法研究会、2008年）75頁もこの点に言及している。

(35)　「顧客本位の業務運営に関する原則」（金融庁、2017年３月30日）原則６は「金融事業者は、顧客の資産状況、取引経験、知識及び取引目的・ニーズを把握し、当該顧客にふさわしい金融商品・サービスの組成、販売・推奨等を行うべきである。」と定め、「金融事業者は、…顧客に対して、その属性に応じ、金融取引に関する基本的な知識を得られるための情報提供を積極的に行うべきである。」としている。

(36)　オランダ民法44条に実定法の例がある。山本豊「不都合な契約からの離脱」法学教室332号（2008年）109頁以下、後藤（前掲本節注(33)）59頁、大村敦志『消費者法（第４版）』（有斐閣、2011年）113頁以下、内山敏和「現代市民社会と法律行為法――オランダ民法典を始点として」季刊企業と法創造５号（商事法務、2005年）

(37)　菅（前掲本節注(31)）は、「当該消費者がおかれている外部環境との関係で、当該状況において（のみ）脆弱であると捉える『状況的脆弱性』」に着目し、「当該消費者が有する（あるいは、有しない）能力やスキルと、彼らがその中で行動しているところの広い

常の分量等（消費者契約の目的となるものの内容及び取引条件並びに事業者がその締結について勧誘をする際の消費者の生活の状況及びこれについての当該消費者の認識に照らして当該消費者契約の目的となるものの分量等として通常想定される分量等）」を著しく超えているという外形的要素を意思形成過程の歪みの兆表とみて、そのことを知りながら勧誘を行って契約を成立させた場合に契約の取り消しを認めるものであり、状況の濫用法理の一類型と理解することができる(38)。個人の判断能力の低下を要件とするのではなく一定の状況に着目して、契約的拘束からの離脱を認める日本法の規定として困惑による意思表示の取消（消費者契約法4条3項）と不招請勧誘の禁止（契約締結の勧誘を要請していない者に対する契約締結の勧誘行為の禁止、金融商品取引法38条4号、特定商品取引に関する法律17条など）がある(39)。

第二に、英国法由来の法理として、「非良心的取引（unconscionable bargain）」による取消の法理がある。非良心的取引とは、「契約当事者間に何らかの意味での不均衡・不平等・格差が生じている場合に、そうした『境遇から生じた力を非良心的に用いること（unconscientious use of power arising out of circumstance and condition）』を指す」とされる(40)。同法理も環境的要素（circumstance and condition）が不公正に作用している場合に契約的拘束からの離脱を認める点で状況の濫用法理、ひいては障害の社会モデルと類似の理論構造を見ることができる。さらに、同法理の重要な点として指摘されているのは、「不均衡・不平

外部環境との相互関係」においていかなる消費者も状況的に脆弱な状態に陥る可能性があることに着目したユニバーサルな解決手法を提唱している（同書3頁、16頁、24頁ほか）。

(38) 消費者契約法に先立って、特定商取引に関する法律（以下「特商法」）9条の2、割賦販売法35条の3の12にいわゆる過量販売解除権等が定められている。これらの規定の理解の仕方について、さしあたり後藤（前掲本節注(33)）58-59頁、熊谷（前掲本節注(31)）405頁、菅（前掲本節注(31)）154頁、適合性原則から説明するものとして、日本弁護士連合会消費者問題対策委員会編『改正特商法・割販法の解説』（民事法研究会、2009年）

(39) 特商法58条の6は個人の属性に関わらず勧誘要請をしていない者に対する勧誘の禁止等を定めており、金融商品取引法38条4項も同種の規定である。ただし、これらの規定は民事法的効果については定めていない。

(40) 菅（前掲本節注(31)）166項以下、大村敦志「非良心性法理と契約正義」『日本民法学の形成と課題――星野英一先生古稀祝賀（上）』（有斐閣、1996年）516-517頁、新美育文「イギリスにおける『非良心的取引』」『公序良俗の研究』（日本評論社、1995年）158頁

等・格差が客観的に認定できた場合に、立証責任を契約の有効を主張したい側に課し」、「適切な助言者の存在」を証明しなければ、契約の取り消しを免れないとすることで、契約の相手方が説明を尽くす努力をし、「中立的な第三者から助言を受けられるよう配慮するインセンティヴが与えられる」点である(41)。これは契約の相手方に対する合理的配慮として、理解できるように説明し、中立的な第三者の助言を受けるように勧めることを求めるのと類似の作用を果たすことになる。

第三に、契約の相手方の契約に向けた行為のあり方に着目する類型があげられる。その一は、英国法由来の「攻撃的な行為」の法理である。「攻撃的な行為」とは「ハラスメント、強制力、不当な影響力の行使によって、平均的な消費者の選択の自由や行動の自由を大きく（significantly）歪め、あるいは歪めるおそれのある行為であり、それがなければ契約をしなかったであろうと思われる契約内容の意思決定をさせ、あるいはさせるおそれのある行為」とされる(42)。不招請勧誘行為や不退去・退去妨害による困惑類型（消費者契約法4条3項）は契約の相手方の行為によって合理的な判断に基づく選択が阻害される類型と理解することもできるのでこの法理との共通性を持っている。もっとも、消費者契約法の「困惑類型」については、この類型を拡張して「判断力や知識・経験の不足、不安定な精神状態、断り切れない人間関係など合理的な判断を行うことができないような事情」を利用して契約をさせられた場合を含め、契約の相手方の行為よりも本人側の事情に着目して困惑類型を拡張していく方向性が検討されている(43)。困惑類型の拡張の方向性については、その保護法益を私生活の平穏やプライバシーの保護と考えて、不招請勧誘も困惑類型に含めていくことが一つの方向性として考えられる(44)。しかし、同類型が程度の差はあれ困惑を生じさせるような契約の相手方の行為（私生活の平穏を乱す行為）を前提要件とするとすれば、むしろ、そうした行為を前提とせずに、合理的な判断ができない事情につけ込む場合を別個の類型として樹立すべきであるとする見解もあ

---

(41)　菅（前掲本節注(31)）163-167頁

(42)　菅（前掲本節注(31)）8頁

(43)　消費者契約法専門調査会報告書平成27年12月、同平成29年8月、第2の2項、消費者委員会消費者契約法専門調査会

(44)　後藤巻則、「わが国における不招請勧誘規制のあり方」、現代消費者法 No.9/2010.12、民事法研究会

る(45)。困惑類型について、消費者契約法専門調査会では、①当該消費者がその生命、身体、財産等についての損害・危険に不安を抱いていることを知りながら、当該消費者契約の目的となるものが当該損害・危険を回避するために必要であると正当な理由がないのに強調して告げること、②消費者と事業者または勧誘者との間に、消費者の意思決定に重要な影響を与えることのできる緊密な関係を新たに築いておき、契約をしないとその関係を維持できないと告げることを追加することが提案されているが、それでも判断力の不足等を不当に利用して、不必要な契約や過大な不利益をもたらす勧誘には対応できないとの指摘もある。そうした場合について、「当該消費者の年齢又は障害による判断力の不足に乗じて、当該消費者の生活に不必要な商品・役務を目的とする契約や当該消費者に過大な不利益をもたらす契約の勧誘を行い、その勧誘により当該消費者契約の申込み又はその承諾の意思表示をしたときは、これを取り消すことができる」などの規定を置くことの提案もなされたが、コンセンサスをえるには至らなかったとされている(46)。「判断力の不足に乗じ」た勧誘と判断力の不足に応じた合理的配慮義務に基づく支援を伴わない勧誘との間には、さらに事業者側の作為義務の内容と程度に差があると考えられる。こうした点からは、困惑類型とは別個の類型を検討する意味は少なくないとも考えられる。

第四に、契約の相手方の情報提供義務と助言義務があげられる。情報提供義務は契約を締結する際に重要な事項に関する情報を当該契約の相手方に提供すべき義務であり、助言義務は当該契約が本人にとって結果として有益なものかどうかという評価に関する情報を提供する義務である。情報提供義務については、情報格差を是正して情報劣位者の契約の自由を保護することを主要な根拠とするのに対して助言義務は契約の相手方の専門性に対する信頼に基礎を置いたより積極的な支援義務であるとされる(47)。

消費者契約法3条1項は情報提供等に関する事業者の努力義務を定めており、情報の不提供が同法4条1項および2項の「誤認」の認定を導く重要な要

---

(45)　宮下修一「契約取消権（4条）（5）」『誌上法学講座 新時代の消費者契約法を学ぶ』（独立行政法人国民生活センター、2018年）

(46)　消費者契約法専門調査会報告書平成29年8月・前掲本節注(43)

(47)　後藤（前掲本節注(33)）332-337頁、事業者の説明義務違反に基づく損害賠償責任を認めた判決例は多数存在する。東京高等裁判所平成9年7月10日判決（判タ984号201頁）最高裁判所平成21年12月18日第二小法廷判決（判タ1318号90頁）ほか

素になると解される。金融商品の販売等に関する法律３条、５条、６条、金融商品取引法 37 条の３にも説明義務に関する定めがなされている。情報提供義務について契約の相手方となる消費者の個別の情報量やその理解の程度に応じた情報の提供と説明の義務があるとすれば、障害のある人が取引の犠牲にされる可能性を軽減することが期待できる。事業者の助言義務を認めることができれば、さらにその可能性を軽減することが期待できる。障害のある人が置かれている社会的に平等性を欠いた立場を公平化していくための合理的配慮義務と契約的公正を確保しようとする契約法理から個別的な事情に応じた契約上の説明および支援の義務を認めることによって、成年後見制度などによることなくユニバーサルな形で不都合な契約の回避と離脱の手段を構成することができるものと考えられる(48)。

第五に、クーリング・オフ(49)もすでに締結した契約について一定期間、契約的拘束から離脱する余地を残すことによって、契約の当否をふり返り熟慮する時間を与えることになる点で、障害のある人の判断を支える役割を果たすことができる(50)。また、クーリング・オフは、理由のいかんにかかわらず契約的拘束か

(48)　菅（前掲本節注(31)）、熊谷（前掲本節注(31)）はこうした方向性を模索している。

(49)　特定商取引に関する法律法９条、48 条、割賦販売法 35 条の３の 10 など

(50)　民法では、意思表示は、19 世紀当時のドイツの心理学を参考にして、人間の内心に一定の法律効果の発生を意欲する内心的効果意思があり、それを外部に表示する表示意思、そして、外部に表示された表示上の効果意思があるとされる。しかし、こうした意思は静的に捉えられており、時間的な変化や流動性はむしろ法的安定性を損なうものとして排除される。これに対して、内田貴「契約の時代　日本社会と契約法」（岩波書店 2000 年）は、「近代契約法が前提としている契約モデルは、『契約とは、孤立した個人どうしが、申し込みと承諾という意思表示を交わして合意に達することにより成立する』というものであり、このようなモデルを中核とした形式主義（フォーマリスティックな）規範体系を確立することにより、近代民法は契約という法現象を社会関係から切り離して法的に純化してしまった」（201 頁）とし、さらに、「近代法は、連綿と続く一連の動態的な契約プロセスを成立と消滅に分断し、成立時に過大な比重を置いた。しかし、契約プロセスは、そのような意味での契約の成立のはるか前から始まり、ときに、契約の消滅後も存続するのである」（91 頁）として、契約申し込みと承諾の意思表示の合致による契約の成立という近代法のモデルに対して関係的、動態的視点の重要性を指摘している。この点に関して、クーリングオフは現実の人間の意思形成の流動性や時間性を反映した制度ということができる。現行法では特定商取引法、割賦販売法、保険業法などに規定されている。伊藤進「クーリング・オフ制度と契約理論」法律論叢 63 巻４－５号（明治大学、1991 年）は、クーリング・オフを意思形成不安定な状態で契約した者の救済法理と解する余地について言及している。

ら、一定期間、離脱可能性を与える方法であるので、特定集団に対する排除を招くこともない点で優れている。実質的な理由を問わない点は、クーリング・オフを行なえる期間の制限にも表れており、申込者等は契約書面等を受領した日から法定期間を経過するとクーリング・オフはできなくなる。しかし、この点については法定期間の起算点になる交付されるべき契約書等の記載の不備、とりわけ記載内容についての理解力を勘案した判決例もみられる(51)。

(ii)　福祉サービス受給契約の制度的契約性と権利擁護のあり方

成年後見制度は、福祉サービスの受給関係が「措置から契約へ」と転換されるのに伴って必要になると考えられ、成年後見利用促進法もそうした観点から成年後見制度の利用促進を求めている。しかし、福祉サービス受給契約は、古典的な取引的契約のように契約当事者が自己の利益の最大化を目指してその才覚を発揮して個別に交渉を行うことで契約内容が定まっていく契約ではない。障害者福祉サービスの受給関係は、総合支援法に基づき、給付の量と内容が市町村の判定と決定により定まり（同法20条ないし22条）、障害のある人はそれを前提にして、適宜、個別事業者と福祉サービス受給契約を結ぶものである。すなわち、福祉サービス受給契約に基づく給付の内実になるサービスの内容と量は、障害支援区分（同法21条）および介護を行う者の状況、本人の置かれている環境、本人等の意向などを前提にして指定特定相談支援事業者が作成するサービス等利用計画案を踏まえて市町村によって決定される（同法22条1項ないし7項）。同法に基づく支給決定の申請（同法20条）をした障害のある人には、上記の支給決定に基づいて支給量その他の事項が記載された障害福祉サー

(51)　東京地方裁判所平成7年8月31日判決（判タ911号214頁）は、旧訪問販売法が交付を求める契約書面等について、法所定の記載事項に不備があるだけでなく、「被告は、意思能力がなかったとまではいえないもののいわゆる老人性痴呆により通常人より判断能力が劣っていたことが認められるから、クーリング・オフの規定等契約の約款を十分理解する能力があったかどうか疑問があること、そして、原告の従業員も被告とのやりとりにより被告の状態については認識し得たはずであるにもかかわらず、契約書の内容について十分説明した形跡はうかがえないこと」しかも、原告の従業員は同席した被告の息子が契約の締結を待ってほしいと言っていたのに、同人が帰るとすぐに契約を締結しており、「これは判断力の乏しい老人を狙ったともいえる信義に反した取引方法であること等を総合すると」原告が被告に交付した書面は法定の書面に該当しないとしてクーリング・オフの期間は進行しないとした。高齢者である本人の属人的な能力要素だけでなく、同席した近親者のかかわり、交渉にあたった契約相手の勧誘のあり方、契約書面等の記載の状態など状況的な要素を勘案している点で意義のある判決である。

ビス受給者証（以下「受給者証」）が交付される（同法22条8項）。指定特定相談支援事業者は、支給決定後にサービス担当者会議を開催し、サービス事業者等との連絡調整を行ってサービス等利用計画を作成し（同法5条22項）、利用者はそれに沿って個別事業者と受給者証に基づいて契約をすることが原則になっている（同法29条2項）。さらに、サービス等利用計画は一定期間ごとに利用の状況および本人の心身の状況や環境、意向、その他の事情を勘案して見直して、計画の変更、関係者との連絡調整、必要な場合はあらたな支給決定や支給決定の変更を奨励することも行われる（同法5条23項）。このように福祉サービス受給契約においては、個別の契約当事者による交渉と契約内容の形成およびその結果として契約内容を契約当事者の意思が満たし支配しているという古典的な取引的契約の原理は当てはまらない。

「可能な限り当事者の意思によって財やサービスの給付にかかわる権利義務関係をコントロールしようとする契約を『取引的契約』と呼ぶ」のに対して「個別の当事者の意思が支配する領域は限られており、当事者の意思の外に存在している財やサービスの給付に関する仕組みの全体を視野に入れないと理解できない」契約を「制度的契約」として(52)、古典的な契約のパラダイム（交渉と合意）とは異なる特質を抽出することができるとされている。制度的契約の概念をどこまで一般化できるかについては議論がありうるが、福祉サービス受給契約は制度的契約の構造と特質を有しており、古典的な取引的契約のパラダイムを前提とすべきでないことが明確になる。

福祉サービス受給契約においては、各人のニーズを把握しそれに応じた給付を満たすことは必要であるが、個々の契約当事者（成年後見人が代理する場合を含む）の交渉の巧拙によって個別に合意内容に損得の差異が生じることはむしろ正義公平に反すると考えられる（「個別交渉排除原則」）(53)。したがって、契約内容の適正化は当事者の契約交渉以外の方法で確保する必要があり、受給資格のある者には差別なく平等に財やサービスが提供されるための当事者の意思を超えた原理（「締約強制、平等原則、差別禁止原則」）が求められる。また、提供されるサービスは総合支援法などの法令の規定内容やそれに基づく行政的な決定手続によって規定されることになるので、財やサービスの受給者または受給者

(52)　内田貴『制度的契約論――民営化と契約』（羽鳥書店、2010年）62-64頁

(53)　これに対して、自由競争の市場原理に基づけば、各自の才覚を活用して自己の利益を最大化すべく交渉することが善とされる。

になりうる者の利益代表者が関係法令と決定のあり方についてコントロールするための参加の機会が確保されていること（参加原則）[54]、給付の内容や手続の透明性と説明責任の明確化（「透明性原則、アカウンタビリティ」）などが必要になる[55]。

制度的契約において当事者の意思が実質的に機能するのは契約をするか否かと契約を終了させるか否かであるとされるが[56]、福祉サービスは障害のある人の生活と人生を支えるために必須のサービスであるから、契約をしないことや契約をやめるという選択肢は実際上ないに等しい。また、必要とされるサービス内容はサービス等利用計画において定まっている。

その計画に本人の意向を反映させることは重要であるが、それ自体は法律行為ではないから成年後見人の本務ではない。また、本人の生活や人生にかかわってこなかった弁護士や司法書士などの職業成年後見人は本人の意向を代弁する者として適任でもない[57]。ここで重要なのは、古典的な取引的契約のパラダイムを前提として財産管理に関する法律行為を本務とする成年後見人制度を福祉制度に流用することではなく、本人の視点からその生活と人生について発言することのできるアドヴォケートを配備し、本人を支える身近な社会的ネットワークの再構築を図ることである。さらに、本人が利用する福祉サービスを組み立てていくためには、サービス担当者会議が本人を中心に置いて民主的に運営されるためのルールと仕組みを作り上げることが必要である。

社会福祉の基礎構造を措置から契約に転換することの理念的な目的は、措置制度の下で無視されてきたサービスを受ける者の自己決定権を復権させることであり、契約方式をとることがその手段として採用された[58]。しかし、成年後

---

(54) Nothing about us without us の原則が適用されるべきであり、その原則は当然ながら成年後見人による代理、代行を許さない原則である。

(55) 前掲注(52)内田書、86-90頁、また、古典的な取引的契約は「契約条件はすべて明示の合意を通じて契約書の中に固定化さる。将来の事態も、すべて『現在化』され、契約締結時の合意に盛り込まれる。」（同書129頁）しかし、福祉サービス受給契約では、本人のニーズの変化に応じて柔軟にサービスのあり方を変化させることが当然に必要になる。

(56) 前掲注(52)内田書108頁

(57) 飯村史恵（研究代表）、「意思決定支援を基盤とする福祉契約の研究　地域における新たな権利擁護システムの構築　報告書」、平成28〜30年度JSPS科学研究費助成事業基盤研(C)課題番号16K04202、43頁以下

(58) もっとも、財政面から見れば社会保障費の節減が目的であったともいえ、成年後見制

見制度を福祉サービス受給契約に活用してしまうなら、本人の自己決定権が復権されることにはならない。それだけでなく、成年後見制度のような個別の取引行為における利害得失を守るための制度では、福祉サービス受給契約に外在する支給決定の仕組みや計画相談のあり方を含めた権利擁護を果たすことができない。

(iii)　医療契約

消費者契約と福祉サービス受給契約は障害のある人の生活と人生の大半を賄っており、残された契約領域は現実的には広くはないが、その中でも医療契約は重要な領域になると考えられる。

しかし、医療契約も福祉サービス受給契約と同様に古典的な取引的契約ではなく、医療保険制度を前提にした制度的契約としての特質を有している。医療契約における患者の自己決定権の保障も福祉サービス受給契約と同様に成年後見制度ではなく患者の権利擁護者としてのアドヴォケートを配備することと、本人の意向をもっともよく知り、その表明を助けることができる身近な社会的ネットワークに属する人々の支援が得られるようにすることが重要である(59)。

度の流用も、本来であれば福祉サービス提供に責任を持つ行政機関が（憲法25条）、本人の判断だけではサービスへのアクセスが困難な人についてサービスを受けられるようにすることは公的責任とされるべきであるところを、私有財産保全制度である成年後見制度に委ね、その費用も私費で賄わせることにしたものとも言える。「障害福祉サービスに係る給付を受けることができる者が、事業者と契約し、又は契約の前提となる支給申請をすることが著しく困難であると認められる場合」（障害福祉サービスに係るやむを得ない事由による措置実施要綱２条２項(2)）などに行われる「やむを得ない事由による措置」は、公的責任撤退後の弥縫策というべきであろう。

(59)　内田（前掲本節注(50)）は、「現代福祉国家のディレンマは、ハバーマスの『生活世界』概念を援用しつつ、そこに内在する規範と、貨幣に媒介された経済サブシステムの論理（市場の論理）との相克として捉えることができる（いわゆる『経済サブシステムによる生活世界の植民地化』）。そして、この理論を現代契約法に当てはめるなら、契約法において生じている変動、すなわち近代契約法に対抗する新たな契約法の生成は、契約システムとの棲み分けによる生活世界の論理の回復への動きとして説明することができる。生活世界に共有された規範、『納得』のいく解決を導ける規範を実定法に吸い上げる論理として、現代契約法を捉えるのである。」（157頁）とする。成年後見制度という非討議的、非対話的システムは近代契約が依拠した「経済サブシステム（市場の論理）」を補完する法制度であり、契約システムの棲み分けとして、市場の論理とは異なる「生活世界の論理への回復への動き」と連動して成年後見制度によらない対話と納得による決定のあり方が求められている。

さらに、医療は福祉サービスよりも直接的に本人の心身に侵襲を加え、本人の心身のインテグリティ（権利条約17条）を害する危険性のある行為を提供することになるので、本人の意思や意向とは別に、医療行為として最低限度遵守しなければならない準則を設定することが重要である。

そうした準則には、同一の治療効果が得られる場合には最も制限の少ない環境で、最も制限が少なく、最も侵襲性の少ない治療方法を選択すること、他の者と同質、同水準の医療を本人が居住する地域の近くで受けられることなどの準則が含まれる(60)。また、本人の意向を明確に知ることができない場合には、不可逆的で事後的な修正ができない手段（例えば延命措置の中止や不採用）を取ることは許されないとすべきであろう(61)。

遷延性意識障害の状態など本人の意思を明確化することが極めて困難な場合についても、成年後見人による決定に頼るよりも、最善の解釈の基準に基づき医療上の準則を守った医療を行うことの方が適切であり、仮に成年後見人がついている場合であっても、結局、成年後見人は同様の判断をすべきことになる。

(60) 精神障害者の保護及びメンタルヘルスケア改善のための原則（The Principles for the Protection of Persons with Mental Illness and the Improvement of Mental Health Care：1991年国連総会採択）の原則9は治療の準則として最も制限の少ない環境で最も制限の少ない、最も侵襲的でない治療を行うべきこと、原則7は居住する地域社会の近傍で治療が受けられること（権利条約25条c同旨）、原則8は他の者と同等の治療を受けられることなどを定めており（権利条約25条a、d同旨）、WHOは精神保健ケア法基本10原則（Mental Health Care Law: Ten Basic Principles）を定め、国際的に承認された原則に則った精神保健診断（原則3）、精神保健ケアにおける最小制約性および地域ケア（原則4）などを自己決定権の保障と治療同意の原則のほかに定めている。これらは精神科医療についての準則であるが、他の医療についても同様にもあてはまる準則である。患者の同意・選択の前提として医療行為はそれ自体として到達可能な最高水準の健康を享受する権利（社会権規約12条、権利条約25条）を満たす国際的に承認された適法な行為でなければならず、患者の同意は準則を満たさない行為の違法性を阻却するためにあるのではない。

(61) 権利条約１２条4項の「可能な限り短い期間に適用されること」という準則は、本人との対話が回復しうることを常に前提とすべきこと、したがって、対話回復までの間の選択は暫定的あるいは保全的なもので取り返しのつかない選択は許されず、対話回復を目指したものであることを含意していると解すべきものと思う。なお、医療行為の準則と治療同意の関係について、拙稿「精神保健福祉法の医療基本法(仮称)への統合的解消と治療同意の意味」太田順一郎ほか責任編集『精神医療94号』（批評社、2019年）参照

⒤　最後の手段（the last resort）としての成年後見制度

以上のようにみると、障害のある人の生活と人生において必要とされる現代的な契約関係について成年後見制度が適合的な場面は乏しく、消費者契約、福祉サービス受給契約、医療契約などの特性に応じた支援を発展させていくことが重要である。

したがって、成年後見制度から支援付き決定制度への完全転換が実現されるまでの間においても、少なくとも成年後見制度に補充性の原則を法定し[62]、これらの契約関係において適切に本人の支援を行なえる状況にある場合には、成年後見制度に依存しない体制を発展させることが締約国の義務（権利条約４条）として求められる。現行法においては、成年後見開始の申し立ては、通常、時間と費用をかけてまでそれをする必要性があるからこそ、なされる行為なので、法はあえて補充性の原則を明文化するまでもないと考えて同原則を明示しなかったものと解し、成年後見開始の審判の請求をなしうる者（民法７条、11条、15条、精神保健福祉法51条の11の２、知的障害者福祉法28条）は、さまざまな支援方法を十分に検討し、成年後見制度でなければ問題が解決できないことを十分に吟味したうえで申し立てをすることが求められていると解すべきであろう。

---

(62)　ドイツ世話法の基本原則とされ、「家族や知人、地域社会等によるインフォーマルな支援、ドイツにおける任意後見制度である予防的代理権による支援等、世話以外の支援手段によって、本人の事務が支障なく適切に処理されている場合には、世話を開始しないとする原則」とされる（上山泰「成年後見制度における「本人の意思の尊重」」菅富美枝編『成年後見制度の新たなグランド・デザイン』（法政大学出版局、2013年））。日本法には補充性の原則の規定がないので、支援の開発と利用可能性の優先度を実質的に見極めることは申立権者に求められている。

第5節
身体の自由と地域生活の権利

1　身体の自由（14条）

(1)　障害に基づく自由剥奪の禁止（14条1項b後段）

(i)　自由保障における差別の禁止

権利条約14条1項bは「いかなる場合においても自由の剥奪が障害の存在によって正当化されないこと」と定め、障害に基づく自由の剥奪を禁止している。権利条約14条1項bが精神障害者を標的とする自由剥奪を禁止する趣旨であることは同条項についての Travaux Préparatoires（条約の審議資料）および同条項に関して障害者権利委員会が作成したガイドライン、国連人権高等弁務官事務所の見解、同条項に関する総括意見書などから明らかである。

すなわち、同条項の審議過程を見ると、第3回および第7回のアドホック委員会において日本政府を含む数カ国から、精神障害者に自傷他害のおそれがある場合や判断能力の欠如が認められる場合の非自発的入院を正当化するために、「自由の剥奪が障害の存在のみによっては正当化されない」という条文にすべきことが提案されたが採用されず現行の条項になったものである(1)。また、障害者権利委員会作成の障害者権利条約14条に関するガイドラインは、精神障害を理由とする自由の剥奪は、自傷他害のおそれなどの要件が付加された場合も含めて14条に違反し、精神障害者を標的とする自由剥奪制度は本質的に差別的で恣意的な自由の剥奪として許されないとしている(2)。さらに、国連人

(1)　第3回アドホック委員会について、http://www.un.org/esa/socdev/enable/rights/ahc3sum10.htm、第7回アドホック委員会について、http://www.un.org/esa/socdev/enable/rights/ahc7sum18jan.htm

(2)　“Guidelines on article 14 of the Convention on the Rights of Persons with Disabilities” Adopted during the Committee's 14th session, held in September 2015（以下「14条ガイドラン」）para. 6、なお、para. 7において、「条約の採択に先立つ特別委員会での交渉の間、草案の14条1(b)の実際にある（actual）、または、あるとみなされた（perceived）

権高等弁務官事務所は「世界人権宣言60周年記念」における「被拘禁者のための尊厳と正義の週間」のInformation Note No. 4において同様の指摘をし(3)、障害者権利員会は、締約国報告に対する総括意見において軒並み精神医療における強制入院制度を廃止すべきことを勧告している(4)。以上のように同条項が措置入院（精神保健福祉法29条）や医療保護入院（同法33条）、医療観察法による入院（同法42条1項1号）など精神障害に基づいて自由の剥奪を認める非自発的入院制度を禁止していることは明確である。その趣旨は障害のある人と障害のない人の間の自由保障の不均衡を許容しないということである。

従来、非自発的入院制度は身体の自由の制限あるいは医療における自己決定権の制限の問題と考えられてきたが、権利条約は自由保障の不平等性という観点から非自発的入院制度を規制している。自傷他害のおそれや判断能力の欠如、医療の必要性などがあっても精神障害者という要件が加わらなければ自由は剥奪されない。この自由保障の差別性を暴いて見せたのが同条項の意義である。障害以外の理由が付加されても、障害のある人と障害のない人の間の自由

インペアメントの存在を理由とした自由の剥奪の禁止という文言に、『のみ』あるいは『単独で』といった制限を入れる必要性について広範にわたる議論があった。各国政府は、自傷他害の危険のような他の要件と結び付けられて実際にあるあるいはあるとみなされるインペアメントに基づく自由の剥奪を許容することになり、誤った解釈を導きかねない、としてこれに反対した。さらに、14条草案の法文に自由の剥奪についての定期的審査の条項をいれるか否かについても議論がなされた。市民社会もまた制限を入れることそして定期的審査というアプローチに反対した。したがって、14条1－(b)は、たとえ他の要素や基準が追加され自由の剥奪の正当化に使われたとしても、実際にあるあるいはあるとみなされたインペアメントを理由とした自由の剥奪を禁止している。この問題は第7回特別委員会で決着した。」としている。(http://www.jngmdp.org/wp-content/uploads/1aa66068463da1c6585a640f8e5862f11.pdf、山本真理訳）に大幅に依拠しているが、一部筆者の修文を加えている。

(3)「障害の存在を理由とする自由の剥奪は国際人権法に違反しており、本質的に差別でありそれゆえ不法であると障害者権利条約は明確に述べている。かかる不法性は、医療と保護の必要性、本人と社会の安全のための必要性などのような理由が自由の剥奪を正当化するために付け加えられる場合にも認められる。」（同2頁）としている。

(4) 例えば、カナダ（CRPD/C/CAN/CO/1, 8 May 2017, para.31, 32)、イタリア（CRPD/C/ITA/CO/1, 6 Oct. 2016, para.34)、ニュージーランド（CRPD/C/NZL/CO/1, 31 oct. 2014, para.29, 30)、韓国（CRPD/C/KOR/CO/1, 29 Oct. 2014, para. 25, 26)，ベルギー（CRPD/C/BEL/CO/C/1, 28 Oct. 2014, para.25, 26)、オーストラリア（CRPD/C/AUS/Co/1, 21 oct. 2013, para. 32c)、オーストリア（CRPD/C/AUT/CO/1, 30 Sept. 2013, para. 29, 30)、ドイツ（CRPD/C/DEU/CO/1, 13 May 2015, para. 29, 30a)

保障の差別性は変わらないので、日本政府等が「のみ」（solely）という文言を条項に入れ込むことで現行精神保健福祉法等の強制入院が条約に違反しないようにしようとした提案が受け入れられなかったのも当然であった。

(ii)　疾病・障害の二分法の否定

以上に対して同条項の厳しい要求を回避するために、障害（disability）と疾病（illness/disorder）は異なる概念であるから、疾病を理由にした非自発的入院は権利条約の適用外であるとする見解もありうる。しかし、第一に、同条項の審議過程から精神保健福祉法などの非自発的入院をテーマに同条項の議論がされてきたことは上述の審議経過からも明らかである。また、権利条約は障害の定義を発展的なものとし（前文 e）、機能障害と環境との相互作用によって生じるものを「含む」としている（１条）ので、疾病と障害の厳格な二分法を採用していない。したがって、疾病の側面から見た精神障害をあえて権利条約の適用対象外とする意図は存在しない(5)。さらに、権利条約採択後の上述の各文書においても同条項が精神障害者に対する非自発的入院を規制対象にしていることを前提にして、その全廃に向けた勧告がなされている(6)。したがって、精神保健福祉法等の強制入院が精神障害の疾病という側面に基づくものであるとしても

---

(5)　「WHO の国際分類では、健康状態（病気〈疾病〉、変調、傷害など）は主に ICD-10（国際疾病分類第 10 版）によって分類され、それは病因論的な枠組みに立ったものである。健康状態に関連する生活機能と障害は ICF によって分類される。したがって、ICD-10 と ICF とは相互補完的であり、利用者にはこの２つの WHO 国際分類ファミリーメンバーを一緒に利用することを奨めたい」と指摘されている（「国際生活機能分類 - 国際障害分類改訂版」（日本語版））。Sherry Mark は、機能障害と能力障害は流動的連続体（fluid continuum）であって、対極的に二分される（polar dichotomy）ものではないと指摘している（“If I only had a brain”; examining the effects of brain injury in terms of disability, impairment and embodiment, University of Queensland, 2002）。

(6)　2017 年３月 28 日付「到達可能な最高水準の身体的および精神的健康を享受するあらゆる人の権利に関する特別報告官報告書」（”Report of the Special Rapporteur on the rights of everyone to the enjoyment of the highest attainable standard of physical and mental health” A/HRC/35/28：以下「特別報告官報告書」）が障害者権利条約と健康の権利の観点から非自発的入院および非自発的医療の根絶に向けた早急な対策を求めている（para.31-33、63 - 66、81、95f など）。また、人権理事会の人権文書（Human Rights Documents）も「実際のあるいはあるとみなされた機能障害に基づく法的能力の剥奪と強制的な施設収容を許容する法律と慣行が障害のある人の権利に及ぼす否定的な影響に重大な懸念」を表明している（「障害のある人の他の者との平等を基礎とする自立した生活を営み社会に包容される権利」A/HRC/28/L.5、para.2 page2）。

権利条約14条の適用を免れない。

⑵　恣意的拘禁等の禁止（14条1項b前段）

権利条約14条1項b前段は自由の剥奪は法律（国会制定法）に基づくことを要し、かつ、その法律は内容において不法または恣意的なものであってはならないと定めている。前段に対して後段は障害に基づく自由剥奪は不法または恣意的な自由の剥奪であることを明示したことに意義がある[(7)]。

非自発的入院については、従来、自由権規約（1966年国連総会採択）および拷問等禁止条約（1984年国連総会採択）に基づいて各条約体から日本政府に対して非自発的入院の要件の広汎性や司法的コントロールの不備、非自発的入院を回避するための地域資源や代替策の開発の遅れなどについて懸念が示されてきた[(8)]。これらの指摘は、適正手続に基づく合理的必要最小限度の範囲において非自発的入院は許容できるとする前提で、わが国の現行制度とその運用は適正手続および合理的必要最小限度の要請を満たしていないという指摘であった。精神障害者の保護及びメンタルヘルスケア改善のための原則（本書83頁注(60)参照）も、厳格な要件と手続のもとで非自発的入院を例外的に許容していた（同原則16）。20世紀後半に採択されたこれらの国際人権規範はもっぱら身体の自由等の内在的制約の限界と適正手続保障という観点から非自発的入院の問題を論じ、自由保障の差別性という視点を持っていなかった。これに対して権利条約は自由保障の差別性という観点から他の者には存在しない特殊な自由剥奪制度である精神障害者に対する非自発的入院を許容しないことを明らかにした。

自由権規約の採択から半世紀以上、また、1991年の国連原則の採択から30年近く経過しても精神障害者に対する非自発的入院を真に合理的必要最小限度の範囲にとどめ手続的な適正さも確保できている国は見いだせない。非自発的入院を合理的必要最小限度の範囲にとどめることは観念的には可能であっても現実的には不可能であるというのが過去半世紀に及ぶ歴史的経験が教えるところである。その状況について国連の健康の権利に関する特別報告官は、権利条約の採択後10年以上経過して非自発的入院への依存は改善されるどころかむ

⑺　14条ガイドライン para.13

⑻　拷問等禁止条約関する日本の第2回定期報告に関する総括所見（拷問禁止委員会2013年5月29日採択；CAT/C/JPN/CO/2、para.22）自由権規約に関する日本の第6回定期報告に関する総括所見（自由権規約委員会2014年7月23日採択；CCPR/C/JPN/CO/6、para.17）

しろ強まっていると指摘している[9]。非自発的入院の要件の厳格化と適正手続保障のもとで非自発的入院を許容する立場は、それによって非自発的入院を合理的必要最小限度の適正な範囲で行うことが可能であるという前提に立脚している。しかし、その前提には実証的な裏づけがないばかりか、むしろ、それが実現できないという事実が陸続として存在している。さらに、非自発的入院の反治療的な作用についても数多くの事実が指摘されている[10]。こうした中で権利条約は自由保障における差別の撤廃を要請しているのである。

2　自立した生活および地域社会への包容（19条）

(1)　自立した生活の権利と地域社会に包容される権利（19条柱書）

19条柱書は、同条の基本的な権利として「自立した生活の権利」(the right to independent living) と「地域社会に包容される権利」(the right to be included in the community) を定めている（同条柱書）[11]。

自立した生活の権利と地域社会に包容される権利の定め方については、条約審議の初期の作業部会議長草案の段階から「自己の生活様式を選択する平等の権利」(the equal right to choose their own living arrangement) および「地域で生活し、地域の構成員である権利」(the right to live in and be a part of the community) として提案されていた[12]。しかし、その後の審議で、同条項は表題を「自立した生活および地域への包容」(Living Independently and Being Included in the Community) として条項の本質的内容を示し、本文柱書では「自立した生活および地域への完全な包容」(to live independently and be fully included in the community) を可能にする有効かつ適切な措置をとる締約国の義務を規定する形に書き改められた[13]。これに対してその後の審議では、「自立した生活」とい

---

(9)　特別報告官報告書 para.12、52、64、同報告書は、非自発的入院の廃止に向けた動きを直ちに促進すべきであると述べている（para.64、65）。

(10)　一般的意見1号 para.42、特別報告官報告書 para.64, 65

(11)　一般的意見5号 para.19

(12)　Chair's Draft Elements of a Comprehensive and Integral International Convention on Protection and Promotion of the Rights and Dignity of Persons with Disabilities December 2003 の 17 条 1 項、2 項: http://www.un.org/esa/socdev/enable/rights/wgcontrib-chair1.htm#17

(13)　Report of the Working Group to the Ad Hoc Committee Annex I: Draft articles for a Comprehensive and Integral International Convention on the Protection and Promotion of the Rights and Dignity of Persons with Disabilities : http://www.un.org/esa/socdev/

う表現は、米国由来の自立生活運動と同義に解されて文化的多様性を損なうことになるのではないかという懸念や「自立」の理解の仕方によっては自立が地域での生活の前提条件のように理解され、かえって障害のある人の地域への包容を損なうことになってしまうのではないかという懸念が示された⒁。しかし、「自立した生活の権利」の本質的要素は他の者と平等に自律（autonomy）および自己決定（self-determination）に基づいて自己の生活のあり方を選択できることが保障されていることであり、そのことを通じてその人の尊厳が守られる生活のあり方を保障することであるという見解が多くの支持をえた⒂。そのように考えれば「自立した生活の権利」は「地域に包容される権利」を損なうことにはならず、むしろ、それを補強する権利と理解することができる。その結果、最終的には19条の表題に二つの権利を明示するとともに、「自立的な生活の権利」については、柱書の「他の者と平等の選択の機会をもって地域社会で生活する平等の権利」という表現に敷衍して規定されることになった。

権利条約前文nは、「障害者にとって、個人の自律及び自立（自ら選択する自由を含む。）が重要であることを認め」と規定して、「自立」が自律と並立し、かつ、自ら選択する自由を内包するという実質的な定義をしている。また、3条aは「固有の尊厳、個人の自律（自ら選択する自由を含む。）及び個人の自立の尊重」を不可分で相互依存的、相互関連的関係にある基本価値として規定している。さらに、同条cは「社会への完全かつ効果的な参加及び包容」を基本価値に加えている。

権利条約のこれらの基本価値に照らすと、19条の表題および柱書が定める「自立した生活の権利」は、一人一人の生活と人生のあり方について各人に自律と自己決定が保障され、人としての尊厳を守られた生活を営む権利を意味するものと解される。また、「地域社会に包容される権利」は地域の構成員として地域で生活し、社会に完全かつ効果的に参加し包容される権利を意味していると解することができる。これら二つの権利は相互に関連して、障害のある人が依然として直面している「社会の平等な構成員としての参加を妨げる障壁及び人権侵害」（前文k）を引き起こしている分離政策と社会的排除⒃を廃絶すること

---

enable/rights/ahcwgreporta15.htm

⒁　第4回アドホック委員会、2004年8月27日の議論

⒂　第7回アドホック委員会、2006年1月20日の議論

⒃　社会権規約に関する一般的意見5号para.15は、「社会的障壁を課すことにより達成

を求めている(17)。

(2)　特定の生活様式からの解放（19条a項）

同条a項は、上記の権利の中心的な内容として、「居住地を選択し、及びどこで誰と生活するかを選択する機会を有すること並びに特定の生活様式（a particular living arrangement）で生活することを余儀なくされないこと」を定めている。同項は、どこで誰と生活するかだけでなく、どのように生活していくかを選択できることもその内容に含めている。それは人の生活様式（living arrangement）のあらゆる側面を含むもので、一日の過ごし方の予定や日常的な事柄から人生の長期的事柄まで、公私の領域にわたって生き方の選択ができることを意味している(18)。

19条のもとになった上述の作業部会議長草案およびその修正案はいずれにおいても脱施設化（de-institutionalization）を明示した条項を提案していた(19)。ところが、最終的な成案は「施設」（institution）という用語を明示していない。そのかわりに成案の文言は「施設」という用語を用いずに、それが持つ共通要

される分離及び孤立」を差別と考えることを強調している（一般的意見5号para.13はこの点を再度指摘している）。

(17)　Report of the Office of the United Nations High Commissioner for Human Rights;「障害のある人の自立した生活と地域に包容される権利に関するテーマ研究」（A/HRC/28/37、以下「自立生活に関するテーマ研究」）para.13は、二つの権利の関係について以下のように説明している。自立した生活は単独の孤立した生活を意味するものではない。むしろ、それは社会において他の者と平等に、同じ水準での自立性（independence）と相互依存性（interdependence）をもって自己の生活に影響する事柄を選択し、選択した事柄の実現に向けて協働していくことができることを意味している。したがって、19条は「自立した生活と地域への包容」を一体の権利として定めている。そこにおける自律（autonomy）と包容（inclusion）は相互に補強し、互いに作用しあって分離を回避するものである。

(18)　一般的意見5号para.24、外務省の公定訳ではliving arrangementを「生活施設」と訳しているが、living arrangementはハードとしての側面を意味しているのではなく、どのように生活していくか（生活のあり方）を枠付けする仕組みを意味しているので、「生活様式」と訳出した。また、同公定訳はnot obliged toを「義務を負わない」と訳出しているが、同条項は法的義務に限定せず、社会資源の不足のために、事実上、特定の生活様式で生活せざるをえなくなる場合を含むと理解されるべきなので「余儀なくされない」と訳出した。

(19)　作業部会議長草案では「障害のある人は施設収容（institutionalize）されないこと」（草案17条2項a）、その修正案では「障害のある人は施設での生活を余儀なくされないこと」（修正草案15条b）など。

素を否定する規定の作り方をした。すなわち「施設」には「地域生活からの孤立と分離、日常生活の決定に関するコントロールの欠如、型にはまった日課、各人の選好や必要性への非対応性、中央管理部門一下、集団として同じ場所で行われる全員まったく同じ活動、サービス提供における保護的なアプローチ、本人の同意に基づかない生活様式の管理、同一の環境で生活する障害のある人たちの不釣り合いな人数の多さ」[20]、「複数の者が一人の介助者に依存せざるをえないこと、そうした場合に介助者に対する発言力がなくまたは乏しいこと」[21]などが共通して認められる。これらの共通要素と対極にある規範的価値こそ自律と自己決定の保障に基づく生活と人生の選択および地域社会に包容されて生活する権利である。そして、それをさらに敷衍すれば、どこで、誰と、どのように生活するかを自ら選ぶことができること、そして、特定の生活様式に基づく生活を強いられないことが導かれることになる。したがって、「施設化（institutionalization）とは、単に特定の施設（setting）で生活することというだけではない。一定の生活様式が強いられる結果として生活を自ら支配できなくなるということに問題の本質がある。この意味において全体の管理が監督者に残っているのであれば、グループホームを含む小規模な環境が必ずしも巨大施設よりもよいということにはならない」[22]。このようにして、成案としての19条は、単純に「施設」（institution）という用語を用いて規定する以上の豊かな内容を規定することになった[23]。脱施設化は単に居住する場所を施設から地域

⑽ 「自立生活に関するテーマ研究」para.21

(21) 一般的意見５号、para.16c は、上記テーマ研究とほぼ同様の指摘に加えて、本文に引用した介助者との関係を指摘し、「脱施設化の政策は、施設環境の閉鎖以上の構造改革を求める」としている。

(22) ibid. para.21

(23) 一般的意見５号 para.27 は、権利能力と行為能力の承認が地域での自立生活実現の基盤であり 19 条と 12 条が相互に関連すること、また、19 条は 14 条の障害に基づく拘禁の絶対的な禁止とも結びついていることを指摘している。また、para.48 は、精神医療における意思に反した拘禁を受け、あるいは、その他の障害に特化した自由剥奪を受けている者を解放する義務が 19 条に基づいて締約国の尊重義務としてあるとしている。さらに、その義務にはあらゆる形態の後見制度の禁止と代替決定から支援付き決定への転換が含まれるとしている。para.81 は、支援付き決定への移行を十分に実現し、12 条の権利を行使するためには、障害のある人が他の人と平等の基準に基づいて法的能力を行使できるように意思と選好を育み、表明する機会を持つことが不可欠であり、障害のある人が地域の一員でなければならず、その望みと選好を尊重する地域に根差したアプローチが必要であると指摘している。para.83 は 19 条の履行が最終的には 14 条の違反

に移行させることを意味するものではなく、上記の「施設」の共通の要素をなくした生活のあり方を実現することである(24)。締約国は脱施設化のための戦略と具体的な活動計画をたてて構造的な改革を実施し、包括的な戦略の一部として入所施設の閉鎖や施設入所規定の削除を含む体制の転換を行なう義務がある（一般的意見５号 para.57-58）。

(3)　個別的な支援サービスと一般的な支援サービス（19条b、c項）

同条ｂ項は障害のある人に必要な個別的支援サービスのあり方の規範的な枠組みを規定し、同条ｃ項は地域社会で障害のない人たちも使う障害に特化していない支援サービスの規範的枠組みを示している。

第一に、個別的支援サービスは同条ａ項が求める施設的な要素を取り去ったサービスでなければならない。したがって、それは個人の必要性と選好に基づくサービスであり、サービス提供者を選定できること、支援が各人の必要性に柔軟に対応したものであること、地域からの孤立や分離を防止し、地域社会に包容されるように計画されること、個人の自律を制限しないものであること、十全で個別的な自己選択ができ、効果的な包容と参加、自立した生活という規範的な目的を支えるように計画され提供されるべきことなどの人権モデルの枠組みの下で実施されなければならない(25)。

次に、地域社会の一般的なサービスや設備は、障害のある人に対しても十分に順応性があり、ユニバーサルにアクセスでき、利用できるものでなければならない。地域社会の設備、物品、サービスの利用が容易であることは障害のある人の地域社会への包容と参加の本質的条件として重要である。地域社会全体のアクセシビリティーを向上させることは障害に特化したサービスの必要性を減少させ、脱施設化を促進することにもなる。障害のある人の住宅が特定の地

を防ぐことになるとして、各条項の相互関連性を指摘している。

(24)　松嶋健「プシコナウティカ　イタリア精神医療の人類学」（世界思想社、2014年、14頁）が、イタリアの脱病院化の特徴を「病院から地域へ、というのは、単に医療の場が病院の内から外へ移動したということではなく、病むことも含めて人が生きるということそのものを中心に据えたということである」と指摘している点は脱施設化の本質をとらえている。

(25)　一般的意見５号、para.28-31、なお、選択議定書に基づく個人通報の事案（CRPD Committee, Communication No.3/2011, H.M.v. Sweden, Views adopted on 19 April 2012）は、地域生活を可能にする唯一の療法を居住する建物で提供することを拒むことは、特別な保健施設に入所することを余儀なくさせることになるので19条ｂに反すると判断している。人権モデルについては第１章第１節１(3)参照

区のみで提供されたり、同じ建物や近隣に集められる状態は19条の要請に反している[26]。

---

(26)　一般的意見5号、para.32-35

第6節
人権モデルと社会権

1　人権モデルによる社会権実現形態の修正

社会権に基づく障害者福祉施策は、特殊教育、特別支援教育、あるいは福祉的就労のように障害のない人とは別枠の分離された法政策（separate parallel tracks）として行われてきた。しかし、社会モデルは、障害のある人が障害のない人と同じ制度のもとで学びあるいは働くことが困難なのは、その制度が障害のない人の心身の特性だけに適合するように作られているために、それとは異なる心身の特性を持った障害のある人には適合しにくいことによることを明らかにしてきた。障害がないことを前提にする制度は障害のある人にとって社会的障壁であり、それを除去する手段として障害のある人には合理的配慮の提供を求める権利があることが確認されるようになった（権利条約5条3項、24条2項(c)、27条1項(i)）。

しかし、社会的障壁が生じさせる困難とは別に、障害のある人にはその機能障害に基づく固有のニーズがあり、それらは教育（同条約24条）や健康（同25条）、ハビリテーション・リハビリテーション（同26条）、労働・雇用（同27条）、相当な生活水準および社会的保障（同28条）などの社会権的な給付を必要としている。これらの給付が再び別枠の分離された法政策として提供されたり、あるいは、その提供の方法が障害のある人の尊厳を損なうような形で行われるとすれば、「あらゆる人権及び基本的自由の完全かつ平等な享有」と「障害者の固有の尊厳の尊重」をはかろうとした権利条約の目的（同1条）が損なわれることになってしまう。

そのため権利条約は、人権モデルに基づいて社会権的給付が分離と排除と従属化を生じさせないために、人権の不可分性、相互依存性、相互関連性（同前文(c)）を踏まえて社会権実現の形態に尊厳、自律、無差別、包容、多様性と差異の尊重などの根本的な人権（同3条）からの枠組みを定めている（人権モデルについて本書第２章第１節１(3)、２参照)。

以下では、教育を受ける権利を中心に権利条約が定める社会権的規定の実現形態の枠組みを見ていくことにする。

2　人権モデルによる教育を受ける権利の実現形態の修正

(1)　教育を受ける権利とインクルーシブ教育

(i)　社会権としての教育を受ける権利と教育形態

世界人権宣言26条、社会権規約13条、子どもの権利条約28条は教育を受ける権利について、すべての人が差別なくその権利を享受できること、すなわち、教育を受ける権利の普遍的（universality）かつ無差別的（non-discrimination）保障をその権利保障の要諦として定めている[(1)]。憲法26条１項も、「すべて国民は、法律の定めるところにより、その能力に応じて、ひとしく教育を受ける権利を有する」と定め、国民に限定しているもののすべての者に教育を受ける権利を保障し、また、その権利が平等に保障されるべきことを定めている。

教育を受ける権利は、教育を受けて学習し、人間的に発達・成長していく権利を内容とするが[(2)]、そのためには、教育施設や教育専門家を提供する教育制度の整備が必要であり、教育を受ける権利は社会権としてそうした教育制度を整備し適切な教育の場を提供することを求める権利としての側面を有する[(3)]。

しかし、社会権としての教育を受ける権利の実現は障害のある人に対する排除と差別を伴なう教育制度と教育の場を提供する形で行われてきた。障害のある人に対する戦後日本の教育の歴史を見ると、障害のある子どもは教育を受ける機会が得られないか、あるいは、数少ない養護学校において教育の機会を得

---

(1)　UNICEF, 2012 および"Thematic study on the right of persons with disabilities to education ", Report of the OHCHR, A/HR/25/29（以下「教育に関するテーマ研究」), para. 3

(2)　世界人権宣言26条２項は、「人格の完全な発展並びに人権及び基本的自由の尊重の強化」および国や諸集団の「相互間の理解、寛容及び友好関係を増進し、かつ、平和の維持」に教育が寄与すべきことを求め、社会権規約13条１項はこれに「人格の尊厳についての意識の十分な発達」への指向を加えている。これに加えて権利条約は「人間の潜在能力並びに尊厳および自己の価値についての意識を十分に発達させ」、「人間の多様性の尊重を強化する」こと、また、「才能及び創造力並びに精神的及び身体的な能力をその可能な最大限度まで発達させること」、さらに、「自由な社会に効果的に参加することを可能とすること」（権利条約24条１項(a)ないし(c)）を加えている。

(3)　野中俊彦ほか『憲法Ｉ（第５版)』（有斐閣、2012年）517頁

るほかない時代が長く続き、1979年に至って「学校教育法中養護学校における就学義務及び養護学校の設置義務に関する部分の施行期日を定める政令」によって養護学校の義務化が達成され、障害のある子どもは他の子どもとは別枠（the separate parallel tracks）の教育の場で教育を受ける制度が確立した。

障害のある人に対する教育制度は世界的に見ても３つの形態で行われてきたといわれる(4)。その第１は排除形態（exclusion）であり、機能障害に基づいて障害のある人を学校教育から排除する形態である。第２は分離形態（segregation）であり、機能障害に基づいて障害のある人をそれ以外の人から分離し、その機能障害に対応した特別な学校で教育を受ける機会を与える形態である。1979年に確立した養護学校の義務化はこの形態に該当する。第３は統合形態（integration）であり、機能障害があっても普通学校での教育条件に適応できるという理解のもとで障害のある人に普通学校で教育を受ける機会を与える形態である(5)。

排除形態は教育の普遍性（universality）の原則に反するとともに明らかに差別的な形態であり、分離形態はその教育内容が十分なものでなければ普遍性の原則に反することになり、普通学校からの排除と区別を伴う点では無差別原則（non-discrimination）に反する教育形態である。統合形態は機能障害がないことを前提にした有形無形の既存の学校教育のあり方を改変することなく、障害のある人を統合化しようとするため、障害のある人は他の者と平等に、自らの人間的な発達・成長および上記の国際人権規範の各条項が定める教育の目的を満たす教育を享受することができないことになる。そのためこの形態も実質的に

---

(4)　教育に関するテーマ研究 para. 4、一般的意見第４号 para.11

(5)　統合形態について、“The Right of Children with Disabilities to Education: A Rights-Based Approach to Inclusive Education”, UNICEF, 2012 および教育に関するテーマ研究は、普通学校での教育条件に適応できる限りにおいて（so long as）普通学校での教育の機会が与えられる形態としているのに対して、一般的意見第４号は、普通学校での教育条件に適応できるという「理解をもって」（with understanding）普通学校での教育の機会が与えられるとして表現を修正している。しかし、統合形態では普通学校の教育条件を障害のある人に適合させるように変容させるものではない点がインクルーシブ形態と異なるとする点では同じである。子どもの権利条約一般的意見第９号「障害のある子どもの権利」（CRC/C/GC/9, 2006）para.67 は、「障害のある子どもの課題とニーズを考慮することなく、単純に、それらの子どもを通常の制度に統合化する（integrate）ことがインクルージョンであると解釈されてはならず、また、そのように運用されてはならないということを理解することが重要である」と述べている。

普遍性の原則と無差別原則に反する教育形態になる。

社会権の観点からすると、障害のある人のニーズを満たすことのできる教育施設と教育専門家を提供する教育制度の整備が求められ、そのために普通学校とは別の特別な支援のできる学校や学級を提供すればその権利は実現されたことになるようにも考えられる。しかし、そうした社会権の実現方法は、同時に分離と排除による従属化構造（the separate parallel tracks と subordination）を作りあげるという問題を生じさせる。従属化構造は障害のある人に対するスティグマと偏見、差別の温床となり、人間の多様性と尊厳を尊重する社会の根底を掘り崩していくことになる。そのため権利条約は社会権のみに偏することなく、人権モデルの視点から、教育を受ける権利を普遍的かつ無差別に保障していくためにインクルーシブ教育を実現することを要請している[(6)]。

ⅱ　インクルーシブ教育の意義

権利条約はインクルーシブ教育について定義を定めていない。一般的意見第４号（para.11）は、インクルーシブ教育には、対象となる年齢層のすべての学ぶ者に、障害の有無に偏ることなく参加できる学習の体験と各自のニーズと選好に最も合致した環境を提供することに資する構想によって、排除と差別の障壁を克服するための教育の内容、その指導方法、教育への取り組み方、教育の仕組みとその実現方策の変更と修正を具体化した制度改革のプロセスが含まれ

---

(6)　インクルーシブ教育の社会的重要性として、①スティグマ化と差別に対抗する健全な基盤を提供すること、②障害のある人が加わることにさまざまな貢献があることが評価され、偏見と誤った認識が解消されていくこと、③すべての人のために教育の質を向上させること、④さまざまな能力を持って参加する人たちの多様性を包容化し、それぞれの目的や自己評価を達成する新たなものの見方を取り入れることができ、相互的な尊重と権利に基づいた社会を作り上げることが促進されることが指摘されている（教育に関するテーマ研究 para. 8）。自殺稀少地域の研究（岡檀、「生き心地の良い町　この自殺率の低さには理由がある」、講談社、2013年、37 - 50頁）では、自殺稀少地域の特性として、多様性を尊重し異質や異端なものに対する偏見が小さい、排他的傾向が小さい点が指摘されている。さらに、自殺稀少地域では特別支援学級の設置に異議が出された事実が指摘されている。その理由として住民があげたのは「他の生徒たちとの間に多少の違いがあるからといって、その子を押し出して別枠の中に囲い込む行為に賛成できないだけだ。世の中は多様な個性を持つ人たちでできている。ひとつのクラスの中に、いろんな個性があったほうが良いではないか。」ということであったという。インクルーシブ教育が作り出すインクルーシブな社会がすべての人にとって「生き心地のよい」社会になることが垣間見える。国際的に見ても突出した自殺大国である日本は差異や多様性に対する寛容度と社会の包容化の程度が突出して低いのではないだろうか。

るとしている。また、子どもの権利条約一般的意見第9号は、「インクルーシブ教育とは、その核心において、すべての学ぶ者のために有意義で、効果的で、良質な教育を探求する価値基準、原則および実践の集合概念であり障害のある子どものためだけでなく、すべての学ぶ者のための学習の多様な条件とニーズに正当に対応する教育である」(para.67) と定義している[(7)]。

人種差別による分離教育制度であれば基本的には両者を分離する障壁 (the separate parallel tracks) を除去し統合化することで差別を解消していくことができると考えられるが、障害のある人に対する分離教育制度では障壁を除去するだけでは差別は解消されない。単に分離路線であるサブ・トラックをなくすだけでなく、主路線であるメイン・トラック自体を障害のある人のニーズにも対応するものに変えていくことが必要である。しかし、そのことは実は学ぶ者のニーズは障害の有無にかかわらず個別性が高く、ニーズの必要度は障害の有無で二分できるような単純なものではなく、連続量的に分散しているもの (スペクトラム) であるということを再認識させる。したがって、インクルーシブ教育は学ぶ者すべての人の多様性を尊重し、各人の個別的なニーズに対応する質の高い教育を実現するための教育制度全体の改善を求めるものでもある[(8)]。

(iii)　インクルーシブ教育の規範的構成要素[(9)]

i)　価値基準 (Values)

インクルーシブ教育の中核的な価値基準は各人の潜在的な学ぶ力が開花できるようにすることであり、平等、参加、無差別、多様性の賞揚、優良な実践の共有化などを基本的な価値基準とする。学ぶ者を人として貴び、その固有の尊厳を尊重し、差異は学びの好機であると位置づけることが要請される。

---

(7)　"Guidelines for Inclusion Ensuring Access for All Children", UNESCO, 2005 は、「インクルージョンは、学習、文化および社会への参加を増進し、教育からの排除および教育内における排除をなくしていくことをつうじて、学ぶ者すべての多様なニーズに対処し対応していく行程と考えられる。それは、相応しい年齢層のすべての子どもたちをカバーする共通の構想とあらゆる子供たちを教育することが通常の制度の責任であるという信念によって、内容、手法および構造を変更し修正することを必然的に含んでいる。」(page 13) とし、また、インクルージョンは学習上のニーズを広範に分散する連続量 (spectrum) と理解してそれに対応していくものである点も指摘している。

(8)　"Guidelines for Inclusion Ensuring Access to Education for All", UNESCO, 2005

(9)　教育に関するテーマ研究 para. 7

ⅱ）　原則（Principles; 4As 原則）

①　利用可能原則（Availability）　インクルーシブ教育の機能を果たす教育施設および教育プログラムが十分に利用できる状態になっていることが求められる。

②　アクセス可能原則（Accessibility）　教育施設および教育プログラムが差別なくすべての者にアクセス可能であること。そのためには、第１に、差別なしに、法律上も事実上も、すべての者にとって教育が受けられること、とりわけ最も脆弱な集団の教育へのアクセスが可能になっていること（アクセスの無差別原則）、第２に、近隣の学校への通学など教育を受けやすい地理的条件の整備あるいは遠隔学習プログラムのような技術の活用によって教育が受けられること（物理的アクセス可能原則）、第３に、教育がすべての者に負担可能なものであること（経済的アクセス可能原則）が求められる。

③　受容可能原則（Acceptability）　カリキュラムや教育方法を含む教育の形式と内容が、学ぶ者にとって、また適切な場合にはその親にとっても、受け容れることができる妥当なもので、文化的に適切で良質なものであることが求められる。

④　適合可能原則（Adaptability）　多様な社会的・文化的状況の内にいる学ぶ者の変化する現実とニーズに適合できるような柔軟な教育であることが求められる。適合可能原則は、すべての子どもを教育することができる学校を開発することを要請するものであるから、インクルーシブ教育の中核的な原則である。

ⅲ）　インクルーシブ教育実現に向けて

インクルーシブ教育を実現するための複合的な工程は教育制度の体系的な改革を必要とする。その第１として、インクルーシブ教育を明確に定義し、差別禁止と合理的配慮義務を定めた「非拒絶条項」（non-rejection clause）を含むインクルーシブ教育法を定めることが必要である。また、インクルージョンを実現するための計画を策定し、その計画の中で法制度・政策における障壁を明らかにすること、障害を人権の視点からとらえ、教育をインクルーシブに変えていく方向に教育予算を投入していくことが求められる。さらに、インクルーシブ教育に違反した場合の救済方法と補償を定め、測定可能な目標を設定してモニタリングを行う機関を設置することが求められる。

⑵　権利条約の規範的要請

(i)　インクルーシブ教育の普遍性（24条1項）

24条1項は、教育を受ける権利の普遍的保障（universality）が障害のある人にも認められることを再確認し（同条項一文）、その権利を差別なく実現する（non-discrimination）ための教育制度はあらゆる段階においてインクルーシブなものでなければならないと定めている（同条項二文）。すなわち、権利条約によって教育を受ける権利はインクルーシブ教育を受ける権利を意味するものとして定められている[10]。そして、同条項はインクルーシブ教育の目的として、①人間の潜在能力、尊厳、自己の価値についての意識を発達させ、人権、基本的自由、人間の多様性の尊重を強化すること、②人格、才能、創造力、精神的・身体的能力を可能な最大限まで発達させること、③自由な社会への効果的な参加を可能にすることを掲げている。

(ii)　インクルーシブ教育実現のための締約国の義務内容（24条2項）

24条2項は1項の目的を達成しインクルーシブ教育を受ける権利を実現するために必要な措置を定めている。同条項(a)は障害のある人が障害に基づいて「一般的な教育制度」（the general education system）から排除されないことを要請している。同条項が定める「一般的な教育」（general education）とは「すべての通常の学習環境と教育部門」（all regular learning environments and the education department）を意味する[11]。同条項は、機能障害の存在や程度あるいは潜在能力の程度、さらに、過度の負担によって合理的配慮を行なえないことを理由としてインクルージョンを制限する法制度を禁止し[12]、「非拒絶条項」（non-discrimination clause）を法定することを求めるものと解される[13]。これらのための既存の法律の改廃は締約国の義務である（4条1項(b)）[14]。

24条2項(b)は第1に自己の生活する地域社会において初等・中等学校に通学できることを要請している。「障害のある学習者の兄弟姉妹を含む他の生徒と共に積極的に参加することはインクルーシブ教育を受ける権利の重要な構成要素」とされている[15]。第2にインクルーシブで質の高い教育を受ける権利を実

⑽　教育に関するテーマ研究 para. 3
⑾　一般的意見第4号 para.18
⑿　同上
⒀　教育に関するテーマ研究 para.26
⒁　一般的意見第4号 para.19

現するためには上記の「4As 原則」が同条項の内容として含意されていると解される⒃。

24条2項(c)は教育分野において合理的配慮の提供が必要とされることを改めて確認する規定である。合理的配慮義務は機能障害についての医学的診断を条件とするのではなく、むしろ教育を阻む社会的障壁の評価に基づいて行わなければならない⒄。また、一般的意見第4号は合理的配慮の拒否が差別になることも改めて指摘している（para.31）。合理的配慮は個別性と即時性に優れているが、過度の負担の抗弁を認めるという限界がある。反面、アクセシビリティは一般的で漸進的な実現になる側面があるが過度の負担などの例外を認めない点に優れた面を持っている。両者が相互に果たされていくことでインクルーシブ教育を受ける権利が実現されていくものと考えられる。

同条項(d)は、必要な支援を「一般的な教育制度のもとで受けること」、同条項(e)は、必要な支援措置が部分的（partial）ではなく完全な（full）インクルージョンの実現に合致する効果的で個別化されたものでなければならないことを求めている。

(iii)　言語とコミュニケーション技能の習得（24条3項、4項）

3項は、コミュニケーションの障壁に直面している人が「一般的な教育制度」から排除されずに学業と社会性のいずれも最大限に発展させる環境において適切な言語とコミュニケーションの方法と手段の指導を受けることを確保することを目指している（教育に関するテーマ研究 para.22）。そして、同4項は、「一般的な教育制度」がインクルーシブであるために手話や点字を習得した教師が採用されることを定めている（同 para.23）

これらの条項は非障害者とは別の学校で学ぶことを前提にする規定ではなく、非障害者のためにあったメイン・トラックの学校を、視覚障害、聴覚障害あるいは視聴覚障害のある生徒を含むあらゆる生徒の学習に適した環境に変えることを求めている。そうして包容化された同一トラックで学ぶ生徒はすべて手話教育を受けることができなければならず、そのためには手話と音声言語の両方ができるバイリンガルな教員を積極的に採用する必要があり、そうすることによって聴覚障害の人たちの社会を全体社会に包容化していくこともできる

⒂　一般的意見第4号 para.27
⒃　一般的意見第4号 para.20 - 26
⒄　一般的意見第4号 para.30

ようになる（同 para.51）。

⒤ **生涯にわたる教育への平等なアクセスの保障（24条5項）**

初等、中等教育のみならず、一般的な（general）高等教育、職業訓練、成人教育および生涯学習についても障害のある人が差別なく平等にアクセスできることが保障されなければならない。そのために合理的配慮が提供されなければならず、また、積極的差別是正措置を検討することが必要である（一般的意見第4号 para.38）。

⑶ **特別支援教育とインクルーシブ教育**

日本では1979年の養護学校の義務化の後、1993年に学校教育法施行規則の改正により「通級制度」が開始された（学校教育法施行規則140条、141条）。これは障害があっても通常学級の学習におおむね参加できる生徒が通常学級に在籍しながら通級指導教室に通い、教科内容を補充するための特別な指導を受けるものである。2004年の基本法の改正によって「交流および共同学習」が定められ（同法16条3項）、障害のある生徒と障害のない生徒が学校教育の一環として活動を共にする機会を作るべきものとされた。2006年の学校教育法および同法施行規則の改正ではそれまで通級制度の対象とされていなかった学習障害、注意欠陥多動性障害、自閉症などのある生徒も通級指導の対象に含められ（同規則140条）[18]、盲、聾、養護学校を特別支援学校として特別支援教育が正式に開始された（学校教育法72条以下、同法施行規則118条以下）。また、2013年の学校教育法施行令改正においては、就学先を決定する仕組みの改正がなされ、障害のある子どもを特別支援学校に就学させることを原則とせず、本人および保護者の意向を可能な限り尊重すべきものとすることにした（学校教育法施行令18条の2）[19]。2017年5月1日現在で特別支援学校在籍者は約7万2千人（2007年比1.2倍）、特別支援学級在籍者は約23万6千人（同年比2.1倍）、通級指導対象者は10万9千人（同年比2.4倍）になっている[20]。

特殊教育から特別支援教育への転換は、分離形態（segregation）から部分的な統合形態（integration）への移行を示しているが、特別支援学校および特別支援学級と普通学校および普通学級という分離枠組み（the separate parallel tracks,

⒅ 「障害のある児童生徒に対する早期からの一貫した支援について」（平成25年10月4日付25文科初第756号文部科学省初等中等教育局長通知）、第1、3⑵参照

⒆ 上記初等中等教育局長通知、第1、1⑶参照

⒇ 「特別支援教育の現状」、『令和元年版障害者白書』内閣府、第2章第1節1

subordination）は依然として古い分離形態（segregation）を基本としている。交流教育および共同学習はその内容および頻度においてインクルーシブを実現するにはほど遠い(21)。それは、むしろ分離を前提としての交流と限定された共同であり、分離枠組みを維持するものでしかない。

インクルーシブ教育はなによりも既存の普通学校・普通学級のあり方をそれぞれの生徒の多様なニーズに応えられるように変更していくことを求めているが、通級指導は既存の普通学級のあり方を維持しながら障害のある子にのみ働きかけ、しかも、その内容には学業のほかに生徒たち全員のインクルーシブな社会性を育てるという視点は含まれていない。普通学校における合理的配慮の提供の実態についても際立った報告は見られない(22)。

就学先の決定において障害のある子と保護者の意向を尊重するとする2013年学校教育法施行令改正はインクルーシブ教育の実現を自己決定権の問題にすげ替え、普通学校での支援と合理的配慮の貧しさを維持しつつ特別支援学校・特別支援学級への分離へと誘導する役割を果たすものにすぎない。権利条約24条はそもそも分離された教育を選択することを許容する規定を定めていない。一般的意見第4号は、同条のもとでは「主流の教育制度と特別支援／分離教育制度という二つの教育制度の持続とは相容れない」と明確に述べている（para.40）。同意見は、むしろ障害の特性に対する認識や理解の不足から障害のある子どもをインクルーシブな学校から退学させてしまう親たちの傾向に懸念を示している（para.48）。また、「完全な（full）インクルージョンの目的に合致する効果的で個別化された支援措置」（権利条約24条2項(e)）に基づく「個別教育計画」に本人や親等の参加や協力が必要であるとしているが、その計画はあくまでも「分離型の教育環境から通常の教育環境への移行」に取り組むものであり（para.33）、その逆を認めるものではない。権利条約24条はインクルーシブ教育をいわば教育における公序として保障するものであるから、公序に反する意思を認める余地はなく、包容か分離かを選択させる制度は違法な選択肢を選択することを法的に保障する誤りをおかすものである。

---

(21)　いわゆる間接交流（学校・学級便り、作品、手紙の交換等）も含まれる。学校間交流を実施していない小中学校が8割以上で、実施していても年間実施回数は3回以下が8割以上である（「障害のある児童生徒等との交流及び共同学習等実施状況調査結果」、平成29年9月28日、文部科学省初等中等教育局特別支援教育課）

(22)　「障害者の権利に関する条約第1回日本政府報告」para.161

3　人権モデルによるその他の社会権実現形態の修正

権利条約は教育以外の社会権の実現についても次に見るように人権の基本的な規範からの枠組みを課している。

(1)　無差別原則（non-discrimination）

教育（権利条約24条）についてはすでに見たとおりであるが、健康においても「障害に基づく差別なしに到達可能な最高水準の健康を享受する権利」が保障され（25条1項)、健康保険制度等における差別禁止も定められている（同条(e))。労働・雇用においては、「あらゆる形態の雇用に係る全ての事項」について障害に基づく差別が禁止される（27条1項(a))。社会保障についても障害に基づく差別なしにその権利を享受すべきことが定められている（28条2項)。

(2)　インクルージョン（包容）

教育および雇用におけるインクルージョンはインクルーシブな社会の基礎を作るものであることから、いずれにおいても根本的な規範として要請されている（24条1項、27条1項)。ハビリテーション・リハビリテーションは「完全な包容及び参加を達成し、及び維持する」ものでなければならない（26条1項)。

地域社会へのインクルージョンを図る観点からは、教育（24条2項(b))、保健サービス（25条(c))、ハビリテーション・リハビリテーション（26条1項(b)）は、「障害者自身が属する地域社会（農村を含む）の可能な限り近くにおいて」提供されるものであることが求められている。

(3)　尊厳および自律の尊重

教育および健康については、障害のある人の尊厳への意識を高めることが求められている（24条1項(a)、25条(d))。医療提供におけるインフォームド・コンセントの確保（25条(d))、ハビリ―テーション・リハビリテーションのサービスおよびプログラムが障害のある人の自発性を前提にするものであること（26条(d))、労働については、障害のある人が自由に選択し、または、承諾する労働によって生計を立てる権利が認められること（27条1項）が定められている。

(4)　文化的・言語的同一性の尊重

権利条約30条4項は、障害のある人の「独自の文化的及び言語的な同一性（手話及び聾文化を含む。）の承認及び支持を受ける権利」を認め、24条3項(b)は、「手話の習得及び聾社会の言語的な同一性の促進を容易にすること」を要請している。機能障害を人間の差異と多様性として尊重し（3条(d))、それを持っていることを積極的に価値のあることと位置づけ（前文(m)）、機能障害を持つ人が形成してきた、そしてこれからも形成していく独自の文化と言語を多様な文化と言語として認めていくことが人権モデルから求められる。障害のある人の文化的・言語的同一性を尊重することは、障害のある人が同じ障害を持つ者としての集団を形成して社会的な不公正を是正していく原動力（identity politics）としても重要である[23]。

(5)　障害予防対策への視点

権利条約25条(b)は、障害の早期発見と障害の予防等を障害のある人に対する保健サービスとして特に規定している。この規定は障害を最小限にし、障害を予防する保健サービスを認めていることから逆に障害が望ましくない、あるべきではない状態であるという障害に対する否定的評価を前提にし、あるいは、社会に対してそうしたメッセージを発してしまう規定に見えなくもない。しかし、同条項は、障害の重度化あるいは二次的障害（further disabilities）に対して適切な保健サービスを提供すべきものとしており、障害のある人が生まれることや障害を持つにいたることそれ自体を否定的に捉える保健サービスではないことに慎重に配慮した定めになっている[24]。こうした保健サービスの枠組みは、障害のある人の尊厳と差異、多様性を尊重し（３条(a)、(d)）、その心身がそのままの状態で尊重される権利（17条）を認める権利条約の人権規定に適合する形に規定されている。

---

(23)　Theresia Degener, “A New Human Rights Model”, “The United Nations Convention on the Rights of Persons with Disabilities ”, Springer, 2017, page 49-53

(24)　上記 Degener, page52-54

第７節
権利条約の履行と履行の促進・保護・監視

1　3つの機関・機構の関係

権利条約33条1項は、同条約の履行に関する問題に対応する中心的機関（focal point）を政府内に指定するとともに、さまざまな部門とレベルにおける関連する活動を容易にするための調整機構（coordination mechanism）を政府内に設置または指定することを十分に考慮することを求めている。政府内に置かれるこれらの機関あるいは機構とは別に、同条2項は同条約の履行を促進し、保護し、監視（monitoring）するための独立した機構（independent mechanism）を含む体制が既存の国内の体制としてない場合にはそれを設立することを求めている。

上記の条文構成からも明らかであるが、条約の履行に関する機関と履行の促進・保護・監視を行う機構は別のものであり、履行は政府の責任であるが（同条1項）、促進・保護・監視は国内人権機関に関するパリ原則に従って設立された国家機関が主導すべきものであり（同条2項）、履行と履行の促進・保護・監視を同じ機関に指定してはならない（国連人権高等弁務官事務所「権利条約33条に関するテーマ研究」(1)para.76）。

2　履行のための中心的機関と調整機構（33条1項）

履行のための中心的機関は、各省庁に指定するとともに統括的な省庁も指定する2部隊編成アプローチ（two-pronged approach）が望ましいとされている。

(1)　"Thematic study by the Office of the United Nations High Commissioner for Human Rights on the structure and role of national mechanisms for the implementation and monitoring of the Convention on the Rights of Persons with Disabilities", A/HRC/13/29は、「本条約は、条約の履行と条約の保護、促進及び監視をはっきり区別している。履行は政府の責任であるが、保護、促進及び監視はパリ原則に従って設立された国家機関が主導し、障害のある人とその代表団体が参加することを要請している。本条約によれば、その二つの役割を単一の機関に割り当ててはならない。」（para.76）としている。

また、医学モデルから社会モデルへの転換を図るためには、統括的な部署は医学モデルに基づく政策を行ってきた厚生労働省や文部科学省に指定することは避け、政府の中心的な機関として内閣府などに指定することが望ましいとされている。中心的機関の役割は、サービス提供を行うことではなく、条約の履行に関して情報提供、助言、指導などを行うことで権利条約を履行するための法制度および政策全体を調整し発展させていくことにある(2)。また、中心的機関は、促進・保護・監視のための機関（同条２項）と連携して締約国報告や監視あるいは意識向上などについて政府が果たすべき活動を調整し、また、技術面での支援をする役割も果たすべきであるとされる（上記テーマ研究 para.22-32）。

調整機構は権利条約の履行について国および地方自治体の各行政機関の権限行使等の調整をする政府内の統括的な常設機関である。調整機構は、障害のある人とその団体、さらに、NGO が参加する市民社会との議論の場を常に持つようにし、単に行政機関の権限等の調整をすることだけでなく、障害のある人を中心とした市民社会の意見が行政機関の権限行使に反映されるようにする調整をすることも求められている(3)。

3　履行の促進・保護・監視のための機構（33 条２項）

「促進」の役割は意識向上を図る活動（８条）も含まれるが、重要なのは既存の法令とその運用および法案等が権利条約に従っているかを審査して条約適合性を確保することであり、また、障害者権利員会の総括所見および一般的意見などに基づき条約の解釈適用について公的機関等に専門的な助言をすることである(4)。「保護」の役割には、権利条約違反の申し立てに対する調査および審査から訴訟提起、権利条約の履行状況の調査報告を行うことまで広範囲の活動が

(2)　「障害者権利条約および選択議定書に基づき排除から平等に向けた障害のある人の権利実現のための議員向けハンドブック」“From Exclusion to Equality Realizing the rights of persons with disabilities Handbook for Parliamentarians on the Convention on the Rights of Persons with Disabilities and its Optional Protocol”, United Nations, 2007page 95 に中心的機関の役割が 16 項目提示されている。

(3)　上記 Handbook, page 95-96

(4)　人権に対する影響の評価（human rights impact assessment）によって、法案や政策案あるいはすでに施行されている法令等による人権への影響を予測評価する方法が推奨されている（「経済・社会・文化的権利にかかる人権の履行に関する国連人権高等弁務官事務所報告書」、Report of the United Nations High Commissioner for Human Rights on implementation of economic, social, and cultural rights: E/2009/90, para.35-38）。

含まれる。「監視」の役割としては、一定期間内において人権状況が進展したか、停滞あるいは後退したかを評価することが含まれる[(5)]。

上記テーマ研究は、促進・保護・監視のための機構の主要三要件として、第一に、その機構は複数設置することも考えられるが、少なくともそのうちの一つはパリ原則[(6)]に基づくものであること、第二に、当該機構は権利条約の履行の促進、保護、監視を十分に実行する権能を与えられていること、第三に、監視の過程には、市民社会および特に障害のある人とその団体が全面的に参画することを提示している（para.41）。

パリ原則は、同原則に基づく機構の権限と責任として、①人権問題について政府、議会その他の機関に対して勧告、提案、報告等を行うこと、②国内法令とその運用を国際的な人権水準に適合させること、③未批准の国際人権法（日本の場合、各人権条約の選択議定書等）の批准を推進すること、④締約国報告に貢献し、必要な場合は、独立性を十分に考慮して、意見を表明すること、⑤国際的、地域的および他の国内人権機関と協働すること、⑥人権に関する教育研究プログラムの作成を支援し、その実施に参画すること、⑦教育および報道機関等を活用して意識向上に努めることなどを定めている。また、当該機構の独立性および多元性を保障するために、その財源は政府から独立しその統制を受けないものとし、さまざまな社会集団から多様な人材を選出し、その身分を保障するために、構成員は一定の任期を定めた公的な決定によって任命されるべきものと定めている。さらに、当該機構の活動方法として、その権限に属する範囲の事項については、どのような情報源によるものでも検討することができ、また、人権問題にかかわる他の機関およびNGOと協議することも認められる。そして、当該機構は準司法的権能を持ち、調停あるいは拘束力のある決定をすることができること、また、申立当事者に対して他の解決方法等についての情報提供を行い、事案を他の機関に移送することもできること、さらに、人権侵害が問題になっている法令等について関係機関に改正の勧告を行うことなどの権限が認められるべきものとされている。

(5)　監視のための指標と基準については、「国際人権条約の履行監視の指標に関する報告書」HRI/MC/2006/7、「人権の履行の促進及び監視の指標に関する報告書」HRI/MC/2008/3参照

(6)　1993年国連総会決議48/134で承認された国内人権機構の地位に関する原則

4　地域人権機関[(7)]

国際的な人権機構と国内の人権機関のほかに、アジア太平洋地域以外の地域では地域人権裁判所が設置されている。アジア太平洋地域でもアセアン諸国においてはアセアン憲章（2008年）14条に基づく人権機関としてアセアン政府間人権機関が2009年に設置されている。しかし、アジア太平洋地域に普遍性のある人権機関はいまだに創設されていない。

「ウィーン宣言及び行動計画」は、「人権の助長及び保護のために国内機関が果たす重要かつ建設的な役割、とりわけ、権限ある当局に対する助言能力、人権侵害の救済、人権情報の普及及び人権教育における役割を再確認する。」として[(8)]、「国内機関の設立及び強化を奨励する」（同宣言・行動計画第Ⅰ部36）とともに、「国内機関相互間の協力を強化し、ならびに地域的機関及び国際連合との協力を強化することを奨励する」（同第Ⅱ部85）として、国内人権機関と国際人権機関のほかに地域人権機関との重層的な協働関係によって人権保障を達成することを求めている[(9)]。日本には国内人権機関が存在しないうえに、アジア太平洋地域の普遍的人権機関もなく、さらに、日本は個人通報制度の利用を可能にする選択議定書の批准もしていない。このために日本では、人権の重層的な保障がほとんど機能せず、20世紀後半以降の人権保障機構の発展から取り残されている。

5　日本の現状

権利条約に関する「第1回政府報告」によると、中心的機関（focal point;政府訳では「中央連絡先」）は、内閣府政策統括官（共生社会政策担当）付参事官（障害施策担当）および外務省総合外交政策局人権人道課であるとされ、また、調整機構（coordination mechanism；政府訳では「調整のための仕組み」）は内閣府政策統括官（共生社会政策担当）付参事官（障害施策担当）であるとされている。内閣府

⑺　前掲第2章第2節注⑸拙著223-237頁参照

⑻　「再確認」としたのは、1991年に「国内人権機関に関する国際ワークショップ」がパリで開催され、世界人権会議（1993年6月）は国内人権機関のあるべき姿として「パリ原則」が採択されていることを受けたものだからである。

⑼　藤本俊明「国際人権法の国内的実施と国内人権機関」、山崎公士編『国内人権機関の国際比較』現代人文社、2001年、40-41頁は、「たとえば、国内人権機関を設置しているヨーロッパの多くの国々では、人権を侵害されたとする者は、国内人権機関、国内の裁判所などの司法機関、ヨーロッパ人権裁判所、EU裁判所、国連の各個人通報制度などの手続が利用可能となり、複数の救済手段が常に確保されるのである。」としている。

政策統括官は関係省庁の総合調整を行い施策実施のフォローアップを行うとともに、関係閣僚により構成される本部・会議の事務局を務め、同本部・会議は基本計画等の作成を通じて関係各省庁の施策を進めるので、中心機関および調整機構としての役割を果たすことが期待できる。しかし、現時点までの法改正の状況を見ると、文部科学省の教育行政や厚生労働省の医療福祉行政との間で権利条約の履行を実現するために十分な指導力を発揮しうるのかについては疑問が残る。

また、「第1回政府報告」は、履行の「促進」のための機関（framework/mechanism；政府訳では「枠組み」）としては、障害者週間の実施、法務省の人権擁護機関による人権教育・啓発推進法[10]に基づく啓発活動等がそれにあたるものとし、履行の「保護」のための機関としては、法務省設置法、人権擁護委員法および人権侵犯事件調査処理規程に基づき法務省の人権擁護機関が行う調査および事案に応じた措置があるとしている。さらに、基本法に基づいて内閣府のもとに設置される障害者政策委員会が履行の促進、保護、監視の全般にわたる役割を果たすとし、都道府県および市町村に置くことのできる審議会等（同法36条）もその役割を果たしうるものとしている。

しかし、「促進」の重要な役割は、既存の法令とその運用および法案等が権利条約に従っているかを審査して条約適合性を確保することであり、また、障害者権利委員会の総括所見および一般的意見などに基づき条約の解釈適用について公的機関等に専門的な助言をすることであるが、法務省の人権擁護機関にその役割はない。また、「保護」については、権利条約違反の申し立てに対する調査と審査から訴訟提起、権利条約履行状況の調査報告を行うことに至る広範囲の活動が含まれるが、法務省の人権擁護機関にその役割はない。さらに、「監視」については、上記いずれの機関も政府からの独立性が確保されておらず、また、都道府県、市町村の審議会等は差別禁止条例によって個別事案の審査を行う権限を有する場合もあるが、パリ原則が求める準司法的権能には及ばない。

したがって、現状の日本の状態は権利条約33条の要請をみたすものにはなっていない。

---

(10)　人権教育及び人権啓発の推進に関する法律

第 3 章

行政手法による差別禁止法

第1節
基本法

1　障害福祉施策基本法から障害施策基本法へ

基本法は「障害者の自立及び社会参加の支援等のための施策」(以下「障害者施策」) に関する基本原則および国、地方公共団体等の責務、基本的事項を定め、同施策を総合的かつ計画的に推進することを目的としている (1条)。2011年改正前の基本法は「障害者の福祉に関する基本的施策」(旧法2章) を対象領域にしていたが、同改正によって同法の対象領域は福祉施策に限らず障害者施策全般を対象領域にすることになった。

基本法の前身である心身障害者対策基本法 (1970年) は、「心身障害者の福祉に関する基本的施策」(3章) を定め、その内容として医療・訓練・保護、教育、職業指導等・雇用の促進、入通所施設の整備、年金等、住宅の確保、経済的負担の軽減、文化的諸条件の整備等、国民の理解のための施策などを基本的な福祉施策として定めていた (10条ないし26条)。

同法は1993年に題名を障害者基本法に改め、個人の尊厳を基本理念にすること (1条、3条) を明確化したうえで多くの条項を改正した。旧法の「第3章　心身障害者の福祉に関する基本的施策」は、「第2章　障害者の福祉に関する基本的施策」に改められ、同章には交通施設、その他の公共的施設のバリアフリー化 (22条の2、現21条) と情報の利用に関して障害のある人の情報の利用と意思表示のための施策 (22条の3、現22条) の規定があらたに加えられた。

2004年改正において基本法の目的は「障害者の自立及び社会参加の支援等のための施策を総合的かつ計画的に推進し、もつて障害者の福祉を増進すること」とされた (2004年改正法1条)。「第2章　障害者の福祉に関する基本的施策」については新たな対象領域は加えられなかった。しかし、医療・介護に関して改正前は「施設への入所又は利用により、適切な保護、医療、生活指導その他の指導、機能回復訓練その他の訓練又は授産を受けられるよう必要な施策を講じなければならない」としていた規定（改正前10条の2）を改め、「医療、介護、生活支援その他自立のための適切な支援を受けられるよう必要な施策を講じなければならない」として（改正後12条3項）、施設中心主義政策を改めた。また、教育に関しても「国及び地方公共団体は、障害のある児童及び生徒と障害のない児童及び生徒との交流及び共同学習を積極的に進めることによって、その相互理解を促進しなければならない」との条項（14条3項）を加え、包容化した（インクルーシブ）教育への方向性を示唆し始めた。

2011年改正では、法の目的規定（1条）から「障害者の福祉を増進する」という文言を削除し、「第2章　福祉に関する基本的施策」についても「第2章　障害者の自立及び社会参加の支援のための基本的施策」に改め、福祉の基本法であることを超えて障害者施策全般の基本法としての位置づけを明確にした。同法第2章の基本的施策の内容には、あらたに障害のある子に対する療育等の支援（17条）、障害のある人の安全・安心な地域生活のための防災・防犯に関する施策（26条）、障害のある人の消費者としての保護（27条）、選挙等における配慮（28条）、司法手続における配慮（29条）、国際協力（30条）の規定を新設した。これらの規定には東日本大震災等の経験と権利条約の関係規定に対応しようとする立法意思を読み取ることができる。また、従前からの基本的施策の規定についても権利条約の観点を踏まえた改正がなされた。医療・介護（14条関係）では、性、年齢等の実態に応じたものであること（権利条約6条、7条、25条柱書関連）、身近な場所で給付を受けられるべきこと（権利条約25条c、26条1項b関連）、さらに、人権を尊重すべきこと（権利条約14条、17条、25条d関連）が加えられた。教育（16条関係）では、「可能な限り障害者である児童及び生徒が障害者でない児童及び生徒と共に教育を受けられるよう配慮」すること（権利条約24条関連）、本人および保護者に「十分な情報の提供を行うとともに、可能な限りその意向を尊重」すべきこと（権利条約3条a関連）、障害のある人の教育について人材の確保、適切な教材等の提供、環境の整備を促進すべきこと（権利条約24条4項関連）が加えられた。

2011年改正によって基本法は、障害のある人に関する国および地方公共団体の法制度・政策全般を規律する基本法としての性格を明確にしたとみることができる。

2　基本理念法から基本原則法へ

基本法は1993年の改正時に、それまで単に「国、地方公共団体等の責務を明らかにする」としていた目的規定を「基本的理念を定め、及び国、地方公共団体等の責務を明らかにする」（1条）と改めた。また、「個人の尊厳」という見出しで「すべて心身障害者は、個人の尊厳が重んぜられ、その尊厳にふさわしい処遇を保障される権利を有するものとする」（改正前1条）としていた条項の見出しを「基本的理念」に改め、さらに、「すべて障害者は、社会を構成する一員として社会、経済、文化その他あらゆる活動の分野に参加する機会を与えられるものとする」という条項を加えた。この改正前は個人の尊厳の尊重（同法1条）と基本的施策（同法2章）の関連性は規定上明確でなかった。しかし、改正後は同法2章に基づく各種の施策によって提供される給付等は、個人の尊厳の尊重と社会の一員としての社会参加の機会の確保という理念を実現する手段であるから、その具体的内容は法の理念の観点から定められなければならないという関係が明確にされた。

2004年改正では、基本理念規定（3条）に障害を理由とする差別を禁止する規定（同条3項）が加えられた。また、それまでの基本理念規定（3条1項、2項）が、「すべて障害者は…尊厳にふさわしい処遇を保障される権利を有するものとする」としていたのに対して「すべて障害者は…尊厳にふさわしい処遇を保障される権利を有する」と改め、「すべて障害者は…あらゆる分野の活動に参加する機会を与えられるものとする」としていたのに対して「すべて障害者は…あらゆる分野の活動に参加する機会を与えられる」と改めた。同改正は、すでに見たように施設中心主義からの脱却、包容化された教育への萌芽など伝統的な福祉にとどまらない内容も取り入れ、基本法の規定の権利性を強めようとする立法意思を示したものと見ることができる。

2011年改正においては、個人の尊厳の尊重および社会の一員としての社会参加の機会確保、差別の禁止を障害者福祉施策の基本理念とする（改正前1条、3条）規定の仕方を根本的に改めた。すなわち、改正法は「障害の有無にかかわらず、等しく基本的人権を享有するかけがえのない個人として尊重されるものであるとの理念にのっとり…障害者の自立及び社会参加の支援等のための施策に関し、基本原則を定め」（1条）る法律と規定され、理念を定める法律から制度・政策を規律する原則を定める法律へと転換された。そして、国および地方公共団体の「障害者の自立及び社会参加の支援等のための施策を総合的かつ計画的に実施する責務」は、同法が定める基本原則（３条ないし５条）に則ったものでなければならないとした（６条）。これによって人間の平等性と尊厳の尊重の理念に基づいて基本原則が定められ、その原則に基づいて障害者施策が計画され実施されなければならないという法構造が明確化された。

同改正法が定める基本原則は、第１に、改正前は基本理念の一つとされていた社会の一員としての社会参加の機会の確保（改正前３条２項）を基本原則の一つとして具体的規範とし、どこで誰と生活するかの選択の機会の確保、地域社会における共生、意思疎通手段の選択の機会の確保を図るべきこととあわせて第１基本原則（３条１号ないし３号、以下「共生基本原則」）とした。また、この基本原則は「全ての障害者が、障害者でない者と等しく、基本的人権を享有する個人としてその尊厳が重んぜられ、その尊厳にふさわしい生活を保障される権利を有することを前提」とするものであるとされている（同条本文）。第２に、改正前は同様に基本理念として定められていた差別禁止規定に合理的配慮義務の規定を加えて第２基本原則（４条、以下「差別禁止基本原則」）とした。第３に、国際的協調をあらたに加えて第３基本原則（５条、以下「国際協調基本原則」）とした。

特に、国際協調基本原則は、権利条約との連動と障害者権利委員会の一般的意見、締約国報告に対する総括所見、さらに、個人通報制度を含む国際機関のさまざまな人権保障システムとの協調を要請するものと理解できる。権利条約自身も国内法としての効力をもつが、さまざまな障害者施策において権利条約の要請を実現していくためには法制度および政策の改革が必要である。基本法は特に国際協調基本原則を明示することによって、権利条約の要請を国および地方公共団体にわたる個別的な立法および行政施策に反映させる要となる法律と位置づけることができる[(1)]。

---

(1)　「障害者制度改革推進のための第二次意見」（平成22年12月17日、障がい者制度改革推進会議）は、「障害者権利条約の締結に向けて、同条約が要請する障害者の権利を実現する枠組みと水準に見合う国内の障害者制度改革をどのように行うのかということが日本の大きな課題となっている。この大きな課題の中で、基本法がその内容において、関係個別法の上位法として位置付けられていることにかんがみると、今般の基本法の改正は、障害者権利条約を締結し、同条約の規定を遵守するために必要な国内の制度改革全体の理念と施策の基本方針の要に位置し、今後の障害者施策の方向に大きな影響を与えるものとして、極めて重要かつ大きな意義があるということができる」としている。

3　障害と障害者の定義

基本法は、障害者の定義を「身体障害、知的障害、精神障害（発達障害を含む。）その他の心身の機能の障害（以下「障害」と総称する。）がある者であって、障害及び社会的障壁により継続的に日常生活又は社会生活に相当な制限を受ける状態にあるものをいう」と定めている（２条１号）。この定義は、心身機能の障害（impairment）を「障害」と定義して、心身機能の障害と社会的障壁によって生活上の制約が生じるという構造を示している。社会的障壁については同条２号が「障害がある者にとって日常生活又は社会生活を営む上で障壁となるような社会における事物、制度、慣行、観念その他一切のものをいう」と定義している。法文上の「障害のある者」は心身機能の障害がある者という意味になるが、心身機能の障害があるだけでは生活上の制約は生じず、そうした者に対して「社会における事物、制度、慣行、観念その他」が障壁として立ちはだかることによって、「障害のある者」が「障害者」になるという構造が示されている。こうした心身機能の障害と生活上の制約との構造的な理解は「障害（disability）が、機能障害（impairment）を有する者とこれらの者に対する態度及び環境による障壁との間の相互作用」によって生じるとする権利条約（前文 e）の障害の理解と一致している。

しかし、差別禁止法との関係で問題なのは、この障害者の定義から漏れる者が生じないかという点である。権利条約は障害（disability）は発展する概念であり、機能障害と社会的障壁の相互作用に基づく障害者の定義は障害者の部分的な概念にとどまるものであるとしている（前文 e、１条）。基本法の定義を前提にすると、過去に精神科の治療歴があり機能障害の経歴はあるが現在は機能障害がないかその存否が不明な人、医学的には機能障害が明らかではないが社会からは機能障害があるとみなされてしまう人、傷や火傷の跡、血管腫など生理的機能の障害はないか乏しいがその外見を異様視されてしまう人[(2)]、無症状期の HIV 感染者など、現実に機能障害があることを要件にすると被差別者としての障害者の要件に該当するのか、差別禁止事項としての障害の要件を満た

⑵　「『障害を理由とする差別の禁止に関する法制』についての差別禁止部会の意見」（平成24年９月14日　障害者政策委員会差別禁止部会）は、「心身の機能の障害」に法解釈の余地があるとしつつ、「本法にいう機能障害は、世界保健機関（WHO）の国際生活機能分類（ICF）が機能障害に含むとしている構造障害も含まれる。したがって、容貌の障害（facial disfigurement）もこれに含まれると思われる」（15頁）としている。

すのかに疑問が残る場合を生じる(3)。

差別禁止事由の本質は従属階層に属する者のマーカーという点にあるので、差別禁止事由としての「障害」は医学的観点に基づくものではなく、むしろ社会一般の認識に基づくものである。この観点からは医学的には機能障害がなくても社会からは機能障害があるとみなされてしまう人や機能障害の経歴のある人、生理的機能に影響がなくても外貌の状態等が異様視されてしまう人、潜在的に機能障害があるとみられてしまう人なども広く差別禁止法の保護対象に含めなければならない。基本法は差別解消法を含めて障害者施策全般の基本法になるものであるから、障害と障害者の定義は、個別法を包摂できるように最広義の定義としておくことが必要である。したがって、「心身の機能の障害（以下「障害」と総称する。）がある者」とは医学的に機能障害が同定できる人に限定されるものではなく、一般人が心身の機能に障害がある人と認識する状態にある人を含むものと解すべきである。したがって、過去に機能障害の経歴のある人も、一般人がその経歴から現在も機能障害が残存していると認識する場合は「心身の機能に障害のある者」に含まれると解さなければならない。

4　禁止される差別の成立要件（4条1項）

(1)　障害者に対する行為であること

「障害者に対して」という文言を障害者に対する直接的な行為に限定して解釈すると、関連差別（障害のある人の関係者に対する障害のある人の障害またはその人との結びつきを理由にした差別）が基本法によっては禁止されないことになってしまう。しかし、権利条約は関連差別を含めて障害に基づくあらゆる差別を禁止しているので、その下位にある基本法が権利条約の保護範囲を狭めることは許されない。また、基本法の国際協調基本原則（5条）に照らして、可能な

(3)　改正ADA（2008年）は、「障害」（disability）の定義を構成する「個人の一つ又は複数の主要な生活活動を実質的に制約する身体的又は精神的な機能障害」（12102条(1)（A)）という規定中の「主要な生活活動」という用語について、「身の回りのことを行う、手作業を行う、見る、聞く、食べる、眠る、歩く、立つ、持ち上げる、かがむ、話す、呼吸する、学ぶ、読む、集中する、考える、コミュニケーションをとる、働くこと」（同条(2)（A))、「免疫システムの機能、正常な細胞の成長、消化機能、腸、膀胱、神経、脳、呼吸器、循環器、内分泌、生殖機能といった主要な身体機能」（同条(2)(B)）などを含むものと定めて、連邦最高裁判所の判例および雇用機会均等委員会の規則の制限的な解釈を否定した。また、同法は、機能障害の記録、機能障害を持つとみなされることを「障害」（disability）に含めている（同条(1)（B)、(C))。

限り権利条約の要請を満たす解釈をすることが求められる。

したがって、差別行為は直接障害者に対する行為に限定されず、間接的に障害者に対する行為である場合も含まれると解釈しなければならない。

(2) 障害を理由とすること

(i) 直接差別、間接差別、起因差別、関連差別

差別解消法基本方針は、「不当な差別的取り扱い」について直接差別に限定するとはしていないが、雇用促進法差別禁止指針は同法が禁止する差別は「障害者であることを理由とする差別（直接差別をいい、車いす、補助犬その他の支援器具等の利用、介助者の付添い等の社会的不利を補う手段の利用等を理由とする不当な不利益取扱いを含む。）である」と解説してる。従来の労働法制においては、男女雇用機会均等法において「性別を理由とする」差別的取り扱い等（5条、6条）は直接差別の規定であり、「性別以外の事由を要件とする」措置のうち「実質的に性別を理由とする差別となるおそれがある措置」（7条）は間接差別の規定であるとされていることから(4)、雇用促進法の規定も同様に解されたものと思われる。しかし、直接差別以外の差別形態を定める規定は、本来は差別にならない行為形態を特別に差別として創設的に規定するものではなく、むしろ、従来、見落とされていた差別形態を注意的に明文化するものにすぎない(5)。したがって、創設的な規定がなければ直接差別以外は差別にならないということではない。また、権利条約があらゆる形態の差別を禁止することを締約国の義務としていることは明らかであるから、その下位法である差別禁止3法が権利条約の差別禁止の範囲を狭めることは許されない。文言解釈としても「理由とする」という文言に特別に限定的な意味を与える根拠はなく、憲法14条は人種、信条、性別、社会的身分または門地「により」（英訳はbecause of）としており、権利条約は「障害に基づく」（on the basis of disability）としている。差別禁止規範において差別禁止事由と差別行為の関連を示す「より」、「基づき」、あるいは「理由として」などの用語法に特別な違いはなく、「理由とする」という文言に上位規範より限定的な意味を与える解釈をとる根拠はない。したがって、「理由とする」という文言から直接差別以外の差別形態が含まれないと解すること

---

(4) 「労働者に対する性別を理由とする差別の禁止等に関する規定に定める事項に関し、事業主が適切に対処するための指針」（平成18年厚生労働省告示第614号）

(5) 間接差別法理は米国公民権法の解釈として米国連邦最高裁判所の判例（Griggs v Duke Power Co、401 U.S. 424（1971））において形成された法理であった。

は許されない。

⒤　**構造的差別・体制的差別**

構造的・体制的差別は文化や社会規範、社会意識などの人間社会の認知や思考様式に根差した常態化された差別事象を摘出したものである。一般的意見３号は、この形態の差別をなくしていくために、特に教育、保健、司法関係の公務員と一般人の意識改革のための政策や研修を求めている（para.17(e)）。基本法が定める、教育・療育に関する調査・研究および人材の確保と資質の向上（16条４項、17条２項）、医療、介護の専門的技術職員その他の専門的知識・技能を有する職員の育成（14条４項）、司法手続における関係職員に対する研修その他必要な施策（29条）、国民の理解（７条）、障害者週間（９条）などの諸規定は、これらの人々に構造的差別・体制的差別を再認識させ、その解消のための行動をとれるようにするものでなければならない。

(iii)　**複合差別・交差差別**

基本法４条１項は「障害を理由」とする差別を禁止するとして複合差別・交差差別の禁止について明示していないが、他の理由が複合した場合を差別禁止の対象から除外しているものでもない。一方、同法は障害者施策が「障害者の性別、年齢、障害の状態及び生活の実態に応じ」たものであることを基本方針に含め（10条１項）、障害のある人に対する医療・介護および防災・防犯の施策が同様に性別等に応じたものであること（14条３項、26条）などの規定を定めており、法政策が性別や生活状態などの複合的な要素にも応じたものであることを求めている。

複合差別・交差差別は他の理由が複合することにより障害に基づく差別がより深刻化する事態であるから、障害に基づく差別に含めることができ、上記の基本法の関連規定はそのことをむしろ肯定する方向にあると理解できる。

したがって、基本法４条１項は複合差別・交差差別についても禁止していると解するべきである。

⑶　**差別行為であること**

(i)　**区別、排除または制限であること**

権利条約２条は差別行為として区別、排除または制限という行為態様を規定している。これに対して差別解消法基本方針は財・サービスや機会の提供の拒否または制限、特別な条件の付加などを差別的取扱いの行為態様としている。雇用促進法差別禁止指針は労働者の募集および採用または待遇の対象からの排除あるいは障害者に限定した不利な条件の設定や待遇を行為態様に掲げている。これらが掲げる行為態様は権利条約が規定する区別、排除または制限という行為態様のいずれかに含まれるものと理解できる。したがって、差別禁止3法においても区別、排除または制限のいずれかの行為が行われれば、差別行為としての態様を満たすと解することができる。

(ii)　**差別意図の要否**

差別意図の内容は、差別禁止事由を取り扱いに影響を与える要因とすることの認識・認容と解されている。差別意図は、差別行為と差別禁止事由（性別、障害など）の「結びつき」として必要な要件であり、特に直接差別において必要な要件といわれる[(6)]。しかし、社会内の従属的な構造の是正が差別禁止法の本質的な役割であるとすると（反従属化モデル）、差別禁止事由（従属階層のマーカー）に基づいて区別、排除、制限という行為が行われたという関連性が認められれば足り、行為者の主観は本質的要件にならない。その関連性は差別者の主観から基礎づけることもできるが、その行為の結果（効果）から基礎づけることもできる。権利条約は障害のない者との平等を基礎として人権の行使を害する等の「目的又は効果を有する」区別、排除、または、制限を障害に基づく差別と定義しており（2条）、主観的な関連性を差別行為の必要条件とはしていない。「理由として」という文言から差別意図がある場合でなければ禁止される差別に当たらないとして権利条約の求める差別からの保護範囲を狭めることは許されない。

もっとも、差別意図を帰責性の要件として差別者側に予測を超えた責任を負担させないようにするという考え方もありうる。米国法では直接差別（disparate treatment）は差別意思に基づく類型であり、間接差別（disparate impact）は、差別的効果が証明されれば足りる類型とされる。この違いは直接差別の場合は懲罰的賠償請求が可能であるが、間接差別では懲罰的賠償は求められない点が重視されているため（差別意思基準説）とされ、両類型の効果に大差のない独法の通説では差別意思は直接差別の必要条件ではなく差別が集団の専属的特徴によるか非専属的特徴によるかによって両類型が分かれるとされる[(7)]。

わが国の法制では、基本法には差別禁止規定に違反した場合の制裁等につい

(6)　永野仁美・長谷川珠子・富永晃一編『詳説障害者雇用促進法』（弘文堂、2016年）175頁

(7)　富永晃一「障害者雇用促進法の障害者差別禁止と合理的配慮義務」『論研ジュリスト8号』（有斐閣、2014年）29頁

て明示した規定はない。差別解消法が定める差別禁止規定違反の効果は[8]、主務大臣による報告の徴収、助言、指導、勧告（12条）である。雇用促進法の場合は、厚生労働大臣による助言、指導、勧告（36条の6）あるいは都道府県労働局長による助言、指導または勧告、必要な場合は紛争調整委員会で調停が行われることである（個別労働関係紛争の解決の促進に関する法律）。これらの規定は行政による調整的介入の発動の契機と介入方法を定める規定であり、差別行為の法的責任を直接的に生じさせる規定にはなっていない。したがって、米国法のように差別者の責任が過大にならないように主観的な帰責要件を求める理由はない。

私法上の効果に照らした場合、差別行為に対して、信義則、権利濫用（民法1条2項、3項）、公序良俗違反（同法90条）、債務不履行（同法415条）、不法行為（同法709条以下）などの一般条項を介して法律行為の無効化あるいは損害賠償責任（わが国では懲罰的賠償は採用されていない）を問うことは可能である。しかし、私法的効果に関しては行為の違法性と責任を分けて考える必要がある。違法性評価においては客観的な差別禁止法秩序違反あるいは権利侵害の有無が問題とされ行為者の主観は要件にならない。行為者の主観は予測可能性を超えた責任の負担を制限する要素として故意または過失という帰責性の要件において評価される。したがって、差別禁止3法の差別の成否に行為者の主観的意図を必要条件とする必要はない。

(iii)　権利利益の侵害の要否

基本法4条1項は、「差別することその他の権利利益を侵害する行為をしてはならない」としているのに対して差別解消法7条および8条の各1項は、「不当な差別的取り扱いをすることにより、障害者の権利利益を侵害してはならない」と定めているため、両法の齟齬をどのように解すべきかが問題になる。

基本法の文言は「差別」が「権利利益を侵害する行為」のひとつであることを示している。同法が差別禁止3法の基本となる法であるという位置づけからすれば、差別解消法の規定も差別的取扱いにより当然に権利利益が侵害されることを前提にしたものと読むべきであり、権利利益の侵害は「差別」とは別個

(8)　厳密にいえば差別行為に基づいて生じる法律効果のようなものではなく、差別解消法12条では、「特に必要があると認めるとき」に、雇用促進法36条の6では「必要があると認めるとき」に行われるだけであるので、差別行為によって法律効果が生じるわけではない。

の要件にはならないと解すべきである。さらに、雇用促進法も権利利益の侵害を差別禁止規定の文言に含めていない。したがって、いずれの法律においても「差別」が認められれば、かさねて権利利益の侵害の有無を問う必要はないものと解すべきである(9)。

5　合理的配慮義務の成立要件（4条2項）

⑴　個々の障害者との個別具体的関係で社会的障壁の除去が必要であること

基本法4条2項が社会的障壁の除去を「必要としている障害者が現に存し」としているのは、個々の障害のある人の障害（機能障害）と個別具体的な状況における社会的障壁との関係で現に生じている日常生活または社会生活上の支障を解消するために、当該社会的障壁を除去することが必要であることを意味している。権利条約2条が「特定の場合において必要とされるもの」（where needed in a particular case）と定めているのと同旨である。

合理的配慮は、個々の障害のある人について個別具体的な状況に応じて提供されるべきものであるから、不特定多数の障害のある人を想定して行われる「事前的改善措置」である「社会的障壁の除去の実施についての必要かつ合理的な配慮に関する環境の整備」（差別解消法5条）とは異なる。また、合理的配慮は、その偏頗な構造（社会的障壁）を除去して平等な利用可能性と便宜性を回復させるための配慮であるから、社会構造の影響によらない専ら機能障害に基づくニーズに対応すべき福祉的なサービスとも異なる。

⑵　必要かつ合理的な配慮であること

基本法4条2項は「必要かつ合理的な配慮がされなければならない」と定め、権利条約2条は「必要かつ適切な変更及び調整」（necessary and appropriate modification and adjustments）と定めている。

ここにおける必要性は、第1の要件である社会的障壁除去の必要性とは異なり、例えば段差に対して簡易なスロープが必要である（第1要件）としても、スロープの素材や幅、傾斜角度などの必要性は個々の障害のある人によって異な

⑼　なお、基本法4条1項は端的に「差別」と規定するのに対して、差別解消法7条および8条各1項は、「不当な差別的取り扱い」とする点にも文言上の相違が認められる。「不当な」は正当な理由がある場合を除く趣旨と解される。憲法および権利条約も差別禁止に一切の例外を許さない趣旨ではないが、基本法は理念および原則を示す観点から端的に差別禁止を定め、具体的規範性を有する差別解消法が限定的に例外について示唆する文言を加えたものと理解することができる。

るのでより個別的な必要性として第２の要件が定められていると解される。

合理性は権利条約の要請から適切性を含む概念と理解すべきであるから、例えば業務の調整を行う場合にも本人の能力と業務の質・量の適切な均衡をはかることが必要であり、本人の能力とは関係なしに単に軽作業を与えることや閑職におくことは配慮として合理性（適切性）を欠くと評価されうる。

一方、合理的配慮を提供する者の側から見ると、莫大な経済的負担を課したり、事業の本質を変えさせてしまうような配慮は合理的ではないとも考えられる。しかし、負担の過重性は第３の要件で検討されるので、第２の要件である合理性には含まれないと考えるべきである⑽。

合理的配慮義務をめぐる対話あるいは訴訟の枠組みを考えると、必要かつ合理的配慮については障害のある者の側に関する事項として、障害のある者が主張し、負担の過重性については合理的配慮を提供する側に関する事項として、合理的配慮を提供する者が主張することで第２の要件と第３の要件の主張立証責任が振り分けられていると理解することができる。

⑶　義務者の負担が過重でないこと

(i)　社会的障壁を除去すべき社会関係にある者であること

基本法は合理的配慮を提供する義務を負う者について文言上明示していない（４条２項）。これに対して差別解消法は合理的配慮の義務主体を行政機関等（７条２項）および事業者（８条２項）と定め、雇用促進法は事業主としている（36条の２、36条の３）。

合理的配慮義務は一定の作為を求めるものであるので、不作為義務が課される差別行為の禁止とは異なり、社会関係上、社会的障壁を除去すべき作為が求められる関係が必要である。このため基本法は差別行為の禁止については、不作為義務の主体を「何人も」と定めているが（４条１項）、合理的配慮義務については、さまざまな社会関係を包括した規定であるために特に作為義務主体に

⑽　一般的意見６号 para. 25(a)は、「『合理的配慮』は分けられない用語であり、『合理的』をただし書きと誤解してはならない。『合理性』という概念は、当該義務を別個に限定あるいは緩和する役割を果たすものではない。それは配慮の費用や資源の利用可能性の評価手段ではない。その評価は次の段階、すなわち『不均衡性又は過重負担』の評価の際に行われる。配慮の合理性は、むしろ、その障害のある人にとって意味があり、適切かつ効果的であることに関係している。それゆえ、障害のある人の必要を満たすような配慮の提供とその人にあわせた調整がなされるという目的が達成されるならば、その配慮は合理的なのである。」と指摘している。

ついて規定しなかったものと解される。

社会関係上、障害のある人との間で、特定の社会的障壁を除去すべき作為が求められる関係にある者として明確なのは、①教育を提供する者、雇用を行う者など権利条約が明示的に合理的配慮を提供すべきことを規定している関係（24条2項c、27条1項i）にある者、②差別解消法または雇用促進法、国家公務員法および人事院規則等、あるいは、差別禁止条例に義務主体として定められている者である。しかし、③法令に明示的な規定がない場合であっても、不特定または多数の者を対象にして不均等な配慮状態を生じさせている者には配慮を均等化する作為義務が生じる（本書189頁・公開性・公共性法理）。差別解消法によると「事業者」（2条7号、8条）は「同種の行為を反復継続する意思をもって行う者」（差別解消法基本方針）とされているので、例えば、一般公衆を対象に一回的に講演会を開くために集まった人々がその講演会を開催しても、当該講演会においてそのグループは事業者として合理的配慮義務を負わないことになる可能性がある。しかし、音声言語での講演やその補助機材としてのマイクやスーピーカの設置、墨字の資料配布などは視聴覚に障害のない者に対する片面的な配慮であるから、公平な配慮として手話通訳や点字資料の配布などの合理的配慮が求められる。同種行為の反復継続性（業務性・事業者性）は行政介入の対象を限定するための要件にすぎず、合理的配慮義務の一般的な発生要件ではない。したがってまた、④業務として締結される契約はもとより一回的な契約であっても契約上の義務として契約当事者が合理的配慮を提供すべき義務を負うこともありうる[11]。特に契約関係の基礎にある信義則（民法1条2項）には差別禁止法秩序の価値を読み込むことができ、契約内容を理解できるようにする情報の示し方や契約の場所の設定の仕方、契約の履行の仕方などについて配慮する義務が契約の当事者に求められる。

(ii)　作為義務が義務者に過重負担ではないこと

i）　過重負担の法的性質

権利条約は均衡を失したまたは過度の負担である場合は合理的配慮義務を負

---

(11)　神戸地方裁判所尼崎支部平成24年4月9日決定（労働判例1054号38頁）、最高裁判所平成24年4月27日判決（労働判例1055号5頁）、これらの判決例は事業主と障害のある労働者の関係に関するものであるが、契約法理に基づいて合理的配慮と同視しうる配慮をすべき義務が雇用者に生じることを判示している。第4章第2節2(2)(ii)、(3)(ii)参照

わない旨を定めており（2条）、差別禁止3法は負担が過重なときはその義務を負わないと規定している（基本法4条2項、差別解消法7条・8条各2項、雇用促進法36条の2・同条の3各但書）。

合理的配慮の提供という作為義務を違法性の観点から考えると、特定の障害のある人が特定の社会的障壁によって他の者との平等な社会生活または日常生活を制限される状態にあり、当該社会的障壁の除去が現在の技術水準からみて可能である場合には、当該社会的障壁を除去する合理的配慮を怠ることは違法と評価することができる。これに対して帰責性の観点からは、当該社会的障壁の除去が個別の義務主体にとって不可能とまではいえないが多大な困難を伴う場合にまで作為義務を当該義務主体のみに期待することは過大な義務負担になるとも考えられる。そのために権利条約および差別禁止3法は、個別の義務主体にとって過重なまたは不均衡な負担になる場合には合理的配慮義務を課さないことにしているものと解される。しかし、社会的障壁を放置することは違法な差別状態を放置することになるから、国はその除去のために必要な措置をとらなければならない。権利条約5条3項は「締約国は、平等を促進し、及び差別を撤廃することを目的として、合理的配慮が提供されることを確保するための全ての適当な措置をとる」と定め、社会的障壁となる「既存の法律、規則、慣習及び慣行を修正し、又は廃止するための全ての適当な措置（立法を含む。）をとる」（4条1項b）ことを締約国の義務としている。したがって、国は個別の義務主体に対する経済的・技術的援助等を行うことによって個別義務主体の負担の軽減と社会的障壁除去の責任の社会的分配を図ることが必要である[12]。

ii）　負担の過重性の基準

負担の過重性の評価要素として差別解消法基本指針は、①事務・事業への影響の程度（事務・事業の目的・内容・機能を損なうか否か）、②実現可能性の程度（物理的・技術的制約、人的・体制上の制約）、③費用・負担の程度、④事務・事業規模、⑤財政・財務状況を掲げ、雇用促進法合理的配慮指針は、これに⑥公的支援の有無を加えている。

これらの評価要素は、㋐経済的負担の観点（③、⑤、⑥）、㋑事務・事業の本質的内容の変更可能性の観点（①）、㋒個別的な実現可能性の観点（②、④）から

⑿　星加良司「合理的配慮と社会政策──コストの社会的分配の理由」川島聡・飯野由利子・西倉実季・星加良司『合理的配慮──対話を開く、対話が拓く』（有斐閣、2016年）は、障害者雇用納付金を財源として充てることを提案している。

評価することができる。経済的負担については、公的支援を加味したうえでも財政上・財務上の影響が重大で、社会的障壁が除去されない不利益を凌駕する費用負担になること、事務・事業の本質的内容の変更可能性については、当該事務・事業の目的等から導かれる本質的内容が社会的障壁除去の方法と両立しがたい関係になること、個別的な実現可能性については、現在の技術水準に基づき採用可能な技術であっても、当該義務者の事業規模、人的・組織的体制などから、それを取り入れることができない特別な事情があることなどが証明される必要がある。

⑷　合理的配慮を求める意思の表明(申し出)の要否

基本法4条2項は合理的配慮義務について、障害のある人から合理的配慮を求める意思の表明が必要であると定めていないが、差別解消法は合理的配慮を求める意思表明が要件であるかのような定め（7条2項、8条2項）をしている。雇用促進法は募集・採用の際には「障害者からの申し出により」（36条の2）と定めているが、採用後は申し出を要件としていない（36条の3）。ただ、いずれの場合も「障害者の意向を十分に尊重」すべきであるとしている（36条の4）。

差別禁止3法のこの点に関する異同は、合理的配慮を提供する立場の者が障害のある人に必要とされる合理的配慮について知りうる状況にあるか否かによっているものと理解することができる。雇用促進法が募集・採用という初対面の相手に対する場面では申し出を規定し、相手の状態を知りうる採用後については申し出を規定していないのはそのためである。差別解消法はさまざまな場面に適用されるので、必要な合理的配慮を知りえない場合も想定して規定しているが、合理的配慮の必要性を知りえる状況においてまで、意思表明がない限り合理的配慮義務が生じないと解すべきではない。

もともと合理的配慮義務は社会における配慮の不平等性に基づいて発生するものである。社会的障壁は偏頗な無配慮の蓄積によって形成されており、それを除去するのが合理的配慮である。したがって、合理的配慮義務は配慮の不均衡という客観的な状況に基づいて発生する義務である[13]。しかし、義務者側に

⒀　一般的意見第2号は、「合理的配慮の提供の義務は、…機能障害のある個人が、特定の状況で平等に基づく権利の享有のために、例えば学校や職場といった、個々の場面で合理的配慮を必要とする瞬間から履行義務が生じ」（para.26）とし、一般的意見6号は「合理的配慮は、障害のある人がアクセシブルではない状況または環境にアクセスする必要が生じた瞬間から、あるいは自己の権利を行使したいと考えた瞬間から、提供されなけ

合理的配慮の必要性を知る可能性がない場合にまでその義務を負担させるのは酷であるので、義務者側がその必要性を知りえない状況においてはその必要性を認識させるために障害のある人の側に意思の表明ないし申し出を求めることにしたものと解すべきである。

権利条約2条は合理的配慮義務を発生させるために障害者側からの意思表明や申し出を要件としておらず、基本法も同様である。これらの基本規範に従って解すれば、差別解消法における「意思表明」や雇用促進法における「申し出」という文言は合理的配慮を行う者が合理的配慮の必要性を知りえない場合に求められるものと限定的に解さなければならない。

⑸　合理的配慮義務と差別禁止の関係

権利条約は障害者に対する差別の定義規定（2条）で、合理的配慮の否定が障害に基づく差別になることを明らかにしている。基本法4条2項も合理的配慮を怠ることが障害を理由とする差別の禁止を定める同条1項違反になることを前提として合理的配慮義務を定めている。差別解消法7条2項および8条2項も合理的配慮を怠ることが「障害者の権利利益を侵害することになる」ことを前提として合理的配慮義務を定めており、その文言は同各条1項の障害を理由とする不当な差別的取扱いによる権利利益の侵害を指しているので、基本法と同様に合理的配慮を怠ることが障害を理由とする差別になるとしていることになる。

これに対して、障害者雇用分科会意見書は雇用促進法について「合理的配慮（過度の負担となる場合を除く。）の不提供を差別として禁止することと合理的配慮の提供を義務付けることはその効果は同じであると考えられることから、端的に事業主への合理的配慮の提供義務とすることで足りると考えられる。」（2頁）と説明している。また、同法は形式上、障害者に対する差別の禁止（34条および35条）と合理的配慮に関する規定（36条の2および36条の3）を他の2法のように同一条に規定せず別条に書き分ける方式をとっている。

しかし、合理的配慮の不提供を差別とは別個の概念とする見解は権利条約および基本法の規定に沿わない独自の見解である。雇用促進法が定める合理的配慮も、「均等な機会の確保の支障になっている事情を改善するため」（36条の

ればならない」（para.24⒝）としている。すなわち、合理的配慮義務は、既存社会の特定の事物、制度、慣行、観念などが個別の機能障害との関係で人権および基本的自由の平等な享有または行使の支障になる事態が生じれば発生する義務である。

2）、「均等な待遇の確保又は障害者である労働者の有する能力の有効な発揮の支障となっている事情を改善するため」（36条の3）になされるものであるから、その本質は平等性（機会均等化）の確保であり差別禁止にほかならない。したがって、雇用促進法においても合理的配慮の不提供は差別の一形態と解さなければならない⒁。

⑹　合理的配慮義務の法的義務性

基本法は合理的配慮義務について公私の区別なく法的義務としている（4条2項）。しかし、差別解消法は行政機関等の合理的配慮義務を法的義務とする反面で事業者の合理的配慮義務は努力義務としている（8条2項）。これに対して雇用促進法は事業主の合理的配慮義務を法的義務としている（36条の2、36条の3）。

以上の不一致について差別解消法8条2項の規定は理論的にも権利条約以下の差別禁止法制としても認めがたい規定と考えられる。合理的配慮の不提供は差別の一形態であり、差別をしてはならないことは法的義務であるから、合理的配慮義務を努力義務とすると、その不提供が差別として法的に禁止されることと理論的に一致しないことになる。また、合理的配慮義務は義務者に過重な負担になる場合を除外することで合理的配慮を必要とする者とその義務を負う者の利益を調整しているので、合理的配慮の提供が過重な負担にはならないが努力は尽くされているという状態がどのような状態であるのか明確でない。権利条約4条1項eは、「いかなる個人、団体又は民間企業による障害に基づく差別も撤廃するための全ての適当な措置をとること」と定めているので、事業者の合理的配慮義務を軽減する措置をとることは権利条約の要請に反することにもなる。したがって、権利条約の締約国として、事業者の合理的配慮義務も基本法および雇用促進法と同様に法的義務に改める必要がある。その改正までの間、差別解消法が権利条約に適合するように解釈するとすれば、差別解消法は「行政指導法規」として事業者の合理的配慮の実施については自主的な努力が尽くされていれば行政指導を控えることを規定したものにすぎないと解すべき

⒁　合理的配慮の不提供が差別形態に含まれるとするか、実定法が定めた特別な義務とするかは、私法上の効果に影響する可能性がある。合理的配慮義務違反を差別の一形態と解すれば差別禁止の国法秩序（公序）規範から違法性の評価ができるが、雇用促進法上の特別な義務とすると、その単独の条項の性質のみから違法性の評価をすることになり、違法性の評価が弱められる可能性がある。

であろう(15)。したがって、合理的配慮を怠った場合の私法上の効果は、差別解消法7条2項および8条2項の規定の違いに影響されることなく、権利条約を基本規範とする差別禁止法秩序から違法と評価され、民法90条あるいは709条等の要件を満たすことで認められることになる（本書209頁以下参照）。

事業者の義務が努力義務であるとしても、それが果たされているか否かの判断としては、同種、同規模の他の事業者が行っている合理配慮を当該事業者が行っていない場合には努力義務を果たしていることの特段の証明がない限り努力義務懈怠として差別解消法8条2項違反になると考えられる。また、事業主として雇用している障害のある労働者に行えている合理的配慮を事業者として当該事業にかかわる障害者に対して行わなかった場合にも努力義務を果たしていることの特段の証明がない限り努力義務懈怠になると考えられる（例、障害のある職員と障害のある学生に対する学校法人の合理的配慮義務）。そして努力義務懈怠は差別解消法8条2項違反になるので、行政介入により適切な指導がなされなければならない。

6　差別禁止規定（4条）違反に対する救済方法

基本法は差別禁止および合理的配慮義務を定める4条に違反した場合に発動すべき措置や法的効果を定めていない。しかし、差別禁止基本原則を障害者施策を規律する原則とした法の趣旨に照らすと、同原則違反の障害者施策が司法審査の対象になる場合には、当該施策の目的の正当性および手段の必要不可欠性を満たす厳格な司法審査基準が適用されなければならない。また、同条は差別行為の私法的効果（民法90条、709条違反等）を論じる場合に、差別禁止法秩序を構成する基本規定として行為の違法性を基礎づける機能を果たすことになる（第4章2節参照）。

---

(15)　1985年男女雇用機会均等法は採用・配置・昇進の均等取扱いを努力規定にとどめていた。これについて、赤松良子『詳説男女雇用機会均等法及び労働基準法』（日本労働協会、1985年）244頁は、義務規定違反は損害賠償の違法性の根拠となり公序に関する規定にもなるが、努力規定は公序良俗等の一般的法理を排除する趣旨で設けるものではないものの、それが直接に違法性、公序を基礎づける規定とはならないと解説するのに対して、前掲第2章第2節注(10)浅倉むつ子『雇用差別禁止法制の展望』89-94頁は、こうした理解の仕方は「反公序性評価に強弱をつけることになりはしないか」という疑問を提起し、同法は「全体として私法上の効果を直接的に左右する法ではなく、行政指導法規としての性格を有する立法にすぎない」と解すべきであるとしている。

第2節
差別解消法

差別解消法は、障害差別禁止法制の一般法として「障害を理由とする差別の解消の推進に関する基本的な事項、行政機関等及び事業者における障害を理由とする差別を解消するための措置等」を定めている。以下では、障害差別禁止法制の基本規定となる禁止されるべき差別と提供されるべき合理的配慮の法的要件および効果ならびに差別解消のための支援措置の内容を検討していく。

1　差別と合理的配慮

(1)　禁止される差別の成立要件

(i)　差別解消法による付加要件

差別禁止の基本的な成立要件は、基本法において検討した（本章第1節）ように、①障害者に対する行為であること[(1)]、②障害を理由とすること、③差別行為（区別・排除・制限）であることである[(2)]。これらの基本要件に対して差別解消法は以下の３つの要件を付加している。

第１は、基本法が差別禁止義務の主体を「何人も」としているのに対して、差別解消法は行政機関等および事業者に限定した点である。これは同法が、行

(1)　基本法は「障害者に対して、障害を理由として、差別すること」（４条１項）と規定して差別対象が障害者であることを明示しているが、差別解消法は「障害者でない者と不当な差別的取り扱いをしてはならない」と規定し（７条１項、８条１項）、差別対象が障害者であることを文言上は明示していない。しかし、「障害者でない者と」という文言は障害者でない者と障害者の間で区別・排除等をすることを含意すると読めるので、差別行為の対象は障害者とするものと読める。

(2)　国等職員対応要領は具体例として、「障害を理由に窓口対応を拒否する。障害を理由に対応の順序を後回しにする。障害を理由に書面の交付、資料の送付、パンフレットの提供等を拒む。障害を理由に説明会、シンポジウム等への出席を拒む。事務・事業の遂行上、特に必要ではないにもかかわらず、障害を理由に、来庁の際に付き添い者の同行を求めるなどの条件を付けたり、特に支障がないにもかかわらず、付き添い者の同行を拒んだりする。」などを例示している。

政機関等に関しては国等職員対応要領を定めて行政機関等の職員が差別のない適切な対応を行うようにし（9条）、事業者については主務大臣が対応指針を定めて所管事業分野における事業者が差別のない適切な対応を行うようにする（11条）という手法を差別解消の手段として採用したことに基づく制約と考えられる。

第2に、差別解消法は上記の義務主体がその事務・事業を行うに当たって行われる差別行為を禁止するものと定めている。これも同法の「差別を解消するための措置」（同法第3章）が行政的手法に基づくためである。行政機関等については指揮監督権限の及ぶ範囲の職員の行為でなければ統制できないこと、事業者についても所管事業に関連のない行為には介入できないことに基づくものと考えられる。

差別解消法は、同法が定める義務主体以外の者が行う差別行為あるいは義務主体の事務・事業に関連しない差別行為を許容する趣旨ではないが、それらの差別行為に対する是正措置を欠いていることになる。したがって、国は、権利条約の締約国としてさらなる対応措置をとる必要性がある（権利条約4条1項e、5条2項、3項）。また、民事法の解釈などにより、可能な限りこうした法の欠缺を補充する解釈を行うことが求められる。

(ii)　正当化要件

第3に、基本法が端的に「差別すること…をしてはならない」と規定している（4条1項）のに対して、差別解消法は「不当な」差別的取り扱いを禁止するものとし、反対解釈をすると正当な理由が認められる場合には差別行為として禁止されない旨を定めている。

差別解消法基本方針は正当な理由に相当するのは「客観的に見て正当な目的の下に行われたものであり、その目的に照らしてやむを得ないと言える場合」であることとしている。この判断の枠組みは、憲法14条列挙の差別禁止事由について中間審査基準あるいは厳格な審査基準（特別意味説）と類似の判断の枠組みを採用しているものと理解できる。すなわち当該行為の目的が法的保護に値する利益の確保あるいは正当な事務・事業の目的・内容・機能を維持することにあり、その目的のために当該行為をとることが必要不可欠であることが認められる場合には正当な理由があるものとして当該行為は禁止されるべき差別ではないとするものである。

しかし、権利条約は、すでにみたように直接差別の禁止については正当化事由が個別に法定されない限り許容される例外を認めない差別禁止形態として範疇化することで、判断者の主観の介在を排除している[(3)]。これに対して差別解消法によると正当化事由の評価の仕方によっては許容される差別行為の領域が不確実になり、一方では差別禁止の効果が不十分になり、他方では事業者等に予測可能性を与えることが困難になるという問題を生じさせる可能性がある。

(2)　合理的配慮義務の成立要件

合理的配慮義務の基本的な成立要件は基本法において検討した（本章第1節）ように、①個々の障害者との個別具体的関係で社会的障壁の除去が必要であること、②必要かつ合理的な配慮であること[(4)]、③義務者の負担が過重でないことである。これに加えて差別解消法は「社会的障壁の除去を必要としている旨の意思の表明があった場合」と定めているが、障害の存在を知りうる場合にまで意思の表明がなければ合理的配慮義務は生じないと解すべきではないことはすでに述べた[(5)]。これらの基本要件に対して差別解消法は以下の2つの要件を付加している。

第1は、差別禁止規定（7条1項、8条1項）と同様に義務主体を行政機関等および事業者とし、当該義務主体が行う事務・事業の範囲内であることとの限定を加えた点である（同各条2項）。

第2は、「当該障害者の性別、年齢及び障害の状態に応じて」との要件を付加した点である。合理的配慮は個別具体的な配慮であるから、個別の障害の状態に適した配慮であることが求められるのは当然である。性別や年齢に応じた配慮を要するとしたことは、同じ社会的障壁を除去するとしても性別や年齢に応じた配慮のあり方を調整する必要があると同時に、社会的障壁自体が性別、年齢、障害と事物、制度、慣行、観念などとの複合的な交差によって構成されていることがあるため、そうした複合的・交差的差別状況を作り出している社会

---

(3)　本書第2章第2節3(2)参照

(4)　国等職員対応要領は、高いところにある資料を取って渡す、順番を待つことが苦手な障害者に対し、周囲の理解を得たうえで手続き順を変更する、疲労や緊張などに配慮し別室や休憩スペースを設ける、筆談、読み上げ、手話などを用いる、書類記入の依頼時に、記入方法を本人の目の前で示したり、わかりやすい記述で伝達したりする、などさまざまな具体例を列挙している。「合理的配慮等具体例データー集　合理的配慮サーチ」（内閣府）http://www8.cao.go.jp/shougai/suishin/jirei/ は、障害種別と生活場面の両面から具体例を検索できるシステムを提供している。

(5)　本書第3章第1節5(4)参照

的障壁を除去することを求める趣旨と理解すべきである（本書第２章第３節参照）。

⑶　差別禁止規定（７条、８条）違反に対する救済方法

(i)　行政機関等について

差別解消法は行政機関等が同法７条に違反した場合の法的な効果については定めていない。しかし、国の行政機関の長および独立行政法人等が、その職員が差別禁止および合理的配慮の提供（７条）について適切に対応するように国等職員対応要領を定めるものとしている（９条１項）。一方、地方公共団体が定める地方公共団体職員等対応要領の作成は地方分権の趣旨から努力義務にとどめられている（10条１項）[6]。

関係府省庁が定めた国等職員対応要領によると、課長相当職以上の地位にある者などを監督者と定め[7]、職制上の指揮監督関係に基づいて職員が７条に従った適切な行動をとるように統制する手法をとっている。具体的には「監督者は、障害を理由とする差別に関する問題が生じた場合には、迅速かつ適切に対処しなければならない」とし、「障害者等から不当な差別的取扱い、合理的配慮の不提供に対する相談、苦情の申し出等があった場合は、迅速に状況を確認」し、「合理的配慮の必要性が確認された場合、監督する職員に対して、合理的配慮の提供を適切に行うよう指導する」ものと定めている[8]。

さらに、「職員は、その事務又は事業を行うに当たり、障害者に対し、不当な差別的取扱いをし、又は過重な負担がないにもかかわらず合理的配慮の不提供をした場合には、その態様等によっては職務上の義務に違反し、又は職務を怠った場合等に該当し、懲戒処分等に付されることがある」と規定している[9]。

⑹　都道府県・政令市は全て達成しており、中核市・一般市でも９割前後策定が進んでいるが、町村の策定は2018年４月時点では６割程度にとどまっている（「障害者差別の解消に関する地方公共団体への調査結果」内閣府障害施策担当、2019年４月）

⑺　規定の仕方としては「課室長相当職」とするもの（公正取引員会等）、「職員を監督する地位にある者」とするもの（検察庁、防衛省等）、「課長に準ずる職を含む」（警察庁）などがあり、また、「監督者」と呼ばず「所属長」と呼ぶもの（警察庁）など、文言上、若干の相違はあるが、職員が７条に従った適切な行為をとるように職制上の指揮監督関係に基づいて規制する構造は同一である。

⑻　規定の仕方としては「障害者及びその家族その他の関係者（以下「障害者等」という）」と規定するもの（警察庁、法務省等）と単に「障害者等」（内閣府等多数）と規定するもの、「障害者」としか規定しないもの（金融庁、国土交通省等）、相談・苦情の申し出等について特に申出者を限定する形で規定しないもの（公害等調整員会）がある。

国等職員対応要領は行政機関等が事務・事業を行うに当たり、職員が遵守すべき服務規律を定める訓令または内部規則と位置づけられている（差別解消法基本方針）。訓令は「上級行政機関がその指揮監督権にもとづいて下級行政機関に対してその事務処理または権限行使を指揮するために発する命令」であり、下級行政機関を拘束するが、行政機関外部の私人や裁判所との関係における拘束力を持つものではないと解されている(10)。しかし、国等職員対応要領は差別解消法の授権に基づき公表が義務づけられた（9条1項、3項）行政基準であり、行政職員が行政組織外の者と対応する際の行為規範となるべき基準を示すものである。したがって、同要領の実質的な効果は行政機関内に限定されると解すべきものではない(11)。職員が同要領に反する対応をした場合には、当該行為は差別禁止法秩序に反し、また、同要領に従った対応がなされることに対する国民の信頼を損なう行為ともなり、平等原則に反する行為とも評価される。したがって、当該行為（作為または不作為）は、国家賠償請求における違法性を基礎づけるものになる。なお、地方公共団体職員等対応要領が定められている場合は、同要領違反の効果は国等職員対応要領の場合と同様である。

行政機関等は差別禁止および合理的配慮義務を負っているので（7条）、行政事件訴訟においては同条に反する行政処分の違法性は同条に基づいて評価されることになる。

(ii)　事業者について

差別解消法は、差別禁止および合理的配慮義務（8条）について、事業者が適切に対応するために必要な指針（以下「事業者対応指針」という）を定めるものとし（11条）、事業者が8条に違反した場合には、主務大臣が「特に必要があると認めるとき」、同指針に定める事項について当該事業者に報告を求め、または、助言、指導もしくは勧告をすることができると定めている（12条）。

府省庁が定めた事業者対応指針によると、「特に必要があると認めるとき」に

---

(9)　「その態様等によって、信用失墜行為、国民全体の奉仕者たるにふさわしくない非行等に該当し」懲戒処分を受けることがあると規定するものもある（内閣府等）。7条に違反する行為が懲戒事由を構成しうるとする点では同旨の規定である。もっとも、「その態様及び結果並びに故意又は過失の度合い等」（国税庁）あるいは「合理的配慮の不提供を繰り返す場合」（農林水産省等）などの限定的な要素を加えるものもある。

(10)　平岡久『行政立法と行政基準』（有斐閣、1995年）145頁

(11)　「行政規則の外部化現象」ともいえる。深澤龍一郎「行政基準」法学教室373号（有斐閣、2011年）17頁以下

ついて、「事業者による自主的な取組のみによっては、その適切な履行が確保されず、例えば、事業者が法に反した取扱いを繰り返し、自主的な改善を期待することが困難である場合など」としている。しかし、権利条約は締約国が、「いかなる個人、団体又は民間企業による障害に基づく差別も撤廃するための全ての適当な措置をとること」（４条１項 e）、「障害に基づくあらゆる差別を禁止するものとし、いかなる理由による差別に対しても平等かつ効果的な法的保護を障害者に保障」すること（５条２項）、さらに、「合理的配慮が提供されることを確保するための全ての適当な措置をとる」こと（同条３項）を定めている。これに対して、差別解消法が定める措置は主務大臣による報告の徴収・助言・指導・勧告という行政指導の方法のみであり、業務停止や許認可の取消しなどの制裁処分あるいは罰則は定めていない。この点で差別解消法は権利条約が要請する締約国の義務に十全に応えた法律とはいえず、将来の法改正において多様な救済方法を定めていくことが求められる。

したがって、解釈論としても「特に必要な場合」を可能な限り権利条約の要請に沿うように解釈するならば、介入の必要性の程度は高度であることを要せず、介入の程度に比例した必要性があれば足りるとすべきであろう。すなわち、勧告には、報告徴収、助言、指導という段階を踏んでも自主的な解決が期待できない事情が必要としても、報告徴収、助言、指導には相対的に低い必要性で足りると解すべきである。差別は合理的配慮の不提供を含めて人間の尊厳を損なう重大な違法行為であるという認識（権利条約前文 h）が重要であり、差別解消のために公的機関の積極的な対応が求められる。

事業者が差別解消法８条に違反した場合には、①主務大臣と当該事業者の関係では、上記のように報告徴収、助言、指導、勧告などの行政指導が行われる。②当該事業者と差別を受けた者との関係では、民事的な効果（民法 709 条等による損害賠償、同法 90 条等による契約の無効化など）が問われることになる。③差別を受けた者と国との関係では、主務大臣が報告徴収、助言、指導または勧告の権限行使を適切に行わなかった場合、その権限不行使が「合理的判断として許される範囲を逸脱したとき」は国家賠償法上の違法行為になると考えられる[12]。

⑿　知的障害のある人たちを就労させていた肩パット製造会社において、障害のある人に対する虐待、賃金未払いと長時間労働の強要、障害年金の横領などがなされていた事件（サン・グループ事件）について、大津地方裁判所平成 15 年３月 24 日判決（判例時報

2　差別解消のための支援措置

差別解消法は、「行政機関等及び事業者における障害を理由とする差別を解消するための措置」（同法第3章）とは別に「障害を理由とする差別を解消するための支援措置」を定めている（同法第4章)。同法が第3章の措置のほかに第4章の支援措置を定めた趣旨は、同法第3章が定める措置だけでは差別を解消するための措置として不十分と考えたためと解される。

権利条約4条1項eは「いかなる個人、団体又は民間企業による障害に基づく差別も撤廃するための全ての適当な措置をとること」を要請し、基本法4条1項も「何人も、障害者に対して、障害を理由として、差別することその他の権利利益を侵害する行為をしてはならない」と定めている。これらの上位規範からすれば、差別を解消するための措置として、行政機関等および事業者の事務・事業執行にあたっての差別を禁止する措置（差別解消法第3章）だけでは上位規範の要請に応えていないことになってしまう。同第3章の措置からは行政機関等または事業者以外の者による差別あるいは行政機関等または事業者の事務・事業を行うにあたってなされた差別とはいえない差別は対象外になってしまうからである。そのため差別解消法第4章は、同法第3章の措置では対象にしえない差別も含めて「支援措置」の対象とすることで、権利条約および基本法の要請に応えようとしたものと解するべきである。

1831号3頁）は、福祉事務所が個々の「知的障害者に関して、職場への適応等の職業の安定又は社会生活の安定を阻害する事情が存在することを認識し得る場合において」、知的障害者福祉法および同法に関する局長通知に基づく「調査、指導等を行わないことがその合理的な判断として許される範囲を逸脱したときは」国家賠償法上の違法行為になると判示している。また、県においても「県障害福祉課が当該問題の存在を認識し得たような場合において、当該問題や情報の内容、福祉事務所における当該問題への対応の内容や程度等に照らし、県障害福祉課が当該問題に対して何らの対応も行わず、あるいは対応の方法が不十分で、そのことが福祉行政を取りまとめる機関の合理的判断として許される範囲を逸脱したとき」、さらに、労働基準監督署においても「労基法等の労働関係法規の違反による労働者に対する権利侵害を認識し得る場合において、これに対して行政的監督やそのための権限行使を行わないことがその合理的な判断として許される範囲を逸脱したとき」、職業安定所においても「当該障害者が…職場に適応することを困難とするような事情が存在することを認識し得る場合において」職業安定法および障害者職業紹介業務取扱要領等に基づく「業務を行わないことがその合理的な判断として許される範囲を逸脱したとき」は同様に国家賠償法上の違法行為になるとしている。

⑴　紛争の防止・解決体制の整備（14条）

支援措置の第１は、障害を理由とする差別に関して、障害のある人またはその家族、関係者からの相談に的確に応じ、「障害を理由とする差別に関する紛争の防止又は解決を図ることができる」体制を国および地方公共団体が整備することである。

同条が規定する「障害を理由とする差別に関する紛争」は、上述したとおり同法第３章の措置の対象からもれてしまう紛争を含むものと解すべきである。本条は権利条約および基本法の要請に応じて、第３章の措置より広い紛争の防止・解決体制の整備を図ることを求めていると解さなければならない。

⑵　啓発活動（15条）

第２は、国および地方公共団体が、障害を理由とする差別を解消するための啓発活動を行うことである。差別解消法基本方針によると啓発活動には行政機関等における職員および事業者に対する研修と地域住民等に対する啓発活動が含まれる。また、啓発活動は障害差別が「障害に関する知識・理解の不足、意識の偏りに起因する面が大きいと考えられることから…障害に関する理解を促進」して、人々の意識の偏りを是正する活動である。こうした活動はとりわけ構造的・体制的差別の是正のために有効であり必要である。同基本方針は「グループホーム等を含む、障害者関連施設の認可等に際して周辺住民の同意を求める必要がないことを十分に周知」すべきことを特に指摘している。

⑶　情報収集・整理・提供（16条）

第３は「国内外における障害を理由とする差別及びその解消のための取組に関する情報の収集、整理及び提供」である。差別禁止のための法制度・政策の改善のためには差別の実態の把握とさまざまな先進的な取組の情報が重要である（権利条約31条）。

⑷　障害者差別解消支援地域協議会（17条ないし21条）

第４は、「障害者差別解消支援地域協議会」（以下「地域協議会」）の設置である。地域協議会は地方公共団体が主導して組織することを基本とするものとされ、必ずしも条例を根拠とする必要はないとされている[13]。地域協議会は「国及び地方公共団体の機関であって、医療、介護、教育その他の障害者の自立と

⒀　「障害者差別解消支援地域協議会体制整備事業の実施に係る同協議会の設置・運営暫定指針」平成26年３月31日内閣府政策統括官（共生社会政策担当）決定（以下「地域協議会設置・運営暫定指針」）

社会参加に関連する分野の事務に従事するもの」（以下「関係機関」）によって構成され、必要に応じて特定非営利活動法人等の団体および学識経験者等を構成員に加えることができる（17条）。同協議会は地域における障害を理由とする差別の解消に向けた広汎な役割を期待されているが、反面で差別解消のための具体的な権限が付与されている機関ではないという限界がある。また、地域協議会設置・運営暫定指針は、「一般私人の行為や個人の思想、言論については、障害者差別解消法第7条及び第8条において対象とされていないことから」、地域協議会における情報共有の対象としないとしている。しかし、差別解消法第4章は、権利条約および基本法の要請を受けて、同法第3章の措置によって是正しえない差別事象も含めた差別解消のための支援措置を定めるものと解すべきであるから、同暫定指針が一般私人の行為等が同法7条および8条の対象でないことを理由にその行為等を対象としないという限定を加えているのは適切でない。もっとも、同暫定指針は一般私人の思想・信条、表現の自由等の人権との抵触の可能性を懸念して、それを対象外とすべきと考えたものとも思われる。しかし、一般私人の言動であっても虐待を含め差別的な言動は障害のある人の尊厳を害する重大な違法行為であることを再認識する必要がある。「いかなる個人…による障害に基づく差別も撤廃する」べきことは権利条約4条1項eおよび基本法4条1項が明確に規定しているので、一般私人の言動を地域協議会の協議の対象外としてしまうのではなく、一般私人の表現の自由等の人権との調整点を協議することもその役割とすることがむしろ重要である。

同協議会の役割として、①差別に関する相談や紛争あるいは差別解消のための取組についての情報の共有化と分析（情報共有化・分析機能）、②国の出先機関または事業者団体等への連絡調整・協力要請（コーディネート機能）、③構成機関等への情報提供、提言、提案、紛争解決の後押し（積極的バックアップ機能）、④相談体制の整備、研修・啓発活動の企画立案、実施に関する協議（制度改革機能）などがある。

既存の行政機関は縦割り行政や国と地方公共団体の権限関係から、さまざまな生活領域にわたる差別事案について横断的で広域的な対応を適切かつ迅速に行えない可能性がある。また、複数の行政機関にまたがる事案であることから関係行政機関の協働が必要でありながらその連携が十分に果たされない事態も考えられる。そのために地域協議会が積極的バックアップ機能やコーディネート機能を適切に果たし、各行政機関が適切かつ迅速にその権限を行使することによって差別事案が解決されることを法は期待しているものと考えられる。

すでに差別禁止条例を制定している地方公共団体では、差別事案に対して助言またはあっせんを行い、さらに、あっせん案が受け入れられない場合には、当該地方公共団体の長に対して勧告を求める組織として委員会を設置している地方公共団体が少なくない⒁。条例に基づく委員会には国の機関が加わっていることはないので、既存の委員会の枠組みに国の機関等の新たな委員を加えて地域協議会を組織する方法や差別解消法に基づいて新たに地域協議会を組織し、さらに条例に基づいて地域協議会が具体的な事案解決を行う部会あるいは委員会を設け、具体的な差別事案の解決を行わせるなどの方法などが考えられる。

⒁　本書第３章第５節参照

第３節
雇用促進法とその適用除外者

１　雇用促進法の差別禁止規定

雇用促進法は、その第２章の２に「障害者に対する差別の禁止等」の規定を定め、34条ないし36条において差別禁止に関する規定を置き、36条の２ないし同条の６において合理的配慮義務に関する規定を定め、36条の６において差別禁止と合理的配慮義務に関する規定の施行に関する厚生労働大臣の助言、指導、勧告の権限を定めている。同法第３章の２は差別禁止および合理的配慮義務に関する紛争解決について規定しており（74条の４ないし同条の６）、これらが差別禁止法制に含まれることになる。

(1)　差別禁止と合理的配慮義務

(i)　禁止される差別の成立要件

雇用促進法は被用者になることの勧誘から労働契約締結に至るまで（募集・採用）の段階と労働契約締結後の段階（賃金、教育訓練、福利厚生、その他の待遇）を分けて定めている。

i）　募集・採用時の差別禁止の要件（34条）

①　事業主であること

雇用促進法局長通知は、「事業主」とは、「事業の経営の主体をいい、個人事業主にあってはその個人が、会社その他の法人組織の場合にはその法人そのものが事業主であること。また、事業主以外の従業者が自らの裁量で行った行為についても、事業主から委任された権限の範囲内で行ったものであれば事業主のために行った行為と考えられるので、事業主はその行為につき法に基づく責任を有する」としている。

差別解消法の「事業者」（８条）は、雇用促進法の「事業主」（34条ないし36条の６）を包摂する概念であるが、「行政機関等及び事業者が事業主としての立場で労働者に対して行う障害を理由とする差別を解消するための措置」については、差別解消法の適用が除外されて、雇用促進法が適用されるものと定めている（差別解消法13条）。派遣労働における事業主については161頁以下参照。

②　労働者の募集および採用について行う行為であること

「募集」とは、「労働者を雇用しようとする者が、自ら又は他人に委託して、労働者となろうとする者に対し、その被用者となることを勧誘すること」であり[(1)]、「採用」とは、「労働契約を締結することをいい、応募の受付、採用のための選考等募集を除く労働契約の締結に至る一連の手続を含む」（雇用促進法差別禁止指針）[(2)]。

③　障害者に対する行為であること

a．障害者の定義

雇用促進法は、「障害者」を「身体障害、知的障害、精神障害（発達障害を含む。第6号において同じ。）その他の心身の機能の障害（以下「障害」と総称する。）があるため、長期にわたり、職業生活に相当の制限を受け、又は職業生活を営むことが著しく困難な者をいう」と定義している（2条1号）。「心身機能の障害」には、障害の原因や種類を問わず、あらゆる心身の機能の障害が含まれ、内部障害、難病による障害あるいは高次脳機能障害も含まれるとされている（雇用促進法局長通知）。しかし、雇用促進法の障害者の定義には社会的障壁についての言及がなく、心身機能の障害は医学的に判定されるものとされていため[(3)]、医学モデルからの脱却が条文上は明確にされていない。

b．関連差別との関係

権利条約は、関連差別を禁止することも求めている（第2章第2節3(5)）が、雇用促進法34条は「障害者に対して」機会均等化の保障をすべきものと定めて

---

(1)　職業安定局長解釈通知は、募集には「職業安定法（昭和22年法律第141号）第4条に規定する募集のほかに、公共職業安定所又は同条第7項に規定する職業紹介事業者への求人の申込みが含まれ」また、「労働者派遣法第2条第1号に規定する労働者派遣のうち、いわゆる 登録型派遣を行う事業主（同法第5条第1項の許可を受けた者をいう。）が、派遣労働者になろうとする者に対し登録を呼びかける行為及びこれに応じた者を労働契約の締結に至るまでの課程で登録させる行為」も含まれるとしている。

(2)　雇用促進法36条に基づく指針

(3)　雇用促進法別表および同法施行令27条、同法施行規則1条の2、1条の4、障害者であることの確認は、一見明らかな場合を除いて、障害者手帳、医療受給者証（障害者総合支援法）、医師の診断書または意見書などによるとされている（「障害者雇用促進法に基づく障害者差別禁止・合理的配慮に関するQ&A（第2版）」厚生労働省、以下「雇用促進法Q&A」）。

いるので、この点で権利条約の要請を満たしておらず、解釈によってもその欠缺を補うことは困難であるように思われる。

もっとも、障害のある子の世話にあたっている女性の応募者について男女雇用機会均等法７条の間接差別禁止規定による保護を図る余地はある。例えば、障害のある子の世話にあたり地域福祉資源の制約などから転勤に応じることが困難な母親の応募に対して、それを理由に採用を拒否する場合などには同法の間接差別になると解しうる（同施行規則２条）。しかし、同条が列挙する「実質的に性別を理由とする差別となるおそれがある措置として厚生労働省令で定めるもの」は限定されているので、雇用促進法および男女雇用機会均等法の差別禁止範囲の拡張が必要であり、一般法理による拡張による救済の途を広げていくことが求められる[4]。

④ 「障害者であることを理由として」の文言の欠如の意味

35条（採用後の差別禁止）が「障害者であることを理由として」差別してはならないとしているのに対して、34条（募集・採用段階の差別禁止）は、その文言を定めていないので、両条項の相違をどのように理解すべきかが問題になる。

雇用促進法局長通知および雇用促進法差別禁止指針は、雇用促進法が禁止する差別は直接差別に限定され、直接差別の成立要件として差別意図が必要であるとしている[5]。その主たる条文上の根拠は、「理由として」という文言が含意する障害と差別との直接的な関連性とそれを確認する手掛かりになる行為者の意図にあるものと思われる。しかし、権利条約は「障害に基づくあらゆる差別」を禁止することを締約国の義務として求めている（５条）ので、権利条約が求める禁止されるべき差別の範囲を権利条約よりも狭めることは許されない。権利条約は差別意図を差別の必要条件としていない（２条）ので、これをあえて加え

(4)　「改正雇用の分野における男女の均等な機会及び待遇の確保等に関する法律の施行について」（雇児発第1011002号平成18年10月11日、最終改正平成28年８月２日雇児発0802第１号）は、「則第２条に定める措置は、あくまでも本法の間接差別の対象とすべきものを定めたものであって、これら以外の措置が一般法理としての間接差別法理の対象にならないとしたものではなく、司法判断において、民法等の適用に当たり間接差別法理に照らして違法と判断されることはあり得るものである」としている。

(5)　同通知および指針は、「ここで禁止する差別は、障害者であることを理由とする差別（いわゆる『直接差別』をいい、車いす、補助犬その他の支援器具等の利用、介助者の付添い等の社会的不利を補う手段の利用等を理由とする不当な不利益取扱いを含む。）であり、事業主に差別意図があるものであること。なお、いわゆる『間接差別』は禁止される差別に該当しないものであること」としている。

ることも同条約の要請を満たさない解釈として許されない。

とりわけ雇用促進法34条は35条とは異なり、「障害者であることを理由として」とは規定していない。「障害者であることを理由とする」という法文が直接差別に限定する立法意図を示すものと解するのであれば、その文言がない34条が直接差別のみを禁止する規定と解する根拠は失われるはずである。

また、雇用促進法が禁止する差別形態は直接差別に限定されているとする雇用促進法局長通知および雇用促進法差別禁止指針は間接差別形態の禁止も含めているようにも理解できる。すなわち同通知および指針は、直接差別には「車いす、補助犬その他の支援器具等の利用、介助者の付添い等の社会的不利を補う手段の利用等を理由とする不当な不利益取扱いを含む」としているが、一時的なケガや病気のために車いすを利用する人や介助犬を同伴する人などがあることを考えると、それらの手段を利用する者であることは障害者であることと同義にはならないので、むしろ、同通知および同指針は間接差別を含めていることになる。

さらに、同指針は「募集に際して一定の能力を有すること」を条件とする場合について、「当該条件が業務遂行上特に必要なものと認められる場合には、障害者であることを理由とする差別に該当しないが、業務遂行上特に必要でないにもかかわらず、障害者を排除するためにあえて条件を付している場合は、障害者であることを理由とする差別に該当するものである」としている。例えば、普通自動車免許を有することを採用の条件とすることは、障害者であることを区別・排除・制限の直接的・明示的な理由にする区別ではないので直接差別とにはならない。しかし、普通免許資格を有することを採用条件にすると、道路交通法上普通免許資格に制度的制限がある精神障害等のある者が排除されることが起こりうる[(6)]。したがって、その基準による募集・採用の区別は直接差別ではなく間接差別の問題になる事例である。そのため雇用促進法局長通知

(6)　道路交通法は、「幻覚の症状を伴う精神病であって政令で定めるもの」、「発作により意識障害又は運動障害をもたらす病気であって政令で定めるもの」について免許の許否・保留ができるものとし（90条1項1号）、また、それらの者に加えて「目が見えないことその他自動車等の安全な運転に支障を及ぼすおそれがある身体の障害として政令で定めるものが生じている者であることが判明したとき」は、免許の取消、停止ができるものとしている（103条1項1号、2号）。普通自動車免許を有することを求める能力条件は道路交通法によって普通自動車免許の取得を制限された障害のある者を他の者以上に制度的に排除する作用を有することになる。

は、この点においても間接差別を除外していないことになる。

上記の通知・指針が、直接差別について緩やかな枠組みを示していることは評価できるが、権利条約の要請に反して、あえて直接差別に限定する解釈をとるのではなく、差別を広く禁止するように解釈していくことが求められる。

⑤　障害者でない者と均等な機会を与えないこと

雇用促進法34条は、基本法および解消法とは異なり、「差別」（基本法4条1項）あるいは「不当な差別的取扱」（差別解消法7条・8条各1項、雇用促進法35条）という文言を用いず、「均等な機会を与えなければならない」という規定の仕方をしている。しかし、雇用促進法局長通知および雇用促進法差別禁止指針は、募集・採用の対象から障害者を排除することや不利な条件を付すことが差別になると説明しているので、均等な機会を与えないことと区別・排除・制限という差別行為を同義的に理解しているものとみられる。募集・採用に関して特に機会の均等性を強調する規定としたのは、積極的差別是正措置としての雇用率制度とは異なり、採用という結果の平等性まで保障するものではないことを示そうとしたものであり、差別行為の基本形態（区別・排除・制限）は同一と理解してよい。

⑥　正当化要件

雇用促進法差別禁止指針が、禁止される差別には該当しない行為とするのは、①積極的差別是正措置、②合理的配慮を提供したうえでの労働能力等の適正評価に基づく選別、③合理的配慮の提供、④障害の状況等の確認、④職務遂行上特に必要な能力を要件にすることである。

雇用促進法局長通知および雇用促進法Q&Aは、上記②の「労働能力等」には「労働能力のほか、適性、勤怠等が該当する」としている。

「勤怠」については、雇用促進法合理的配慮指針は、採用後の合理的配慮として「出退勤時刻・休暇・休憩に関し、通院・体調に配慮すること」を例示しているので、勤怠について障害のない者と同一の水準を満たすことは募集・採用の条件としても求められないと解さなければならない。

また、「適性」は「職務遂行上特に必要な能力」との区分が明確でないが、後者について雇用促進法局長通知は、「当該措置を講じなければ業務遂行上不都合が生じる場合であり、単にあった方が望ましいという程度のものではなく、客観的にみて真に必要である場合をいうものである」としている。当該能力を欠くと業務遂行に現実的具体的に不都合が生じ、当該業務遂行に疑う余地なく当該能力が必要であることが客観的に認められることを要件とするものと理解される。差別は被差別者の人間の尊厳を損なう行為であるから、それが正当化されるためには、当該業務の本質的な内容を遂行することに不可欠な能力または適性であって、それを欠く場合には当該業務の遂行が不可能になる場合であることを要すると解すべきである。

ⅱ）労働契約締結後の差別禁止の要件（35条）

①　34条との共通要件

事業者が行う行為であり、その対象は34条のように「障害者に対して」とは明示していないが、「障害者でない者と不当な差別的取扱いをしてはならない」との規定の仕方は差別解消法の規定の仕方と同様に障害者を障害者でない者に比べて不当な差別的取り扱いの対象にしてはならないことを意味していると解される。したがって、対象が障害者に限定され関連差別の禁止が保護されない欠缺を生じてしまう点も差別解消法と同様である。

②　賃金の決定、教育訓練の実施、福利厚生施設の利用その他の待遇についての取り扱いであること

a．「その他の待遇」について

雇用促進法局長通知、雇用促進法差別禁止指針および雇用促進法Q&Aは、雇用促進法35条が例示的に列挙している事項のほかに以下の事項をあげている。

「配置」は、業務の配分および権限の付与を含み、いわゆる出向、職場復帰、シフトの変更による労働時間の変化、派遣元事業主が、労働者派遣契約に基づき、その雇用する派遣労働者に係る労働者派遣をすることを含む。

「昇進」は、企業内での労働者の位置付けについて下位の職階から上位の職階への移動を行うこと、昇進には職制上の地位の上方移動を伴わないいわゆる「昇格」も含む。

「降格」は、昇進の反対の措置である場合と、昇格の反対の措置である場合の双方を含む。

「福利厚生の措置」は、労働者の福祉の増進のために定期的に行われる金銭の給付(7)、住宅の貸与その他の労働者の福利厚生を目的とした措置を含む。

---

(7)　職業安定局長解釈通知は、「賃金」とは、「賃金、給料、手当、賞与その他名称のいかんを問わず労働の対償として使用者が労働者に支払う全てのもの」とし、手当等はもとより、いわゆる企業年金や退職金も、支給条件が明確にされていれば賃金と解されるの

「職種の変更」は、「営業職」、「技術職」、「総合職」、「一般職」の別などを含む。

「雇用形態の変更」は、いわゆる「正社員」、「パートタイム労働者」、「契約社員」などを含む。

上記のほかに、「退職の勧奨」、「定年」、「解雇」[(8)]、「労働契約の更新」が「その他の待遇」として補充的に列記されている。しかし、「その他の待遇」をこれらに限定する趣旨ではなく、労働契約関係に基づく待遇を広く含める趣旨と解される。

b. 最低賃金との関係

雇用促進法局長通知は「最低賃金法（昭和34年法律第137号）第7条に基づく最低賃金の減額の特例を同条第1号に掲げる者に適用することは、法で禁止する差別に該当しない」としている。最低賃金法7条1号は、「精神又は身体の障害により著しく労働能力の低い者」と規定しているが、同号に基づく最低賃金の減額特例の許可基準は、㋐精神または身体の障害がある労働者であって、その障害が当該労働者に従事させようとする業務の遂行に直接支障を与えることが明白な場合であり、かつ、㋑当該労働者の労働能率の程度が、当該労働者が従事する業務と同一または類似の業務に従事する者で、減額しようとする最低賃金額と同程度以上の賃金が支払われている者の中で最低位の能力を有する者の労働能率の程度に達しない者であることと定めている[(9)]。こうした取扱いが許される理由として、雇用促進法Q＆Aは「障害により著しく労働能率の低い労働者については、一般労働者に適用される最低賃金をそのまま適用すると、これらの労働者の雇用機会を奪い、かえって当該労働者に不利な結果を招くこととなるため、都道府県労働局長の許可を条件として、減額を認めるもの」であるとしている。しかし、最低賃金の減額特例を障害のある労働者に適用す

で、福利厚生の措置には当たらないとしている。

(8)　職業安定局長解釈通知は、「形式的には勧奨退職であっても、事業主の有形無形の圧力により、労働者がやむを得ず応ずることとなり、労働者の真意に基づくものでないと認められる場合は、「解雇」に含まれるものであること。形式的には雇用期間を定めた契約であっても、それが反復更新され、実質においては期間の定めのない雇用契約と認められる場合には、その期間の満了を理由として雇止めをすることは『解雇』に当たるものであること。」を注意的に指摘している。

(9)　「最低賃金法第7条の減額の特例許可事務マニュアル」、厚生労働省労働基準局勤労者生活部勤労者生活課、（以下「最低賃金減額特例許可マニュアル」）

ることが法が禁止する差別に該当しないという見解には疑問がある。

第１に、「当該労働者の労働能率の程度が、当該労働者が従事する業務と同一または類似の業務に従事する者で、減額しようとする最低賃金額と同程度以上の賃金が支払われている者の中で最低位の能力を有する者の労働能率の程度に達しない者」（上記㋑）であっても、障害のない労働者であれば最低賃金額が保障されその減額を受けることはない。したがって、最低賃金減額特例は障害の有無によって最低賃金額以上の賃金が保障される者と最低賃金額を下回る賃金になる者を選別することになるので直接差別に該当する。

第２に、差別が正当化されるためには、その取扱いの目的が正当であり、その取扱いが当該目的達成のために不可欠であることが必要である。雇用促進法Ｑ＆Ａは、これについて最低賃金をそのまま適用すると障害のある労働者の雇用の機会を奪うことになるためと説明している。しかし、最低賃金額を減額しないと雇用機会が奪われるという関連性は実証的根拠が示されておらず観念的な想定にとどまっている。最低賃金額を他の者と同様に保障する場合と減額を認める場合で、雇用の機会に現実に差が生じるのか、また、どの程度の差が生じるのかは実証的には解明されていない。したがって、最低賃金額の減額と雇用機会の確保の関連性を基礎づける立法事実が見いだせない。また、仮にその関連性が実証的に基礎づけられたとしても、雇用機会を保障する方法として最低賃金額の減額を認める方法が不可欠な手段になるとは認めがたい。同じ目的を達成する手段として、積極的差別是正措置として雇用率制度を改善する方法や合理的配慮について事業主に対して公的な経済的・技術的支援を充実させる方法も考えうるので、最低賃金額を差別的に減額することが不可欠な手段にはならない。

第３に、最低賃金法の減額特例とその許可基準は、労働環境等の外部的要因の改善（合理的配慮）に対する視点を欠いている。同許可基準は労働能力あるいは労働能率を個人に内在する機能障害との関係で把握して、「一般労働者」の最低位の能力の者より低い者を医師の診断書等で選別することにしている[(10)]。したがって、最低賃金法の減額特例は、「精神又は身体の障害により著しく労働能

⑽　最低賃金減額特例許可マニュアルは、「精神又は身体の障害」の有無についての判断は、精神保健福祉手帳、精神保健指定医等の意見書・診断書、療育手帳、身体障害者手帳等によって判断すべきものとしており、旧来の医学モデルに基づいて当該労働者の機能障害の有無を判断する前提に立っている。

力の低い者」は、その機能障害ゆえに同種業務に従事する労働者の最低位の能力にも劣る能力しかないのだから、雇用の機会を失いたくなければ「一般労働者」に保障されている最低賃金額よりも低い賃金であってもそれに甘んじることが我が身のためであるという医学モデルに依拠したパターナリズムに基づいた規定ということになる。同時に、最低賃金法は労働能力を判断するにあたって合理的配慮が提供されることも前提にしていない。

第4に、最低賃金法9条は「地域における労働者の生計費」を地域別最低賃金を定める考慮要素とし（同条2項）、「労働者の生計費」は「労働者が健康で文化的な最低限度の生活を営むことができるよう、生活保護に係る施策との整合性に配慮するものとする」（同条3項）と定め、最低賃金にナショナルミニマムを支える役割を求めている[11]。逆に言えば、最低賃金減額特例が適用される障害のある労働者は、フルタイムで稼働しても健康で文化的な国民的最低限の生活を満たすことさえできない賃金で労働すべき地位に置かれる最下層の労働者であるべきことを意味することになる。このような政策は障害のある者に対する階層的な従属性を強化し、その者たちへの社会的価値づけを貶める作用（social role devaluation[12]）を果たすことになってしまう。権利条約27条は「労働によって生計を立てる機会を有する権利」を保障し、雇用条件等について障害に基づく差別を禁止している。最低賃金の減額特例制度はこれらの権利条約の条項に反しており、同制度を障害のある労働者に適用することは雇用促進法35条および36条の3に反している。

したがって、最低賃金減額特例制度は廃止し、合理的配慮によって「当該労

⑾　生活保護における補足性の原則（「その利用し得る資産、能力その他あらゆるものを、その最低限度の生活の維持のために活用すること」を前提要件とすること：生活保護法4条）から、労働能力があるのであればそれを活用して収入を得るべきであるとして、従来は生活保護は労働能力のない者を原則的な対象としてきた。そのため生活保護制度と最低賃金制度とは二者択一的関係にあった。しかし、2005年前後から失業と非正規労働の増加により二者択一関係が崩れはじめ、労働能力がある者であって生活保護の対象となる者が増加する傾向へと転じ、両制度の「整合性」が課題になってきた。しかし、最低生活保障に関しては、最低賃金は時間単価を定めるものであるので、非正規労働で十分な労働時間が確保されない場合には最低賃金制度のナショナルミニマムを支える機能には限界もある（神吉知郁子『最低賃金と最低生活保障の法規制』（信山社、2011年）同「最低賃金と生活保護と『ベーシックインカム』」濱口桂一郎編『福祉と労働・雇用』〔ミネルヴァ書房、2013年〕）。

⑿　前掲第2章第2節注⑸拙著16-19頁

働者の労働能率の程度が、当該労働者が従事する業務と同一または類似の業務に従事する者で、減額しようとする最低賃金額と同程度以上の賃金が支払われている者の中で最低位の能力を有する者の労働能率の程度」に達する者については、当然に最低賃金が保障されものとし、合理的配慮を尽くしても「最低位の能力を有する者の労働能率の程度」に達しない者については、雇用率制度の対象として積極的差別是正措置によって最低賃金が保障されるようにすべきである⒀。

③　労働者が障害者であることを理由とすること

a. 労働者であること

労働者である要件が特に問題になるのは、雇用促進法の差別禁止および合理的配慮義務に関する規定を総合支援法に基づく就労継続支援事業で就労する障害のある人について適用できるか否かである。

「労働者」とは「職業の種類を問わず、事業又は事務所（以下「事業」という。）に使用される者で、賃金を支払われる者」（労働基準法9条）と定義されており、労働者性は「使用される」者であること（使用従属性）およびその対償としての「賃金」が支払われることによって判断される。その基準として、使用従属性については「指揮監督下の労働」に関する判断基準と「報酬の労務対償性」に関する判断基準が一般的に使われている⒁。(a)「指揮監督下の労働」基準については、①仕事の依頼、業務従事の指示等に対する諾否の自由の有無、②業務遂行上の指揮監督の有無、③勤務場所・勤務時間の拘束性の有無、④他の者によ

⒀　法定雇用率による雇用義務の対象となる「対象障害者」は、身体障害者福祉法に基づき身体障害者手帳を交付された者（雇用促進法2条2号・身体障害者福祉法4条）、療育手帳の交付を受けまたは知的障害者判定機関（児童相談所、知的障害者更生相談所、精神保健福祉センター、精神保健指定医または障害者職業センター）により知的障害者と判定された者（雇用促進法2条4号、同法施行規則1条の2、「療育手帳制度について」昭和48年9月27日厚生省発児第156号厚生事務次官通知）、精神保健福祉法に基づき精神障害者保健福祉手帳の交付を受けている者（精神保健福祉法45条2項）に限られている（雇用促進法37条2項）。しかし、対象障害者であることの前提になる手帳制度や知的障害の判定は機能障害の状態を判定しており、労働能力の状態を判定するものではない。まして、合理的配慮によって「労働者の有する能力の有効な発揮の支障となっている事情」が改善された場合まで想定して判定しているものではない。したがって、雇用義務の対象障害者の範囲は合理的配慮が尽くされても、なお「最低位の能力を有する者の労働能率の程度」に達しない者を中心にして見直す必要がある。

⒁　「労働基準法の『労働者』の判断基準について」（労働基準法研究会報告、1985年）

る労務の代替、補助の有無が判断要素になり、(b)「報酬の労務対償性」基準については、報酬の性格が使用者の指揮監督下に一定時間労務を提供していることに対する対価であるか否かが判断要素（時間給、欠勤による控除、残業手当など）になっている。また、労働者性を補強する基準として、①事業者性の有無[15]、②専属性の程度、③その他（採用の選考過程、服務規律等）を判断要素としている。

総合支援法5条14項が定める就労継続支援（通常の事業所に雇用されることが困難な障害者につき、就労の機会を提供するとともに、生産活動その他の活動の機会の提供を通じて、その知識及び能力の向上のために必要な訓練その他の厚生労働省令で定める便宜を供与すること）は、同法施行規則6条の10において、「就労継続支援A型」（通常の事業所に雇用されることが困難であって、雇用契約に基づく就労が可能である者に対して行う雇用契約の締結等による就労の機会の提供及び生産活動の機会の提供その他の就労に必要な知識及び能力の向上のために必要な訓練その他の必要な支援）と「就労継続支援B型」（通常の事業所に雇用されることが困難であって、雇用契約に基づく就労が困難である者に対して行う就労の機会の提供及び生産活動の機会の提供その他の就労に必要な知識及び能力の向上のために必要な訓練その他の必要な支援）に分けられている。

「障害者自立支援法に基づく就労継続支援により作業を行う障害者に対する労働基準法の適用等について」（基発第1002004号　厚生労働省労働基準局長）は[16]、就労継続支援A型について、雇用契約を締結して就労の機会の提供を受ける者と雇用契約を締結せずに就労の機会の提供を受ける者に分け、就労継続支援B型については雇用契約を締結せずに就労の機会を受けている者として、就労継続A型で雇用契約を締結して就労している者は基本的に「労働者」（労働基準法9条）に該当するが、他の二者は「事業場への出欠、作業時間、作業量等の自由があり、指揮監督を受けることなく就労するものとされていることから、基本的には労働基準法9条の『労働者』に該当しない」としている。

⒂ 「授産施設、小規模作業所等において作業に従事する障害者に対する労働基準法第9条の適用について」（基発第0517002号 平成19年5月17日）は、「小規模作業所等における事業収入が一般的な事業場に比較して著しく低い場合には、事業性を有しないと判断され」、そこで就労する者の労働者性が否定される可能性を示唆している。

⒃ 障害者自立支援法は2012年に障害者総合支援法に改正、改称されたが、就労継続支援の内容は同様である。

雇用促進法Q＆Aは、就労継続支援A型事業所において障害者を雇用している事業主に対しても、雇用促進法に基づく差別禁止および合理的配慮義務が適用されるとしている。これは上記の労働者性の判断基準と通達に従ったものと考えられる。

就労している障害のある人が「労働者」と認められるか否かによって、その者に労働法上の保護が認められるか否かが決まることになるため、いわゆる福祉的就労形態から一般就労形態にいたるさまざまな就労形態において就労する障害のある人を「労働者」と認めることができるか否かは、一方における障害のある人の雇用上の保護と労働法による規制を受ける事業主の負担との権衡に配慮しながら議論が展開されている[17]。

差別禁止3法の適用関係についていえば、労働者性が認められれば雇用促進法の適用になり、労働者性が否定されれば差別解消法が適用されることになる（差別解消法13条）。両法の適用間の差は労働保護法の適用のありなしの差ほど大きなものではない。しかし、障害のある人からの合理的配慮の意思表明の要否、合理的配慮の法的義務性、救済方法の整備などについて雇用促進法は差別解消法よりも障害のある人の就労上の平等な取り扱いに資する法制度になっている。また、事業者の負担については、差別禁止違反および合理的配慮の不提供について罰則はなく、合理的配慮義務については過度の負担の場合には免責されるので、事業主の負担の観点から適用を限定する必要は乏しいと考えられる。しかし、労働者性を形式的に当てはめる雇用促進法Q＆Aの見解に従えば、同じ事業場（例えば就労継続支援A型）において、障害のある職員については雇用促進法の差別禁止および合理的配慮義務の規定が適用され、雇用契約のある利用者については同様に雇用促進法が適用になるが、雇用契約がない利用者にはその適用がないことになる。雇用契約がない利用者には差別解消法が適用され、合理的配慮義務は努力義務で足りるとされることになる（同法8条2項）。そうすると例えば四肢に障害のある職員および雇用契約がある同様の障害のある利用者には可動式の机が提供されるが、同様の障害のある雇用契約が

⒄　松井亮輔・岩田克彦編著『障害者の福祉的就労の現状と展望――働く権利と機会の拡大に向けて』（中央法規、2011年）、長谷川珠子「障害者の福祉と雇用と『福祉的就労』」濱口桂一郎編著『福祉と労働・雇用』（ミネルヴァ書房、2013年）、中川純「福祉的就労から一般的就労への移行」永野仁美・長谷川珠子・富永晃一編『詳説 障害者雇用促進法』（弘文堂、2018年）

ない利用者が同じ可動式机の提供を求めても手配の努力はしたが提供はできなくても許されるという事態が生じうる。同一の事業場内でこのような取り扱いの差を容認してよいものだろうか。こうした場合、合理的配慮の努力義務が尽くされていないと判断されるとも考えられるが、差別禁止法として一貫性のある解決が提供されることが望ましい。

こうした点からみると特に労働契約と福祉契約が重畳する領域において「多様な労働形態を包摂したより広い概念として『労働』を再定義」し、「雇用労働のみを対象とする従来の労働法の枠組みを批判」的に再構成することが求められる(18)。

b. 障害者であることを理由とすること

ア. 差別禁止事由としての障害者

基本法4条1項および差別解消法7条1項、8条1項が「障害を理由として」と定めているのに対して雇用促進法35条は「障害者であることを理由として」と定めているので、両者を同義に解してよいかが問題になる。

基本法2条1号および差別解消法2条1号によれば、「日常生活または社会生活に相当な制限を受ける状態」は心身機能の障害に社会的障壁が立ちはだかることによって生じるものと理解されている。そして、基本法および差別解消法は、社会的障壁の定義を「障害がある者にとって日常生活又は社会生活を営む上で障壁となるような社会における事物、制度、慣行、観念その他一切のものをいう」(同各法2条2号)として、「障害者にとって」ではなく「障害がある者にとって」としている。すなわちこれら2法においては、「心身機能に障害がある者」が社会的障壁のために生活上の制限を受けることによって、「障害者」になるという構造が示されている。つまり基本法と差別解消法は「障害がある者」と「障害者」を法律上別個の概念としている。

これに対して雇用促進法2条1号の障害者の定義は、社会的障壁への言及がなく、「心身の機能の障害（以下「障害」と総称する。）があるため、長期にわたり、職業生活に相当の制限を受け、又は職業生活を営むことが著しく困難な者」

(18) 大曽根寛・奥貫妃文「障害者自立支援法における『労働』と権利擁護の在り方――『福祉』と『労働』を架橋する法理論の形成に向けて」放送大学研究年報第24号（2006年）1-16頁、水町勇一郎『労働社会の変容と再生――フランス労働法制の歴史と理論』（有斐閣、2001年）、池添弘邦「社会法における『労働者』の概念――法律・裁判例・学説と、法政策構想への試論」（独立行政法人労働政策研究・研究機構、2004年）22-25頁

としているので、職業生活上の制限や困難が社会的障壁によって生じるという認識が欠けており、社会モデルに基づく定義にはなっていない。社会モデルによれば、職業生活の制限と困難は社会的障壁によって生じる結果であって機能障害がその直接的な原因になっているわけではない。

雇用促進法の障害者の定義は社会モデルに従って改める必要があるが、医学モデルのまま現行法を解釈するとすれば、「障害者であることを理由とする」とは、機能障害の存在を理由とする点では他の2法と同じであるが、雇用促進法では職業生活を長期的に相当に制限し、または、著しく困難にする程度の機能障害であることを要する点では他の2法よりも差別禁止事由を限定していることになる。しかし、この限定は病気等の一時的状態や差別の可能性がありえないような軽微な状態を除く趣旨とすれば⒆、他の2法と同義的になると考えられる。

イ．禁止される差別形態

雇用促進法局長通知が雇用促進法が禁止する差別を直接差別に限定し、さらに、差別意図を要すると説明をしていることは34条に関して既述したとおりである。確かに、35条は、文言上、34条とは異なり「障害者であることを理由として」という規定ぶりになっている点で、直接差別を示唆する文言があるといえるが、雇用促進法の差別禁止を直接差別に限定する見解は両条項の文言上の差異を無視しているので、そもそも文言解釈は説得力のある根拠にならない。34条でも検討したように、権利条約に反することのないように間接差別も含め広く差別を禁止するものと解釈すべきである。

④　障害者でない者と不当な差別的取扱いであること

「不当な差別的取扱い」という文言は差別解消法と同様の文言である。その内容は、権利条約、基本法および差別解消法の定める差別行為と同様に区別、排除、制限という行為と解することができる。雇用促進法局長通知は「法第35条における『不当な差別的取扱い』とは、障害者であることを理由として雇用

⒆　雇用促進法Q&Aは、「『長期にわたり』とは、障害が長期にわたり、又は永続することを意味し、『職業生活に相当の制限を受け』とは、雇用・就業上の観点から、障害により職業生活が相当程度制限される状態を意味しています。したがって、病気等により一時的に職業生活に制限を受ける方や、就業可能な職域の範囲、就業の難易度等からみて障害の程度が軽く、就職等に当たってのハンディキャップとならないような方は該当しません。なお、重度の障害の方についても対象から排除しないことを明らかにするため、『職業生活を営むことが著しく困難な者』と規定しています。」としている。

分野におけるあらゆる局面において、障害者を排除することや、障害者に対して不利な条件を付すこと、障害者よりも障害者でない者を優先することをいう」としており、区別、排除、制限を差別的取扱いの共通項としているものと理解できる。

⑤　**正当化要件**

雇用促進法局長通知および雇用促進法差別禁止指針、雇用促進法Q&Aは、差別として禁止されない場合として、㋐障害者を障害者でない者と比較して有利に取り扱うこと（積極的差別是正措置）、㋑労働能力等を適正に評価した結果に基づき、障害者を障害者でない者と異なる取扱いとすること、㋒合理的配慮を提供した結果として障害者と障害者でない者とで異なる取扱いとなった場合、㋓業務遂行上の能力および適性の判断、合理的配慮の提供のためなど、雇用管理上必要な範囲でその障害の状況等を確認することを掲げている。

同通知等は、「福利厚生の措置」および「定年」以外の待遇については、いずれも「労働能力等に基づくことなく、単に障害者だからという理由で」選別することは禁止される差別に該当するとし、逆に㋑のように労働能力等を適正に評価した結果に基づく選別は禁止される差別にならないものとしている。ただし、同通知は労働能力等については「過重な負担にならない範囲で合理的配慮を提供した上で評価する必要がある」とも指摘している。

機能障害に適合しない職場環境条件等を変更・調整する合理的配慮が提供されることを前提にして労働能力を評価するとする雇用促進法局長通知の見解は基本的には正当である。しかし、第1に問題なのは、過度の負担のために事業主が合理的配慮義務（例：手話通訳の常時提供）を免れる場合の障害（例：聴覚障害）のある労働者の労働能力（例：顧客接遇能力）の評価をどのように考えるべきかである。この場合、合理的配慮を提供しない不作為について事業主に法的責任はないことになる。しかし、労働能力は職場環境条件等の外部諸要因（例：音声言語を「普通の」コミュニケーションの方法とする環境）と当該労働者の機能障害（聴覚障害）の相互作用によって定まるので、外部諸要因が「労働者の能力の有効な発揮の支障になっている」状態（音声以外のコミュニケーション手段が提供されない環境）をそのままにして障害のある労働者（音声言語での顧客対応困難）と障害のない労働者（音声言語での顧客対応容易）の労働能力（顧客接遇能力）を対比すれば、不均等な前提条件に基づく能力評価に差が生じてしまうのは当然である。この場合、一方では事業主には労働者の能力の発揮を妨げている事情を改善する作為（手話通訳者の常時提供）義務はないが、他方、社会モデルの観点からすれば、職務（顧客接遇）の支障は、外部的要因によるものであり、当該労働者の個人的努力によって自己の能力（聴覚機能）を向上させてその支障を解消することができるものではないので、その支障を当該労働者の責に帰すべきものでもない。

この利益状況の中で、不均等な前提条件に基づいて労働能力を評価し、それに基づいて当該労働者の待遇（例：賃金）を決定することが許されるか否かが問題になる。これを肯定する（例：相対的に低い賃金にする）とすれば、その結果は生じている職務の支障を障害のある労働者の負担に帰すことになり、否定する（例：手話通話者の常時提供という仮定条件の下で発揮されうる顧客接遇能力に基づく賃金額とする）とすれば、事業主にその負担を帰することになる。

事業主の過度の負担による合理的配慮義務の免除は作為義務を免除するものであり、禁止義務（区別・排除・制限などの差別行為の禁止義務）まで免除するものではない。不均等な前提条件（例：コミュニケーション手段の不均等）を改善する作為義務が免除されているからといって、不均等な前提条件に基づいて労働能力を比較して待遇を差別するという作為に対する禁止義務違反まで免除されているわけではない[20]。したがって、事業主が、合理的配慮義務が免除されている場合に、不均等な前提条件に基づいて労働能力を評価し、それに基づいて当該労働者の待遇（例：賃金）を差別することは許されないと解すべきである[21]。また、この状況の下で、「障害者である労働者の有する能力の有効な発揮の支障になっている事情」の改善ではなく、「障害者でない労働者との均等な待遇の確保」の支障になっている事情の改善（36条の３）をするための合理的配慮（例：均等な前提条件を仮定して評価された「労働能力」に基づいて待遇を決定す

---

(20)　この場合、合理的配慮義務が免除されているのだから、「障害者である労働者の有する能力の有効な発揮の支障になっている事情」（社会的障壁）の存在は適法化されており、不均等ではあるが適法な前提条件に基づく労働能力の比較とそれによる差別も適法である、と考える余地もないではない。しかし、合理的配慮義務および差別禁止義務は、人の行為に対する規範であって、社会的障壁そのものを規範的評価の対象とするものではない。社会的障壁はそれを創出し、あるいは、自己に有利に利用する人の行為、または、除去しない人の行為との関係で意味をもつにすぎない。したがって、社会的障壁除去の作為をなすべき義務がないとしても、当該社会的障壁を前提として他方に不利な負担を課すことになる差別的取扱いをすることが許されることにはならない。

(21)　私法上の効果としては、不均等な前提条件に基づく労働能力評価によって劣位の待遇とする決定を行なった場合、法律行為の無効あるいは損害賠償の問題になりうる。

る労働能力評価と待遇決定の方法に変更・調整すること）の可能性を改めて考えることもできる。この場合、「能力の有効な発揮の支障となっている事情」の改善のための合理的配慮（例：手話通訳者の常時提供）と比べて事業主の負担の程度は軽度にとどまることも考えられる。

次に問題なのは、合理的配慮としての選択肢が複数ある場合（例：筆談、IT技術によるノートテイク、手話通訳）、その合理的配慮の効果（例：情報伝達速度や交換情報量）に生じる相違を労働能力評価に反映させることが許されるかという点である[22]。雇用促進法局長通知および雇用促進法合理的配慮指針は、「合理的配慮に係る措置として考えられる措置が複数あるときは、事業主は、障害者と話し合い、その意向を十分に尊重した上で、複数の措置の中から、より提供しやすいと考える措置を選択し、講ずることができる」としている。そうすると、例えば、筆談が合理的配慮として提供された場合と手話通訳が合理的配慮として提供された場合では、コミュニケーションの円滑性や交換される情報量に違いが生じる。その結果、筆談を前提とした顧客接遇と手話通訳を前提とした顧客接遇では見かけ上の労働能力（顧客接遇能力）に違いが生じる。しかし、事業主が安価で提供しやすい合理的配慮（例：筆談）を提供しておいて、障害のある労働者の労働能力を不十分なものと評価して他の労働者よりも待遇を引き下げるのは公平とはいえない。この場合、より能力を発揮させる余地のある合理的配慮（例：手話通訳）があるならば、それよりも劣る合理的配慮は能力発揮の支障を残存させ、改善の余地を残す配慮となるので、「障害者である労働者の有する能力の有効な発揮の支障となっている事情を改善するため」の必要性を残存させる不十分な配慮と考えられる。したがって、そうした配慮は法の求める水準を満たさない不適法な配慮になると解される。合理的配慮は、過度の負担を上限としつつも能力発揮の支障となっている事情の改善の余地を残さない水準を満たしたものであることを要し、その水準を満たす配慮が複数ある場合には、その中から事業主がより提供しやすい措置を選択できるものと理解すべきである。そのように能力発揮の支障となる事情の改善の余地を残さない水準の合理的配慮がなされるのであれば、合理的配慮の方法が複数あっても、能力発揮を阻害する外部要因の影響は同等である前提になるので、いずれの合理的配慮に基づく場合でも適正な労働能力の評価が可能になると考えられる。

---

(22)　星加良司「合理的配慮と能力評価」川島聡ほか編『合理的配慮——対話を開く、対話が拓く』（有斐閣、2016年）

(ii)　合理的配慮義務の成立要件

i）　募集・採用時の合理的配慮義務（36条の2）

①　事業主が労働者の募集および採用について行なう措置であること

事業主および募集、採用の定義は34条において述べたのと同様である。派遣労働における事業主については161頁以下参照。

②　均等な機会の確保の支障になっている事情の改善に必要な措置であること

雇用促進法は「社会的障壁」という概念（基本法2条2号、差別解消法2条2号）を定めておらず、他の差別禁止2法と異なり障害者の定義（基本法2条1号、差別解消法2条1号、雇用促進法2条1号）および合理的配慮義務の規定に社会的障壁の概念を用いていない（基本法4条2項、差別解消法7条2項、8条2項参照）。そのため雇用促進法の障害者の定義は社会モデルに基づく定義としては不完全であり、また、そのことは合理的配慮の不提供を差別形態に含めないという権利条約に沿わない解釈[23]の余地を与える一因にもなっている。しかし、「障害者と障害者でない者との均等な機会の確保の支障になっている事情」とは、労働者の募集・採用という場面における事物（例：墨字のみの情報提供）、制度（例：試験時間を一律とする制度）、慣行（例：採用面接に援助者の同席を認めない慣行）、観念（例：障害者は労働能力が劣るという固定観念）等が障害のある人の職業生活の障壁になることを意味している。したがって、それは社会的障壁と内実において同様である。社会的障壁は障害のない者に片面的な便宜を与える社会構造に基づくものであり、その片面性（差別性）を放置することは不作為による差別行為となる。したがってまた、その差別状態を解消するために当該障壁を除去すべき合理的配慮が求められることになる。雇用促進法は文言上は「社会的障壁」という概念を明示していないが、その合理的配慮義務の規定は他の差別禁止2法と同様の構造にあるといえる。

③　募集および採用に当たって障害者から申し出があること

募集・採用の意義は34条で述べたとおりである。本条は障害者からの申し

---

(23)「今後の障害者雇用施策の充実強化について（意見書）」（労審発 第687号 平成25年3月14日）は、「合理的配慮（過度の負担となる場合を除く。）の不提供を差別として禁止することと合理的配慮の提供を義務付けることはその効果は同じであると考えられることから、端的に事業主への合理的配慮の提供義務とすることで足りると考えられる」としている。

出があることを要件としているように読めるが、これは募集・採用という場面では、事業主にとって、求職者の障害の有無や状態が未知であることが通常であると考えられるためであり、事業主が求職者の障害の有無および状態を知りえる場合においても申し出がないかぎり合理的配慮を提供することを要しないとする趣旨ではないと解すべきである。事業主が求職者の障害の有無および状態を知りえる場合には、合理的配慮の提案をし、あるいは、必要な合理的配慮を尋ねるなどの対応をすることが要請される。

④　障害の特性に配慮した措置であること

本条項が「障害の特性に配慮」としているのは、合理的配慮が個別的な障害の状態と具体的な環境条件との相互関係において生じる支障を解消する措置であること意味するものである。これに対して差別解消法はより広く「障害者の性別、年齢及び障害の状態に応じ」て合理的配慮がなされるべきことを定めている（7条2項、8条2項)。権利条約が複合差別・交差差別の禁止も要請していること（5条2項、6条1項）からすると、雇用促進法が「障害の特性」を特に明文で定めたのは、合理的配慮が環境整備（差別解消法5条）のような一般的な措置ではなく個別具体的な措置であることを明らかにするためであって、障害のある人の性別、年齢などの複合的な特性を配慮に含めてはならないことを意味しているものではないと解さなければならない。

⑤　事業主に対して過度の負担とならないこと

雇用促進法合理的配慮指針が「過度の負担の考慮」を提示しており、その内容は差別解消法基本指針が示す内容とほぼ同じである。その内容については、基本法において述べたとおりである（第3章第1節5(3)(ii) ii 、128頁)。

ii）労働契約締結後の合理的配慮義務（36条の3）

①　事業主であること

事業主の定義は34条に述べたのと同様であるが、合理的配慮義務については、障害のある派遣労働者に対する合理的配慮を派遣元事業主が提供すべきか、派遣先事業主が提供すべきかが問題になる。

これについて労働者派遣法に関する「派遣元事業主が講ずべき措置に関する指針」（平成11年労働省告示第137号、最終改正 平成29年厚生労働省告示第210号）は、障害のある派遣労働者から派遣先の職場においてその「有する能力の有効な発揮の支障となっている事情の申出があった場合又は派遣先から当該事情に関する苦情があった旨の通知を受けた場合等において、同法第36条の3

の規定による措置を講ずるに当たって、当該障害者である派遣労働者と話合いを行い、派遣元事業主において実施可能な措置を検討するとともに、必要に応じ、派遣先と協議等を行い、協力を要請すること」とし、「派遣先が講ずべき措置に関する指針」(平成11年労働省告示第138号、最終改正 平成28年厚生労働省告示第379号）は、「派遣先は、労働者派遣契約に基づき派遣された労働者について、派遣元事業主が障害者雇用促進法第36条の3の規定による措置を講ずるため、派遣元事業主から求めがあったときは、 派遣元事業主と協議等を行い、可能な限り協力するよう努めなければならない」としている。雇用促進法Q＆Aは「障害者雇用促進法上、派遣労働においては、派遣労働者と労働契約を締結する派遣元事業主が事業主としての責任を負います。したがって、派遣元事業主には、障害者である派遣労働者が派遣先で働くに当たって支障となっている事情を把握し、必要な合理的配慮に係る措置を講じる必要があります」としている。労働者派遣法は派遣元事業主および派遣先事業主に対する労働基準法等の適用関係を個別に規定しており(同法44条ないし47条の3)、例えば同法は、男女雇用機会均等法について、性別に基づく差別禁止規定(同法5条ないし7条)は、派遣先事業主に適用する旨を定めていないが、職場における性的な言動に起因する問題に関する雇用管理上の措置（同法11条）については派遣先事業主もまた当該派遣労働者を雇用する事業主とみなして適用する旨を定めている(労働者派遣法47条の2)。労働者派遣法は雇用促進法の差別禁止および合理的配慮義務の規定について、派遣先事業主に適用する旨を定めていないので、雇用促進法が定める合理的配慮義務は派遣元事業主が負うことを前提にしているものと解される。

しかし、派遣労働者は派遣先事業者の指揮命令を受けて労働に従事しており、派遣先の労働環境は直接的に「障害者である労働者について、障害者でない労働者との均等な待遇の確保又は障害者である労働者の有する能力の有効な発揮の支障となっている事情」になり、しかもその事情を管理しているのは派遣先事業主であるから、派遣先事業主も合理的配慮義務を負担するように労働者派遣法を改正することが必要である。現行法の解釈論としては、派遣先事業主は雇用促進法36条の3の事業主にはならないが、差別解消法の事業者には該当するので、同法に基づき合理的配慮を提供すべき義務を負う（8条2項）と解すべきである(24)。

②　障害者である労働者であること

障害者であることについては本節1(1)(i)ⅰ)③a144頁参照、労働者であることについては本節1(1)(i)ⅱ)③a152頁以下参照

③　均等な待遇の確保または能力の有効な発揮の支障となっている事情を改善するために必要な措置であること

募集・採用（36条の2）について述べたように、ここでも雇用促進法は「社会的障壁」の概念を明示していない。しかし、その内容は職業生活における「社会的障壁」を意味しており、他の差別禁止2法と同様の構造にあるといえる。

④　障害の特性に配慮した措置であること

募集・採用における合理的配慮義務（36条の2）で述べたように、合理的配慮が個別具体的な配慮であることを示す趣旨であり、性別、年齢等の複合的な特性を配慮の対象に含めないことまで意味する規定ではないと解すべきである。

⑤　職務の円滑な遂行に必要な施設の整備、援助を行う者の配置その他の措置であること

募集・採用における合理的配慮義務（36条の2）では、単に「必要な措置」と定められているのに対して、本条項では「設備の整備、援助を行う者の配置その他の措置」と定めて具体的な措置の内容を例示している。雇用促進法合理的配慮指針は別表で「多くの事業主が対応できると考えられる措置の例」を例示しており、例えば事物的障壁の除去として、机の高さの調整や手すり等の設置、制度的障壁の除去として、出退勤時間、休暇・休憩に関する配慮、慣行的障壁の除去として、業務の優先順位や目標を明確にし、指示をひとつづつ出す、観念的障壁の除去として、本人のプライバシーに配慮した上で、他の労働者に対し、障害の内容や必要な配慮等を説明するなどのことを提示している。

⑥　事業主に対して過度の負担とならないこと

第3章第1節5(3)(ii)ⅱ）128頁参照

(24)「派遣先が講ずべき措置に関する指針」は、差別禁止に関して「派遣先は、派遣元事業主との間で労働者派遣契約を締結するに当たっては、派遣元事業主が当該派遣先の指揮命令の下に就業させようとする労働者について」障害者「であることを理由として 、障害者を排除し、又はその条件を 障害者に対してのみ不利なものとしてはならない」とし、「派遣先は、その指揮命令の下に労働させる派遣労働者に対する教育訓練及び福利厚生の実施について、派遣労働者が障害者であることを理由として、障害者でない派遣労働者と不当な差別的取扱いをしてはならないこと」としている。

ⅲ　救済方法

i）　自主的解決方法

労働契約締結後の合理的配慮義務（36条の3）については、事業主は「その雇用する障害者である労働者からの相談に応じ、適切に対応するために必要な体制の整備その他の雇用管理上必要な措置を講じなければならない」（36条の4）と定めている。これを受けて雇用促進法合理的配慮指針は、「相談窓口」を設置し、「採用後における合理的配慮に関する相談があったときの適切な対応」として「⑴職場において支障となっている事情の有無を迅速に確認すること。⑵職場において支障となっている事情が確認された場合、合理的配慮の手続を適切に行うこと」としている。「合理的配慮の手続」について、同指針は、採用後においては雇い入れ時までに労働者が障害者であることを事業主が把握した場合は雇い入れ時までに、そうでない場合は障害者であることを把握した際に、職場において支障になっている事情およびその改善のために障害者が希望する措置を確認すべきものとしている。そのうえで事業主は当該障害のある労働者と合理的配慮についての話し合いをし、その話し合いを踏まえて、当該障害者の意向を十分に尊重しつつ、講ずべき具体的措置を検討し、過重な負担にならない範囲で講ずべき措置を講じることにし、同時に当該措置を講じることにした理由を説明する。また、措置を講じることができない場合はその理由を説明することとされている。

募集・採用時においては、障害のある人から支障になっている事情および希望する改善の申出を受けて、上記同様に、話し合いを行い当該障害者の意向を十分に尊重して、過重な負担とならない範囲の措置を講じ、理由の説明も行うこととしている。

しかし、ここで注意すべき点は「合理的配慮の手続」は合理的配慮義務の成立要件ではないという点である。雇用促進法合理的配慮指針は「合理的配慮は、個々の事情を有する障害者と事業主との相互理解の中で提供されるべき性質のものである」とし、これを受けて雇用促進法局長通知は「合理的配慮の提供に当たっては、事業主と障害者の話合いにより、その内容が決定されるものである」として、事業主が話し合いに応じないことは違法になるとしている。これを前提に同指針は、「合理的配慮に係る措置の内容に関する話合い」を経て「合理的配慮の確定」に至る「合理的配慮の手続」を定めている。しかし、このことは合理的配慮義務の成立要件として障害のある人からの意思表示が必要であることや「話し合い」が合理的配慮義務形成の手続的要件になることを意味しているものではない。合理的配慮義務は、障害がないことを前提にした非障害者への片面的な配慮（事物、制度、慣行、観念などの社会的障壁）が障害のある人の職業生活上の支障を生じさせている事実関係に基づいて、その社会的障壁を除去すべき社会関係にある者（雇用場面であれば当該障害者を使用する事業主）に対して生じる義務であり、意思表示やなんらかの手続を要件としてはじめて形成される権利義務関係ではない（本書第3章第1節5(3)(i)、126-127頁）[25]。

ii）　行政指導による方法

厚生労働大臣は、差別禁止（34条、35条）に関する指針（36条）および合理的配慮義務（36条の2ないし同条の4）に関する指針（36条の5）を定めて、各条項に対する行政解釈を示したうえで、各条項の施行に関して「必要があると認めるときは」事業主に対して報告を求め、または、助言、指導もしくは勧告をすることができるものと定められている（36条の6）。「必要があると認めるとき」とは上記各条項によって具体的に事業主の義務とされている事項について、その義務が十分に遂行されていないと考えられる場合において、その遂行を促すことが上記各条項の目的に照らして必要であると認められるとき等であり、労働者からの申し立て、第三者からの情報、職権等その端緒を問わないものとされている（雇用促進法合理的配慮指針）。

iii）　紛争解決の援助

①　都道府県労働局長による助言、指導または勧告（74条の6）

差別禁止（34条、35条）および合理的配慮義務（36条の2、36条の3）に関する紛争について、当事者から都道府県労働局長に対して解決の援助を求めることができ、労働局長は必要な助言、指導または勧告をすることができる。

②　紛争調整委員会による調停（74条の7、74条の8）

採用後の差別禁止（35条）および合理的配慮義務（36条の3）に関する紛争については、当事者は都道府県労働局長に対して調停の申請をすることができ、労働局長は当該紛争の解決のために必要があると認めるときは紛争調整委員会（個別労働関係紛争の解決の促進に関する法律6条1項）に調停を行わせるものとされている。

---

(25)　一般的意見2号は、「合理的配慮提供義務は、…機能障害のある個人が、例えば職場や学校などの所与の状況において、個々の場で平等を基本として権利を享有するためにそれを必要とする瞬間から履行義務が生じることを意味する」(para.26) と指摘している。

⑵　積極的差別是正措置

雇用率制度（法第3章）は積極的差別是正措置（権利条約5条4項）として位置づけられるべき制度である。積極的差別是正措置は、差別の根源となっている社会的従属性を是正するための措置であるから、その措置の対象になる者の社会的役割や価値を貶めるもの（social role devaluation）であってはならない。しかし、雇用率制度に基づく雇用の形態は非正規雇用としての取り扱いが一般化しているとの批判もあり[26]、同制度が積極的差別是正措置としての意味を有するのかどうか検討を要するとの指摘もなされている[27]。また、最低賃金の減額特例において検討したように雇用促進法は法定雇用率の対象となる「対象障害」（37条2項）が積極的差別是正措置の対象として適切であるか否かにも疑問がある[28]。

2　雇用促進法の適用除外者（国家公務員、地方公務員、国会職員、裁判所職員、自衛隊員）

雇用促進法の障害者に対する差別禁止規定（34条、35条）、それに関する指針（36条）、厚生労働大臣による助言・指導・勧告（36条の6）および紛争の解決（法第3章の2）の諸規定については、国家公務員および地方公務員には適用しないとされている（85条の3前段）。その理由は、国家公務員法27条および地方公務員法13条に平等取り扱い原則が定められているためと説明されている[29]。しかし、国家公務員法および地方公務員法の規定は「障害」を差別禁止事由として明示しておらず、従来の差別禁止規定を障害のある人の課題にあわせて改めて法律を改善したものとなっていない点で権利条約の要請に応えたもの

⒇26　清水建夫「障害者権利条約から見える労働・雇用に関する国内法改正の限界」労働旬報174号（2013年）

(27)　前掲第2章第2節注(10)浅倉586頁

(28)　長谷川珠子「障害者の福祉と雇用と『福祉的就労』」濱口桂一郎編著『福祉と労働・雇用』（ミネルヴァ書房、2013年）は、障害者の手帳制度等は労働能力を直接評価してはいないので、手帳制度等に基づいて対象障害者を定めるのではなく、労働能力の評価に基づいて対象障害者を定めるべきであるとする。

(29)　雇用促進法Q＆A、「障害者の権利に関する条約第1回政府報告（仮訳）」（外務省；http://www.mofa.go.jp/mofaj/gaiko/jinken/index_shogaisha.html）パラグラフ191の説明、障害者政策委員会第8回議事録；差別解消法6条2項の基本方針は雇用関係を想定していないという内閣府参事官の回答、厚生労働省障害者雇用対策課長の促進法の公務員に対する適用関係に関する回答

になっていない。

次に、合理的配慮義務（36条の2ないし5）に関しては、地方公務員については雇用促進法が適用になり、一般職の国家公務員、裁判所職員、国会職員および自衛隊法に基づく隊員（同法2条5項、以下「自衛隊員」）に関しては適用がないこととされている（85条の3後段、雇用促進法局長通知）。

一般職の国家公務員については国家公務員法71条および人事院規則10－4第18条により、また、裁判所職員については国家公務員法71条の準用（裁判所職員臨時措置法）および裁判所職員健康安全管理規程17条によって、実質的に雇用促進法が求める合理的配慮義務と同様の措置がとれるとも解されるが、もともと障害を予定した規定ではないため、権利条約の要請に十分に対応する規定とはいえない。さらに、国会職員および自衛隊員については、現行法上、合理的配慮義務の解釈根拠規定が明確ではない。以上の雇用促進法の適用を受けない者については、権利条約の批准を受とめて、障害のある職員に適した規定に法改正を行うことが求められる。

法解釈による手当としては、差別解消法は行政機関等が事業主としての立場で労働者に対して行う差別解消の措置については、特別法的な関係に立つ雇用促進法を優先適用すべきものとしている（差別解消法13）ので、雇用促進法の適用が除外される場合には、一般法としての差別解消法が適用されると解する余地がある。また、雇用促進法85条の3前段（差別禁止規定の適用除外）を後段（合理的配慮義務の適用除外）と対比すると、裁判所職員、国会職員および自衛隊員については、雇用促進法の差別禁止に関する規定（34条ないし36条）の適用は除外されていないと解釈する余地もある。そこで、権利条約に従って差別は合理的配慮の不提供を含むと解すれば、裁判所職員、国会職員および自衛隊員には、雇用促進法の差別禁止規定（34条、35条）に基づいて、合理的配慮の不提供の違法性を問う余地はあると考えられる。

第4節
障害者虐待防止法[(1)]

1　障害者虐待防止法の概要

権利条約16条1項は、障害のある人を虐待から保護するための立法上、行政上、社会上、教育上その他のあらゆる適切な措置を採ることを締約国に求めている。障害のある人に対する虐待およびハラスメントは、差別行為の一形態と理解すべきであるから（一般的意見6号 para.18(d)、本書第2章第2節3(8)参照）、障害者虐待防止法は差別禁止法制に含まれるべき法律である。

日本においては、障害のある人に対する虐待を差別行為と理解する観点は明確ではなかったが、障害のある人に対する虐待の問題は、1990年代から社会的にも広く知られるようになり、先行するいわゆる児童虐待防止法[(2)]および高齢者虐待防止法[(3)]に次いで障害のある人に関する虐待防止法の制定が求められていた[(4)]。障害者虐待防止法は障害者基本法の2011年改正と相前後して同年6月に公布された[(5)]。

虐待およびハラスメントは、対等な市民間で偶発的に生じる違法行為ではなく、社会的優位性と従属性という差別的な社会構造の下で行われ、社会的な侮

(1)　障害者虐待の防止、障害者の養護者に対する支援等に関する法律

(2)　児童虐待の防止に関する法律（2000年公布）

(3)　高齢者虐待の防止、高齢者の養護者に対する支援等に関する法律（2005年公布）

(4)　日本弁護士連合会高齢者・障害者の権利に関する委員会編『障害者虐待防止法活用ハンドブック』（民事法研究会、2012年）

(5)　差別解消法などにハラスメント禁止条項を入れるべきかについては、第17回障害者制度改革推進会議（2012年4月27日）においても議論されていた（https://www8.cao.go.jp/shougai/suishin/kaikaku/s_kaigi/b_17/giji-youroku.html）。この議論の中で差別を機会の均等性あるいは他との比較という観点から考えるべきか人間の尊厳に対する侵害という点まで遡って理解すべきか、また、差別禁止法と虐待防止法の中間領域として両者から漏れてしまう危険性のある言動としてのハラスメントにいずれの法律が対応すべきかなどが論じられている。

蔑と排除を伴う違法行為である点に差別行為としての本質を認めることができる。障害者虐待防止法は、「障害者に対する虐待が障害者の尊厳を害するものであり、障害者の自立及び社会参加にとって障害者に対する虐待を防止することが極めて重要である」（1条）という認識を示しており、差別的な社会構造については言及していないが、尊厳の侵害はそうした構造に基づいて生じる。自立の阻害は社会的に従属的な地位にある者に対して社会的優位性のある者への依存と従属化を強化し、社会参加の阻害は社会的排除をもたらすものである。したがって、現行法の障害者虐待防止法も虐待の本質的な問題が差別と同様に社会の支配と従属性という構造に根差していることを前提にした法律と解することができる。差別禁止法制の中で直接差別と虐待は、その範疇に該当すれば正当化事由などの例外なしに違法行為として禁止されることになる点で、社会の多数派である非障害者の価値観に基づく正当化事由の判断に左右されることなく該当行為を禁止できる利点を有している[(6)]。

障害者虐待防止法も差別禁止3法と同様に行政規制的な法律であり、刑事法および民事法としての規定は備えていない。したがって、とりわけ「虐待（性別に基づくものを含む。）から障害者を保護するための全ての適当な立法上、行政上、社会上、教育上その他の措置をとる」（権利条約16条1項）こと、同条5項が求める「虐待の事案が特定され、捜査され、及び適当な場合には訴追されることを確保するための効果的な法令及び政策（女子及び児童に重点を置いた法令及び政策を含む。）を策定する」ことについては十分に権利条約の要請を満たした法律とはなっていない。

障害者虐待防止法は、行政的介入の対象にすべき障害者虐待を行為類型と行為者類型から定めている（2条）。すなわち、行為類型としては、①身体的虐待、②放棄・放置、③心理的虐待、④性的虐待、⑤経済的虐待の5類型を定め、行為者類型としては、①養護者による障害者虐待、②障害者福祉施設従事者等による障害者虐待、③使用者による障害者虐待の3類型を定めている。そのうえで、行政介入のあり方として、養護者による虐待の場合には市町村による立ち入り調査（11条）を含む事実確認と一時保護などの必要な措置（9条）を定めるほか養護者への助言その他必要な措置等を講ずること（14条）、さらに、成年後見制度の活用（9条3項、43条2項、44条）を定めている。障害者福祉施設従事

(6)　本書第2章第2節3(2)参照

者等による虐待の場合には都道府県市町村による各種監督権限等の行使（19条）と措置等の公表（20条）を定め、使用者による虐待の場合には労働局による監督権限の適切な行使（26条）と措置等の公表（28条）を定めている[(7)]。

2　差別禁止法制としての評価

(1)　行為類型の課題

障害者虐待防止法は5つの虐待の行為類型を定義しているが、その定義はハラスメントよりは狭い（第2章第2節3(8)参照）。ハラスメントは、障害のある人に対する、「人間の尊厳を侵害し、威圧的な、または、敵意のある、品位を傷つける、自尊心を挫く、侮辱的な、状況を作り出す目的または効果のある行為」とされる（一般的意見6号 para. 18(d)）。刑事罰を科す場合には罪刑法定主義の要請から処罰対象になる行為を明確に定めることが必要になるが、行政的あるいは民事的な救済方法の前提としての禁止されるべき対象行為は刑罰法規ほどの明確性を求める必要はなく、むしろ、救済の可能性を閉ざさない行為として定めておくことが求められる。

障害者虐待防止法は障害のある人に対する身体拘束が明確な法律上の規制がないままに放置されてきた現実を前提にして、「正当な理由なく障害者の身体を拘束すること」（2条6項ないし8項の各1号イ）をあえて虐待行為として明文化したものとされる[(8)]。しかし、緊急避難（刑法37条）または現行犯逮捕（刑事訴訟法213条）以外に「正当な理由」に基づいて私人が他人の身体を拘束することが許される場合を認めるかに読める障害者虐待防止法の規定は、障害のある人の権利がいかに侵害されてきたかを物語る歴史的遺物というべきであり、正当な理由は緊急避難に相当する場合であるとするような厳格で明確な基準を定めておくことが必要である。

高齢者に関する手引きではあるが「身体拘束ゼロへの手引き」は[(9)]、介護保険指定基準が例外的に許容する身体拘束の基準である「当該入所者（利用者）又は他の入所者（利用者）等の生命又は身体を保護するため緊急やむを得ない場合」とは、①切迫性、②非代替性、③一時性（必要最短の時間）、④許容要件の判断お

---

(7)　障害者虐待防止法に関する概説書としては、さしあたり上記「障害者虐待防止法活用ハンドブック」、障害者福祉研究会編、「障害者虐待防止法　逐条解説」（中央法規、2012年）。

(8)　前掲本節注(4)「障害者虐待防止法活用ハンドブック」46頁

(9)　平成13年3月、厚生労働省「身体拘束ゼロ作戦推進会議」

よび再検討、観察、解除の体制と手続の適正が満たされる場合であるとしている。障害者虐待防止法における身体拘束についても、少なくともこれと同一であるか、緊急避難が認められる場合でない限り、「正当な理由」は認められないと解さなければならない。

(2)　行為者類型の課題

行為者類型については、本質的には社会的関係において障害のある人に対して優越的地位に立ちうる者は行為者となりうる。もっとも、そうした本質論だけでは行為者類型としてあまりにも漠然としてしまうので、現行法の行為者類型を前提にしながら、従来から議論されている教育機関や医療機関、刑事施設を行為者類型に含めることで行為者類型の拡張を図っていくことも考えられる[10]。しかし、行為者類型は差別解消法の事業者規定と同様に行政的介入による解決が可能な対象を定めるという観点から規定されたものと考えられる。したがって、虐待の定義は行為類型によって行い、行為者類型はむしろ虐待の予防および救済方法として行政的手法を用いる場合の要件として規定すべきである。行為者類型を虐待行為の成立要件に加えると、行為類型には該当するが行為者類型に該当しない場合に、端的に虐待防止法違反とはならないことになるが、虐待行為の成立要件は行為類型によって定まり、行為者類型は行政的救済対象の要件にすぎないものとすれば、行為の違法性はより広く簡明に認められることになるので、私法領域で間接適用を考える場合に、民事法的な救済の余地を広げることができると考えられる。

(3)　予防、救済方法の課題

権利条約は、虐待等を防止するための措置を求めており、特に障害のある人、その家族、介護者に対して虐待等に対する防止を含めた適切な対処方法について情報の提供や教育などの支援をすることを締約国の義務とし（16条2項）、権限のある独立した監視組織によって虐待等の発生を防止するための監視が行われることを求めている（同条3項）。障害のある人に対する虐待等は従属化構造を当然視する既存の社会構造のもとで行われるために、当事者においてそれが人間の尊厳を損なう重大な違法行為であるという認識が育ちにくく、また、外部社会との交流が法律上または事実上閉ざされている施設内などで行われるた

(10)　これらの施設等における虐待の実態について、日本弁護士連合会、「障がいのある人に対する虐待防止立法に向けた意見書」および同意見書別冊事例集『各分野における虐待事例と分析』（2008年）参照。

めに発見、摘発が困難になることが多い。したがって、権限のある独立した監視組織がモニタリングを行い、虐待等を未然に防ぎ、また、虐待等が疑われる場合には迅速に調査摘発ができるようにすることが極めて重要である。虐待が摘発された場合には適切な処罰と損害賠償が認められること、さらに、虐待等による心身の被害について「身体的、認知的及び心理的な回復、リハビリテーション並びに社会復帰を促進するための全ての適切な措置」が必要とされる（同条４項）。

第５節 差別禁止条例

1 差別禁止条例の役割

差別解消法は国とともに地方公共団体も障害を理由とする差別の解消の推進に関して必要な施策を策定して実施しなければならないと定めており（３条）、差別解消法基本方針は、いわゆる上乗せ・横出し条例を含めて差別解消のための取組の推進が望まれるとしている。したがって、条例が障害差別の解消を推進する方向で権利条約および基本法ならびに差別解消法の要請を強化し、また、差別解消法の適用が十分に及ばない領域に適用範囲を広げることが許容され、むしろ、期待されている。

地方公共団体は、自らが差別解消法上の「行政機関」として（２条３号）、差別をしてはならず、合理的配慮を提供しなければならない立場にある（７条）。また、地方公共団体の機関および独立地方行政法人は努力義務としてではあるが国の行政機関に準じて地方公共団体職員等対応要領を定めるべきものとされている（10条）[(1)]。地方公共団体は差別解消法上の行政機関としての義務（７条）および自ら定める地方公共団体職員等対応要領ならびに差別禁止条例を遵守しなければならず、また、区域内の住民および団体等は差別解消法８条および差別禁止条例を遵守しなければならない。

2 差別禁止条例による上乗せと横出し

差別禁止条例が差別解消法の上塗りをするだけではその存在価値はない。その真価は、差別解消法の適用が十分に及ばない領域に障害差別の禁止領域を拡

---

(1) 同法制定から４年の間にほとんどの都道府県および指定都市、中核市において地方公共団体職員等対応要領が定められている（「地方公共団体における対応要領の策定状況」内閣府、2017年４月１日現在）。地方公共団体職員等対応要領が策定された場合は、同要領違反の行為（作為または不作為）は、国等職員対応要領の場合と同様に職員の懲戒事由となりえ、また、国家賠償請求における違法性を基礎づけるものになる。

張し、同法の概括的な規定をより具体的な規定にし、差別禁止規範の履行確保をより確実なものとしていくことができているか否かによって問われなければならない。

そこで以下では、差別禁止条例の法拡充強化機能の観点から全国の地方公共団体の差別解消条例を検証する。

(1)　障害・障害者の定義の拡張

基本法2条および差別解消法2条1号、2号による障害および障害者の定義は同じであるが、その定義は「機能障害」という医学由来の概念に依存しており、差別を生み出す従属化のマーカーとしての「障害」という法概念に純化されていない。過去に精神科治療歴があるが現在は治療を要しない人や外見を異様視されてしまう傷跡などがある人、症状の固定性や継続性が明らかでなく、あるいは、症状が潜在化した状態（機能の損傷が未発生）にとどまっている疾患や難病などがある人は、実際に心身機能の障害のある人と同じように差別に晒される可能性があるが、差別解消法の適用ができるのか明確になっていない。こうした領域について条例がどのように拡充機能を果たすかが第一のポイントである。

この点について、疾病、傷害、難病または難治性疾患を障害の定義に明文で入れている条例（北海道[(2)]、新潟市[(3)]、茨城県[(4)]、埼玉県、さいたま市[(5)]、明石市、宝

---

(2)「北海道障がい者及び障がい児の権利擁護並びに障がい者及び障がい児が暮らしやすい地域づくりの推進に関する条例」（以下「北海道差別禁止条例」、他の自治体についても初出後は同様に表記する。）2条1項は「心身の状態が疾病、傷害その他の事情に伴い、その時々の社会的環境において求められる能力又は機能に達しないことにより、日常生活又は社会生活において継続的に相当な制限を受ける状態」として障害が個人の生物学的・医学的要因によって定まるものではなく、社会的要求水準と相関するものであることを示している。「障がいのある人もない人も共に学び共に生きる岩手県づくり条例」2条1項は、障害の定義に高次脳機能障害を明文で加えたうえで条項列記の障害に「準ずる障害」も加え、それと社会的要求水準との相関関係を障害の構造として示している。「障害のある人もない人も共に暮らしやすい千葉県づくり条例」2条1項も基本法の定義に高次脳機能障害を明文で加えている。

(3)「新潟市障がいのある人もない人も共に生きるまちづくり条例」2条1項は、「難病を原因とする障害」として疾病としての難病とその結果生じる障害を区別している。「松江市障がいのある人もない人も共に住みよいまちづくり条例」2条1項、「障害のある人もない人も共に生きる平和な長崎県づくり条例」2条1項も同様の規定をしている。

(4)「障害のある人もない人も共に歩み幸せに暮らすための茨城県づくり条例」2条1項は、難病を「治療方法が確立していない疾病その他の特殊の疾病をいう」とする定義を

塚市、沖縄県、東京都[6]）は見受けられるが、過去の障害の経歴がある場合や機能障害があると受け取られてしまう場合、外貌が異様視されてしまう場合などを明確化する規定を定めている条例は見当たらない[7]。

⑵　差別形態の拡張

基本法４条１項および差別解消法７条１項、８条１項の「障害を理由として」という法文を直接差別に限定して解することは権利条約に沿わない解釈であり、その文言を直接差別に限定した意味に解すべきでないことはすでに論じた[8]。しかし、基本法および差別解消法の条項を直接差別に限定して解する見解が多いことを前提にすると、条例の役割は、そうした解釈上の疑問を払拭して権利条約が求めるあらゆる形態の差別の禁止を明確化することにある。また、障害のある女性などが直面する複合差別についても差別形態として明示することが期待される。

この点について、「障害又は障害に関連する事由を理由として」と規定して、障害を直接の理由とする場合だけでなく障害に関連する場合も含める規定ぶりにしている条例がある（新潟市、長崎県、明石市、宝塚市）。また、単に「障がい者が生活をするために必要な場において…差別や不利益な扱いをしてはならない」として、「障害を理由として」という限定を加えない条例（北海道）もある。差別の定義規定ではないが基本理念の中に「障害のある女性が障害及び性別による複合的な原因により特に困難な状況に置かれる場合等、その性別、年齢等による複合的な原因により特に困難な状況に置かれる場合においては、その状況に応じた適切な配慮がなされること」（東京都）と定める条例もある。しかし、権利条約が求める「あらゆる形態の差別」を禁止するための規定を詳細に

加えている。「埼玉県障害のある人もない人も全ての人が安心して暮らしていける共生社会づくり条例」も同様の定義をしている。また、同条例は障害の定義に「継続的」に加えて「断続的に日常生活又は社会生活に相当な制限を受ける状態」と定めている。

⑸　さいたま市の「誰もが共に暮らすための障害者の権利の擁護等に関する条例」２条３項イは、基本法２条１項とほぼ同様の定義（同項ア）に「心身の機能、身体の器官、肢体又は肢体を構成するものに、欠損、喪失等があることにより、日常生活又は社会生活（以下「日常生活等」という。）を営む上で社会的な支援を必要とする状態」を加えている。

⑹　「東京都障害者への理解促進及び差別解消の推進に関する条例」２条１号は、「難病その他の心身の機能の障害」を障害者の定義に含めている。

⑺　2020年年２月末時点

⑻　本書第３章第１節４⑵

規定している条例は見当たらない。複合差別についても規定している自治体は見受けられない。

⑶　適用対象の拡張（事業者性の除去）

差別解消法は差別禁止と合理的配慮義務を負う者を行政機関等と事業者に限定している（７条、８条）。したがって、行政機関等または事業者以外の者が差別をしても同法の適用はないことになる。事業者は「同種の行為を反復継続する意思をもって行う者」とされている（差別解消法基本方針）ので、例えば単発の講演会を行うために集まった団体がその講演会を行っても反復継続性がなければ差別解消法の適用外ということになってしまう。けれども、単発での講演会でも手話通訳などの合理的配慮が必要である場合はありうる。もともと同種行為の反復継続性を要件に加えたのは、主務大臣の行政指導の対象に適するのはその所管する事業者であるからにすぎない。しかし、社会内にはそれ以外にも差別事象は起こるので、こうした限定的な行政指導では差別解消は十分に機能しない。この点で条例が果たすべき役割は、広く地域社会内で起こる差別を禁止し、合理的配慮の必要性を充足する仕組みを提供することである。

この点について、多くの条例が事業者に限定せず何人も差別をしてはならないとしている[9]。

⑷　合理的配慮義務の法的義務化と意思表明要件の緩和

差別解消法が事業者の合理的配慮義務を努力義務にとどめている（８条２項）

⑼　差別解消法と同様に事業者に限定している条例のみを揚げると、「仙台市障害を理由とする差別をなくし障害のある人もない人も共に暮らしやすいまちをつくる条例」７条、９条、埼玉県差別禁止条例16条３項、「浦安市障がいを理由とする差別の解消の推進に関する条例」７条、「山梨県障害者幸住条例」30条ないし31条、「愛知県障害者差別解消推進条例」９条、「京都府障害のある人もない人も共に安心していきいきと暮らしやすい社会づくり条例」８条、「別府市障害のある人もない人も安心して安全に暮らせる条例」10条ないし16条、東京都差別禁止条例７条など。なお、長崎県差別禁止条例は、事業者性による限定はしていないが、社会生活領域ごとに規定しており、福祉（10条）、医療（11条）、商品・サービス提供（12条）、労働・雇用（13条）、教育（14条）、交通機関（16条）、情報提供（18条）などでは同種行為の反復継続性（事業者性）が前提になり、不動産売買・交換を行なおうとする者などについて（17条）は、一回的な契約行為の場合を除外する趣旨ではないように読める。また、意思表示の受領についても限定はない（19条）。「明石市障害者に対する配慮を促進し誰もが安心して暮らせる共生のまちづくり条例」は、相談・助言については差別の相手方を事業者に限定していないが（11条）、あっせん・勧告に関しては、差別の相手方は市、行政機関等または事業者に限定されている（12条以下）。「宝塚市障害者差別解消に関する条例」も同様（９条以下）。

点を法的義務に高めることができるか。また、同法が障害のある人からの意思の表明を合理的配慮義務の要件とするかのように規定している点について、相手方が社会的障壁の除去の必要性を知りうる場合には意思の表明は不要とするなどの要件の緩和をしているかが差別禁止条例の課題になる。

比較的に多くの自治体が合理的配慮義務を法的義務として定め（岩手県、さいたま市⑽、新潟市、富山県、明石市、宝塚市、奈良県、徳島県、長崎県、熊本県、大分県、鹿児島県、沖縄県、東京都)、意思表明を要件に加えない条例も少なくない（岩手県、千葉県、さいたま市、八王子市、新潟市⑾、明石市⑿、宝塚市、松江市、徳島県、熊本県、別府市、鹿児島県)。「知的障害、発達障害を含む精神障害等により本人による意思の表明が困難な場合には、障害者の家族、介助者等コミュニケーションを支援する者が本人を補佐して行う意思の表明を含む」として要件を緩和する条例もある（東京都)。

⑸　生活領域ごとの規定の詳細化

差別解消法は各生活領域に応じた差別禁止および合理的配慮義務の規定にせず概括的な規定を定めている（７条、８条）だけである。この点について差別禁止条例が各生活領域に応じて差別禁止および合理的配慮義務の規定を具体的に定めることができているか否かである。

福祉、保健・医療、商品・サービス、不動産取引、保育・療育・教育、労働・雇用、公共施設、公共交通機関、情報の授受、防災などの各生活場面に応じた規定を定めている条例は少なくない（仙台市、山形県、栃木県、千葉県、さいたま市、八王子市、新潟市、山梨県、京都府、奈良県、長崎県、熊本県、大分県、鹿児島県、沖縄県)。

⑽　さいたま市差別禁止条例は、差別の定義を社会生活領域ごとに定め、そこに合理的配慮の不提供を含めつつ「合理的配慮に基づく措置を行わなければ…障害者の不利益となることを知りながら、合理的配慮に基づく措置を行わないことにより障害者に不利益を与えること」（２条８項）として意思表明を不要とし、さらに、合理的配慮の不提供を含めて「何人も、障害者に対し、差別をしてはならない」（９条）と定めて法的義務化している。

⑾　新潟市差別禁止条例は、本人または支援者等からの意思表明がある場合のほか「障がいのある人が社会的障壁の除去を必要としている場合であって、そのことを認識しうるとき」を加えている（２条４項)。

⑿　明石市差別禁止条例３条５項は、「現に社会的障壁の除去を必要としていることが認識できる場合」であれば足りる規定になっている。宝塚市差別禁止条例２条５項も同様の規定をおいている。

主務大臣が定める事業者等対応指針と対比してみると、例えば「国土交通省所管事業における障害を理由とする差別の解消の推進に関する対応指針」の別紙不動産関係は、宅地建物取引業（宅地建物取引業法２条２号）を対象として差別的取扱いと合理的配慮の提供の具体例を例示している。その中では宅地建物取引業者が障害を理由にして賃貸人への交渉や必要な調整をせずに仲介を断ることが差別的取扱として例示されている。こうした例示は差別解消法８条の規範内容を具体的に例示するものとして望ましいものではあるが、根本的には賃貸人が障害を理由にして賃貸を拒否することを禁じなければ不動産取引における障害差別をなくすことはできない。その点で、不動産取引における差別禁止を定めている多くの条例では、障害を理由として、不動産の売買、賃貸、転貸又は賃借権の譲渡を拒否・制限することを禁止されるべき差別として規定しており、不動産取引における差別禁止の効果を高めることが期待できる。

また、「医療分野における事業者が講ずべき障害を理由とする差別を解消するための措置に関する対応指針」（厚生労働省）は、正当な理由なく本人の意思に反した医療の提供を行うことをサービス提供における差別として例示しているが、保健・医療における差別禁止を定める多くの条例は、さらに踏み込んで、法令に特別の定めがある場合を除き、障害を理由として障害のある人の意思に反して長期間の入院その他の医療を受けることを強制しまたは隔離することを差別としている。差別禁止の内容が条例によってより詳細化されている。強制医療への依存傾向や長期入院、隔離の多用など精神科医療が抱えている自由保障の差別性（権利条約 14 条）について、精神科医療行政を担う地方公共団体として現行法の範囲内で可能な限りの改善をしていこうとする姿勢を見ることができる。こうした条例を前提にすると、知事および精神医療審査会は、現に入院している精神障害のある人々や入院の判定を受ける精神障害のある人について、精神保健福祉法が許容する状態であるか否かを慎重かつ厳格に審査することが求められる。

⑹　救済方法の強化

差別解消法が同法８条違反の事態に対して主務大臣が「特に必要があると認めるとき」に報告徴収、助言、指導または勧告を行うとしている点（12 条）について、条例によってより臨機応変で実効性の高い救済方法を定めることができているか否かがポイントになる。

差別禁止条例が採用する救済方法は、基本的には相談、助言・あっせん、勧告、公表という行政的対応である。相談については地域相談員や広域相談員を定める条例も少なくない。相談によって問題が解決しない場合は、助言・あっせんを当該地方公共団体の長に対して行い[13]、その長が担当の委員会（「調整委員会」などと呼ぶ場合が多い）に諮問し、委員会があっせんを行う[14]。さらに、あっせん案が受諾されない場合は長が勧告をすることができると定める条例が多い[15]。勧告をしても従わない場合には、さらに公表することを定める条例も少なくない（仙台市、茨城県、栃木県、埼玉県、さいたま市、新潟市、富山県、愛知県、京都府、大阪府、明石市、宝塚市、奈良県、和歌山県、松江市、徳島県、長崎県、熊本県、大分県、鹿児島県、東京都）。

総じて公表以上に行政罰などの救済方法を定める条例は見当たらないが[16]、千葉県の条例では訴訟の援助に関する規定がおかれている。

---

(13)　【相談資格について限定しない条例】栃木県、新潟市、富山県、奈良県、徳島県、長崎県、熊本県、大分県、鹿児島県、【あっせん等の申立資格を限定しない条例】新潟市は相談資格を限定せず相談した者があっせん等の申立資格を得る規定にしている。徳島県は「障がいのある人が差別等を受けたと思われる事案を発見した者」にも申立資格を認める。【あっせん等の申立資格を関係者に広げる条例】仙台市、茨城県、千葉市、八王子市、京都府、長崎県、熊本県、大分県、別府市、鹿児島県、沖縄県、さいたま市は関係機関を含め、明石市、宝塚市は支援者を含める。

(14)　【委員会を設置している条例】：北海道、仙台市、栃木県、さいたま市、千葉県、八王子市、新潟市、富山県、愛知県、京都府、大阪府、明石市、宝塚市、奈良県、和歌山県、松江市、徳島県、長崎県、東京都、【障害のある人を委員会の委員に含める規定をおく条例】：北海道、栃木県、さいたま市、千葉県、明石市、奈良県、和歌山県、松江市、徳島県、長崎県、熊本県、大分県、沖縄県

(15)　勧告について「できる」規定ではなく、「勧告するものとする」と定める条例もある（さいたま市、長崎県、大分県）。

(16)　「行政上の義務履行確保等に関する調査報告書」、財団法人日本都市センター、2006年は、行政上の義務履行確保のために課徴金などによる間接強制ができるようにすることなどを提案している。たとえば、東京都差別禁止条例と同じ月に都議会が制定した東京都受動喫煙防止条例は罰則（同条例15条ないし17条）を定めており、知事の勧告命令（同条例11条3項）に違反した者を過料に処するものとしている（同条例15条）。救済方法の強化の観点から参考にすべきであるが、障害差別禁止よりも受動喫煙防止により強力で厳しい対応をとる両条例の差は障害差別に対する社会の意識を垣間見させる点でも興味深い。

第 4 章

救済方法（Remedy）

第1節
差別是正・撤廃のための国家の保護義務と救済方法

権利条約は締約国に対して、同条約において認められる「権利の実現のため、全ての適当な立法措置、行政措置その他の措置をとること」（4条1項a）に次いで「いかなる個人、団体又は民間企業による障害に基づく差別も撤廃するための全ての適当な措置をとること」（4条1項e）を求め、さらに、「いかなる理由による差別に対しても平等かつ効果的な法的保護を障害者に保障」（5条2項）し、「合理的配慮が提供されることを確保するための全ての適当な措置をとる」（同条3項）ことを求めている。これらの諸規定は、私人間の障害差別（合理的配慮の不提供を含む）についても立法、行政、司法を含めた効果的な法的保護あるいは措置を締約国が積極的に果たす義務を定めたものである[(1)]。私人間の人権侵害について国家の保護義務が憲法学説において論じられているが、権利条約が求める私人間における障害差別禁止と合理的配慮義務の履行のために締約国が果たすべき義務は憲法学における国家の保護義務論が条約において明文化されたものと理解することもできる[(2)]。

差別禁止3法および差別禁止条例は私人間の効力を定めていないが、権利条約の上記諸規定に基づくならば差別禁止および合理的配慮の実現が私人間においても守られるように権利条約をはじめとする差別禁止法制の趣旨が民事法の一般条項等を介して実質的に保障されるように解釈することが求められる。権利条約が明示する私人間においても障害に基づく差別を撤廃するための全ての適当な措置をとる締約国の積極的な保護義務によれば、裁判所は民事法の適用および解釈において障害に基づく差別が撤廃されるように当該事案に適用されるべき民事法の条項を解釈しなければならない[(3)]。具体的には不法行為におけ

---

(1)　一般的意見第6号 para.17 は、同条項が定めるあらゆる理由に基づく差別からの平等かつ効果的な法的保護を障害のある人に保障する義務について締約国に「積極的な保護義務」（positive duties of protection）を課したものとしている。

(2)　棟居快行「人種差別と国家の差別撤廃義務」法律時報84巻5号（2012年）73頁

る違法性（民法709条）あるいは契約法における信義則及び権利濫用（同法1条2項、3項、労働契約法3条4項）、債務の本旨（民法415条）、公序良俗（同法90条）、安全への配慮（労働契約法5条）、合理的な労働条件（同法7条）、客観的合理性及び社会通念上の相当性（同法16条）などの条項の規範的要件事実について差別が撤廃されるように解釈することが求められる。

このように民事法の一般条項などの解釈を介して差別禁止法制の趣旨を民事法領域においても実効性のあるものとすることは不可能ではないが、現行の差別禁止法制における救済方法は行政指導に限られており、差別を是正し撤廃するための法的保護措置としては極めて限定的で不十分である[(4)]。これに対して、障害差別禁止法の嚆矢となったADAは雇用機会均等委員会（EEOC）あるいは司法省等による調停等の行政的救済方法と連邦裁判所によるインジャンクション（差止命令・義務付命令）、金銭賠償、弁護士費用敗訴者負担などの司法的救済方法を定めており、雇用機会均等委員会あるいは司法長官が訴えを提起し、あるいは、被害者の訴訟を援助する手続についても定めている[(5)]。韓国の障害差別禁止法では国家人権委員会による勧告から法務大臣による是正命令に

(3)　浦川道太郎「(座談会）不法行為法の新時代を語る」法律時報78巻8号（2006年）12頁は、裁判官が憲法および法律に拘束される（憲法76条3項）とされていることは、「裁判官に現行憲法の価値観とそのもとに成立した法律に従って判断せよということであり、結局は憲法の価値観と憲法が国民に保障した権利が紛争解決の基準として反映されてくる」という構造がすべての法的紛争処理に同様に認められるという。

(4)　もっとも、例外的に「障害のある人もない人も共に暮らしやすい千葉県づくり条例」は同条例26条で私法上の救済を想定しており、「知事は、障害のある人が、差別をしたと認められるものに対して提起する訴訟（民事調停法（昭和二十六年法律第二百二十二号）による調停、民事訴訟法（平成八年法律第百九号）第二百七十五条第一項の和解及び労働審判法（平成十六年法律第四十五号）による労働審判手続を含む。以下同じ。）が第二十三条第一項に規定する助言又はあっせんの審理を行った事案に係るものである場合であって、調整委員会が適当と認めるときは、当該訴訟を提起する者に対し、規則で定めるところにより、当該訴訟に要する費用の貸付けその他の援助をすることができる。」と定め、民事上の救済手続のための弁護士報酬等について無利子で100万円を限度に貸し付けるほか、弁護士の紹介や訴訟手続の教示等を行うこととしている（同条例「解釈指針（逐条解説）」110頁以下）。

(5)　植木淳「研究ノート　ADAに関する救済手続」北九州市立大学法政論集第40巻第1・2・3合併号（2012年12月）に詳細に紹介されている。差別禁止および合理的配慮の実現にADR的な紛争解決手段が効果的であるとともに、その有効性を担保するために、「それが不調に終わった場合に実効性のある司法的救済が準備されていることが不可欠である」と指摘している。

いたる権利救済方法（同法第4章）に加えて、司法救済（損害賠償、立証責任、差別行為の中止等の臨時措置命令）の規定（同法第5章）、3年以下の懲役刑を含む刑罰規定も定められている（同法第6章）[(6)]。また、EU法では「雇用および職業における平等扱いの一般的枠組みを設定する指令」[(7)]17条は、同指令に従った国内法規定を定め、その規定に違反した場合の制裁は、被害者に対する賠償を含めて、効果的（effective）で相応の（proportionate）抑止的なもの（dissuasive）であることを要すると定めている[(8)]。

差別に対する救済のあり方については、法制面で民事法、刑事法、行政法による救済が考えられ、また、刑事法以外においても行政制裁や民事上の懲罰的賠償を制度化する余地がある。また、主として過去の事実について被害の回復を図ることを目的（backward-looking）とする手段を採用するか、むしろ、再発の予防や将来の状態の改善を図ることを目的（forward-looking）とする手段を採用するかによっても救済のあり方は異なる。さらに、差別を受けた個人だけを対象にするのか、同種の差別を受けた集団を対象にするのかによっても救済のあり方や効果は異なる。救済方法のあり方については各国がさまざまな方法を開発しつつあり、また、それぞれの救済方法の機能や効果を組み合わせながら差別の是正と撤廃を実現していくことが求められている。一般的意見6号para.22は、「差別が組織的な性質のものである場合、個人に対する賠償を認めるだけでは、組織的な対応を変えさせることに関して実際には効果がない可能性がある。その場合、締約国は『展望的で非金銭的な（forward-looking, non-pecuniary）救済策』も国内法で実施すべきである。これは、私人や民間機関による差別に対して、将来に向けて効果のある保護を締約国が提供することを意味する。」と指摘している。日本法においても、今後、多角的にさまざまな救済

(6)　崔栄繁「韓国──障害者差別禁止及び権利救済等に関する法律」障害保健福祉研究情報システム、https://www.dinf.ne.jp/doc/japanese/law/anti/korea.html（最終閲覧2019年10月20日）

(7)　Council Directive 2000/78/EC of 27 November 2000 establishing a general framework for equal treatment in employment and occupation、「人種又は民族間の均等待遇原則指令」（Council Directive 2000/43/EC of 29 June 2000 implementing the principle of equal treatment between persons irrespective of racial or ethnic origin）15条も制裁について同様の規定を定めている。

(8)　欧州司法裁判所は同条に基づいて、差別行為に対して訓戒（warning）を発するだけの制裁は同指令17条を満たさないと判示した（CJEU, Case C-81/12, 25 April 2013）。

図1　救済方法機能比較

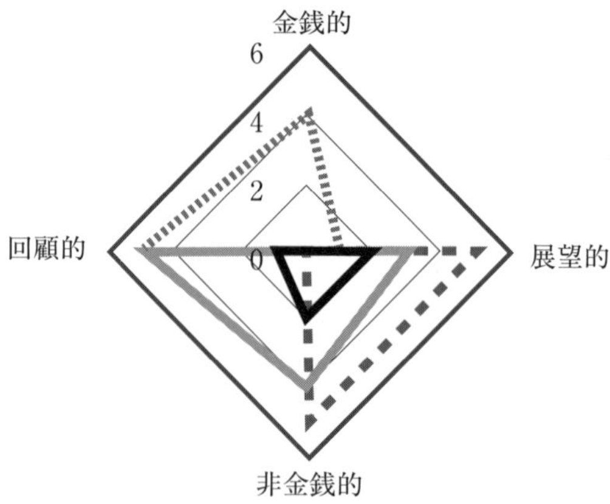

塡補賠償は過去の損害の回復を金銭賠償によって図るので、回顧的・金銭的救済方法であるが、裁判所が賠償責任を認容することで同種の行為が抑止されるある程度の展望的作用が認められる。すでになされた法律行為（例　解雇）を無効化することは、回顧的・非金銭的救済方法であるが、それによって例えば雇用契約上の地位が維持されるとともに、同種行為が裁判所によって無効と判断される予測を与える点で展望的な作用もある。しかし、差別的な契約拒否に対しては無効化ではなく締約強制が求められ、展望的・非金銭的救済になる。行政機関による勧告・公表は、過去あるいは現在継続中の差別行為に対して一定の効果があるが、強制力がない点ではその作用はあまり大きいものとはいえない。

方法を創設していくことが締約国の義務として求められている(9)。

(9)　参考に、ポルトガル法では行政救済の方法として、決定の公表、差別行為者に対する譴責、財産の没収、公的な特権または公的機関の許認可による職業や活動の禁止、営業権の取消、公設市場参加権の取消、差別者所有店舗の強制閉鎖、免許・認可の停止、公的機関による給付または公共サービスに関する権利の取消などが定められている（"A comparative analysis of non-discrimination Law in Europe 2017,"European network of legal experts in gender equality and non-discrimination, page 103-107）。

第2節
差別禁止法の民事法的効力

1　不法行為法および契約法と平等権保護

私人間における障害に基づく差別を撤廃するための私法上の救済方法（権利条約4条1項e）について過去の被害の回復あるいは加害者の責任を追及する回顧的（backward-looking）な救済方法と現在または将来の状態の是正または予防を図る展望的（forward-looking）な救済方法という観点からみると、不法行為法または契約法における損害賠償は、過去の損害を塡補する点で主として回顧的な救済方法になる。しかし、継続的な差別状態や差別的な契約拒否、合理的配慮の不提供に対して損害賠償責任を認めることは間接的にその状態を改善させる作用も期待できるので展望的な救済方法としての機能も持ちうる。ADAにおけるような懲罰的賠償を実質的に考慮して慰謝料額を算定すれば差別に対する違法性や非難度の高さを示すことで展望的な救済効果を高めることもできる。また、不法行為法において差止請求を認めることができれば、継続的な差別行為を解消する展望的な救済をはかることができ、契約法において差別的な契約拒否に対する締約強制を認めることができれば、現在または将来の差別状態を直接的に改善させる作用を果たさせることが可能になる。また、信義則（民法1条2項）、債務の本旨（同法415条）、安全への配慮（労働契約法5条）、合理的な労働条件（同法7条）などの規定を介して契約内容や履行方法について合理的配慮に基いた修正することができれば展望的な救済を図ることができ、公序良俗（民法90条）、権利濫用（同法1条3項）などの規定を介して契約内容の全部または一部を無効化し、あるいは、客観的合理性及び社会通念上の相当性（労働契約法16条）などの規定を介して解雇などの法律行為を無効化することができれば、同様に直接的に展望的な救済を図ることができる。しかし、現行法上の限界があり、立法論も含めて検討が必要である。

2　私法領域における救済と是正

(1)　差別的な契約拒否に対する救済

現代社会において生活を支えあるいは豊かにする物資やサービスはいずれも契約に基づいて取得されるものであり、現代社会では人の生活は契約を基礎にして成り立っている。そのため契約拒否あるいは契約からの排除は人の社会経済生活あるいは文化的な生活の基礎を奪う結果を招くことになる。また、契約はそれに基づく給付の結果（財やサービス）の取得を実現するだけにとどまらず、経済社会に参加する通路でもあり、契約否定は経済社会への参加の否定を意味することになる。

差別的な契約の拒絶に対する直截な救済方法は差別的な契約拒絶を認めずに締約を強制することになるが、締約強制は契約自由の原則(1)と対立する。そこで、権利条約以下の法体系が明文化する障害差別禁止法制度（公序）のもとで、差別禁止と契約自由の原則の調和あるいは同原則の修正をどのように図るかが問題になる。

裁判例では差別的な契約拒否を不法行為とし、あるいは、契約締結上の過失論類似の構成によって差別的契約拒否者に損害賠償責任を認める方法をとるものが見られる。損害賠償は精神的損害や信頼利益に対する賠償であり、それ自体は過去の損害に対する塡補であるが、差別的な契約拒絶に対しては損害賠償責任が負わされることが明確化されることで、将来の同種の拒絶事案に対して抑止的な作用が期待できる点では、展望的な効果も伴う救済ということができる。しかし、損害賠償では、本来締結されるべきであった契約そのものによって得られたはずのサービス等をそれが必要であった時期に受けられることにはならないので、いわば代替的な救済方法にとどまる。そこで、さらに直截的な救済のあり方として締約強制を認める法制も検討する必要がある。以下では、私法分野においても公開性・公共性を有する領域では契約自由の原則が制約され、契約の相手方になる者に対して差別のない平等な取り扱いが求められることについて、権利条約と差別解消法および裁判例に基づいて検討を加え、さらに、締約強制の可能性について検討する。

---

(1)　我妻栄『債権各論 上巻』（岩波書店、1975年）17頁以下は、契約自由の原則として、①締約の自由（申し込みの自由と承諾の自由）、②契約内容決定の自由（契約の終期を含む）、③方式の自由が含まれるとする。

(i) 契約等の差別的な拒否と公開性・公共性(open or provide to the public)法理

i) 公開性・公共性(open or provide to the public)法理

公開性・公共性の法理とは、公衆に開放されまたは提供されている領域を平等原則の適用領域として、その領域で行われる契約については私的自治の原則に対して平等原則を優越させる法理である。この領域では契約自由の原則は制限され、すべての人に対して平等に、財の取得、場やサービスの利用・提供などが認められなければならないことになる。

権利条約9条は、障害のある人が自立して生活し、生活のあらゆる側面に完全に参加することを可能にするために、「公衆に開放され又は提供される」(open or provide to the public)施設およびサービスを利用する機会の平等を確保するための適当な措置をとることを締約国に求めている。同条項は直接的にはアクセスビリティについて規定したものであるが、一般的意見2号は「物理的環境、輸送機関、情報通信及び公衆に開放されている(open to the public)サービスへのアクセスの否認は、条約第5条で禁じられている障害に基づく差別行為となる」(para.34)とし、「物品、製品及びサービスは、公衆に開放され又は提供される限り(as long as open or provided to the public)、その所有又は提供が公的機関によるか民間企業によるかにかかわらず、すべての人にとってアクセシブルでなければならない」(para.13)として[(2)]、民間においても、公開性・公共性が認められる場合には、平等原則が適用されるべきことを明らかにしている。ここから翻って、アクセスビリティから一般原則である権利条約5条が求める平等および無差別の私法領域への適用範囲を考えると、公衆に開放されまたは提供される場やそこで取引される財、サービスの提供については、私法分野においても平等原則が契約自由の原則を制限する法理として認められなければならないということになる[(3)]。

(2) 同一般的意見para.29は「アクセスの否認は、禁じられている差別行為として明確に定義されなければならない。物理的環境、輸送機関、情報通信又は公衆に開放されているサービスへのアクセスを否認された障害のある人には、自由に行使できる効果的な法的救済措置がなければならない」としている。

(3) 2000/43/EC「人種又は民族間の均等待遇原則実施指令」3条1項hおよび2004/113/EC「財及びサービスのアクセスと供給における男女均等待遇原則実施指令」3条1項は、いずれも「公衆が利用できる」(available to the public)財およびサービスへのアクセスと提供については、私的領域においても均等待遇原則実施指令が適用され

公衆に開放・提供される施設やサービスとしては、宿泊施設、飲食店、娯楽施設、公会堂、店舗、理美容店、銀行、法律事務所、博物館、保育園、学校、フィットネスクラブなどさまざまな場所や財、サービスの提供が考えられる(4)。

これに対して差別解消法8条1項は、公開性・公共性については明示せず、「事業者」について障害を理由とする不当な差別的取扱いを禁止している。「事業者」とは「目的の営利・非営利、個人・法人の別を問わず、同種の行為を反復継続する意思をもって行う者」とされている（差別解消法基本方針第2、1(2))。同法が事業者を適用対象としたのは、同法の差別解消の手段が主務大臣による対応指針の策定（同法11条）とそれに基づく報告徴収、助言・指導・勧告という行政介入（同法12条）によっているため、主務大臣の所管の下にない者までを適用対象にすることができないと考えたためである。したがって、「事業者」概念は「公開性・公共性」とは直接関係しないようにも考えられる。しかし、各省庁が所管すべき事業者は、その事業が国民生活に影響する公共性を持つために行政的な規制や介入が必要とされたものであるから、対象となる事業者はもともと公共性あるいは公衆に対する公開性を有する者である。そし

るとしている。「宗教、信条、障害、年齢又は性的指向によることのない人の均等待遇原則実施指令のための提案」(2008年）においても、これらの差別禁止事由に基づく差別は「住宅供給を含む公衆が利用できる財およびサービスへのアクセスと提供について」私的領域でも禁止されるとするが、財やサービスへのアクセスと提供は、職業または商業として行われるものに限られ、私的な立場での私的個人的契約には適用されないとし、例えばホテルの部屋を貸すのと自宅の一部屋を貸すことを同じに取り扱うべきではないとしている。

(4)　ADA第3編で障害に基づく差別が禁止されている「公共施設の場所（place of public accommodations)」とは「一般的に公衆に開放されている（generally open to the public）事業であって、同法が定める12のカテゴリーリストの一つに該当するものである」と説明されている（Information and Technical Assistance on the Americas with Disabilities Act: U.S.A Department of Justice Civil Rights Division)。同法のリスト（42 U.S.C § 12181(7)）は①宿泊施設、②飲食施設、③観劇・娯楽施設、④集会施設、⑤商業施設、⑥医療・衛生・金融・事務などのサービス施設、⑦公共交通機関の施設、⑧公共展示施設、⑨レクリエーション施設、⑩教育施設、⑪社会福祉施設、⑫運動施設であり、これらを所有・賃貸または賃借・運営する者に障害に基づく差別を禁止している（42 U.S.C. § 12182(a))。公開性・公共性法理が適用される領域として参考にすることができる。もっともADA第3編の「公共施設の場所」が物理的な構造物としての場所に限定されるか否かについては、ADAの立法趣旨から限定しない立場と文言解釈から限定する立場が分かれている（この点の分析について、植木淳『障害のある人の権利と法』(日本評論社、2011年）137頁以下)。

て主務大臣が定める対応指針に示されている「事業者」を見ても、すべて公開性、公共性を備えた者であることがわかる[5]。したがって、権利条約に沿って差別解消法を解釈すれば、事業者性の要件に公開性・公共性法理は含意されていることになる。

さらに、雇用促進法34条は「事業主は、労働者の募集及び採用について、障害者に対して、障害者でない者と均等な機会を与えなければならない」と定めている。雇用促進法差別禁止指針は、同条は労働契約およびそれに至る一連の手続において、障害を理由とする差別を禁止したものであり、労働者を募集・採用するにあたって障害者を排除するために業務上特に必要のない能力などの条件を付すことは、障害者であることを理由とする差別に該当するとしている。これは事業主が行う労働者の募集・採用は公衆に対して開かれたものであるので、平等原則が適用されることを前提にしたものであり、公開性・公共性法理を前提にした規定ということができる。

以上のように見ると、障害差別禁止法制のもとにおいては、公開性・公共性法理が実定法上読み込まれており、公開性・公共性の認められる私法領域では契約自由の原則は平等原則によって制約されるものと解さなければならないと考えられる。

---

(5)　宅地建物取引業、設計等（建築士法23条）の事業、鉄道事業、一般乗合・乗用旅客自動車運送事業、対外旅客定期航路事業、国内旅客船業、航空運送業、旅行業（国土交通省所管事業分野における障害を理由とする差別の解消の推進に関する対応指針）、飲食店営業、喫茶店営業、食肉販売業、氷雪販売業、理容業、美容業、映画、演劇、演芸などの興行場営業、旅館業、浴場業、クリーニング業、水道事業、水道用水供給事業、給水装置工事事業（衛生分野における事業者が講ずべき障害を理由とする差別を解消するための措置に関する対応指針）、生活保護関係事業、児童福祉・母子福祉関係事業、老人福祉関係事業、障害福祉関係事業、隣保事業、福祉サービス利用援助事業など（福祉分野における事業者が講ずべき障害を理由とする差別を解消するための措置に関する対応指針）、病院、診療所、助産所、調剤薬局など（医療分野における事業者が講ずべき障害を理由とする差別を解消するための措置に関する対応指針）、社会保険労務士（社会保険労務士の業務を行う事業者が講ずべき障害を理由とする差別を解消するための措置に関する対応指針）、学校、社会教育施設、スポーツ施設、文化芸術施設（文部科学省所管事業分野における障害を理由とする差別の解消の推進に関する対応指針）、公証人、司法書士、土地家屋調査士、債権回収事業・認証紛争解決事業、更生保護事業（法務省所管事業分野における障害を理由とする差別の解消の推進に関する対応指針）

ii） 裁判例

a. ゴルフクラブの公開性が入会拒絶の許否を分けた裁判例

公開性・公共性法理の観点から相反する結論に至ったとみることができる判決例として、私的団体であるゴルフクラブの入会について人種や国籍に基づいて入会の拒否を決することが許されるか否かが争われた事案がある。

東京地方裁判所平成13年5月31日判決は[(6)]、「被告クラブの目的、業務、入会手続、会員資格及び会員の権利に照らせば、被告クラブは、ゴルフを楽しむための単なる私的な社団であってその入会の資格・手続もごく閉鎖的なもの」であるなどとして、「私的な社団としてのゴルフクラブである被告クラブにおいて構成員の資格取得を国籍によって制限したとしても、そのことが、クラブの結社の自由を制限してまでも平等の権利を保護すべき特別な場合、すなわち憲法の規定の趣旨に照らして社会的に許容し得る限界を超えて平等の権利が侵害されている場合であるとは、到底いえない」とした。

これに対して、東京地方裁判所平成7年3月23日判決は[(7)]、「今日ゴルフが特定の愛好家の間でのみ嗜まれる特殊な遊技であることを離れ、多くの国民が愛好する一般的なレジャーの一つとなっていることを背景として、会員権が市場に流通し、会員募集等にも公的規制がなされていることなどからみれば、ゴルフクラブは、一定の社会性をもった団体であることもまた否定できない。そうすると、ゴルフクラブは、自らの運営について相当広範な裁量権を有するものではあるが、いかなる者を会員にするかという点について、完全に自由な裁量を有するとまでいうことはできず、その裁量には一定の限界が存すると解すべき」であるとし、「ゴルフクラブの前記特質を前提にしても、今日の社会通念の下では合理的理由を見出し難く、いわゆる在日韓国人である原告の生い立ちと境遇に思いを至すとき、日本国籍を有しないことを理由に原告を登録者とする変更申請を承認しなかったことは、憲法14条の規定の趣旨に照らし、社会的に許容し得る限界を超えるものとして、違法との評価を免れないというべきである」とした。

両判決の前提事実の際立った違いは、平成13年判決が対象としたゴルフクラブはいわゆる株主会員制のクラブであり「入会の資格・手続もごく閉鎖的な」団体であったのに対して、平成7年判決が対象としたゴルフクラブは「会員権

---

(6) 判例時報1773号36頁

(7) 判例タイムス874号298頁

が市場に流通し、会員募集等にも公的規制がなされている…一定の社会性をもった団体」であった点にある。両判決はもとよりそれぞれの事案が有するその他の諸事情も判断の基礎としているが、いずれもいわゆる憲法14条の私人間への間接適用を前提にしながら、団体の公開性・公共性の存否によって結論を分けた判決例と評することができる[(8)]。

b. 公開性・公共性に着目した裁判例[(9)]

ア　店舗における集客の公開性

東京地方裁判所平成16年9月16日判決は[(10)]、外国人ないし外国生まれであることを理由に退店要請あるいは入店拒否が行われた事案で、「原告の出自を理由に一般公衆の来集を目的とした飲食施設である本件店舗の利用について、正当な理由に基づかない差別的取扱をしたものであって、違法というべきであり、これに関与した被告d及び被告cにおいては、直接不法行為に及んだ者として、被告bは、それらの者の使用者として、その事業の執行に関して原告に対してした不法行為について、使用者として、それぞれ責任を免れない」とし、「一般公衆の来集を目的とした飲食施設」の公開性に着目してその利用に差別的取り扱いをすることを違法と判断している。

東京地方裁判所平成24年11月2日判決は[(11)]、精神障害者であることを理由にネットカフェへの入店を拒否した事案で、「本件店舗で店長として勤務していた被告Cは、専ら原告が精神障害者であると認定されて精神障害者保健福祉手帳の交付を受けたことを理由として本件入店拒否に及んだのであるから、本

---

(8)　静岡地方裁判所浜松支部平成26年9月8日判決（判例時報2243号67頁）は、「株主会員制かつ会員主導型のゴルフクラブではあるものの、閉鎖性を有する団体であるとは到底認め難い」事案で、性同一性障害者の性別の取扱いの特例に関する法律3条1項に基づき女性への性別の取扱いの変更の審判を受けた者に対し、その審判を受けたことを理由にゴルフクラブへの入会および同会社の株式の譲渡承認を拒否した行為は、性同一性障害およびその治療を理由とする不合理な取扱いであり、憲法14条1項及び国際人権B規約26条の規定の趣旨に照らし、社会的に許容しうる限界を超えるものとして違法であるとし、公開性・公共性法理を前提としたものと評することができる。

(9)　城内明「私人間における外国人差別（国籍差別）の違法性」『新・判例解説 Watch 民法（財産法）vol.24, 2019 No.4』（日本評論社、2019年）69頁～72頁は、関連判決例を整理して、公平取扱いの根拠としては「（合理的）期待」と場の「公共性」がキーワードになるとしている。

(10)　TKC法律情報データベース【文献番号】28100935

(11)　TKC法律情報データベース【文献番号】25497472

件入店拒否は、公序良俗に反する違法な差別行為であり、不法行為を構成する」とし、「本件入店拒否はその理由が不当ではあるものの暴行や脅迫を伴うものであったとは認められないこと、本件店舗の営業に高度の公共性があるとまではいえないこと、原告が利用できる同種業態の他の店舗がないとは認められないことなどの事情も考慮すると」慰謝料は60万円が相当であるとした。同判決は慰謝料の評価において「本件店舗の営業に高度の公共性があるとまではいえない」として公共性に言及し、不法行為の違法性の認定においては公共性については明示しなかったものの、ネットカフェにも一定の公共性があることを前提として、精神障害者であることを理由にした入店拒否を「公序良俗に反する違法な差別行為」と認定し、さらに「高度の公共性があるとまではいえないこと」を損害額評価において考慮したものと考えられる。

静岡地方裁判所浜松支部平成11年10月12日判決は(12)、外国人の入店を拒否した事案について「人種差別撤廃条約は、…個人や団体の差別行為についての採るべき立法その他の措置を締約国に要求している。このことは我が国内において、人種差別撤廃条約の実体規定に該当する人種差別行為があった場合に、もし国または団体に採るべき措置が採られていなかった場合には、同条約6条に従い、これらの国または団体に対してその不作為を理由として少なくとも損害賠償その他の救済措置を採りうることを意味する。…本件のような個人に対する不法行為に基づく損害賠償請求の場合には、右条約の実体規定が不法行為の要件の解釈基準として作用するものと考えられる」とし、「一般に街頭で店舗を構えている以上、それはその構造上と機能から日本人であると外国人であると問わず途を歩く顧客一般に開放されているものというべく、…被告らのような店舗を構える経営者には、顧客対象を限定したり、入店制限を行うとか、被紹介者に限るとか、完全な会員制にするとかの自由はない」とした。同判決は街頭で店舗を構えている以上、顧客一般に開放されているものであるとして、平等原則が適用されるべきものと判断したものと評することができる。これは人種差別撤廃条約5条(f)が、ホテル、飲食店など「一般公衆の使用を目的とするあらゆる場所又はサービスを利用する権利」について人種差別の禁止を求めていることにも対応している。

---

(12)　判例時報1718号92頁

イ　交通機関

大阪高等裁判所平成 20 年 5 月 29 日判決は[13]、脳性麻痺による身体障害のある人の航空機への単独搭乗拒否の是非が争われた事案で、「営利を目的とする民間の航空会社であり、障がいのある搭乗者を介助者の同行なしに安全に運送することは、そのための一定の人的物的態勢を要することになることも踏まえつつも、今日、航空機が一般的な公共の交通機関として果たしている役割に鑑みて、その検討をしなければならない」として、航空機の一般的な公共性に着目して、搭乗拒否が公序良俗に反し不法行為責任を問うことができるか否かを判断した。

ウ　娯楽・レクリエーション施設

札幌地方裁判所平成 14 年 11 月 11 日判決は[14]、「O は、公衆浴場法による北海道知事の許可を受けて経営されている公衆浴場であり、公衆衛生の維持向上に資するものであって、公共性を有するものといえる」とし、「公衆浴場の公共性に照らすと、…安易にすべての外国人の利用を一律に拒否するのは明らかに合理性を欠くものというべきである。しかも、入浴を希望した原告らについては、他の利用者に迷惑をかけるおそれは全く窺えなかったものである。したがって、外国人一律入浴拒否の方法によってなされた本件入浴拒否は、不合理な差別であって、社会的に許容しうる限度を超えているものといえるから、違法であって不法行為にあたる。」とし、公共性が認められる領域では平等原則に従うべきことを判示した。

名古屋地方裁判所平成 22 年 1 月 28 日判決は[15]、暴力団関係者等の応援団の入場禁止規定による入場券販売拒否等の是非が争われた事案において、「プロ野球は、我が国で最も人気のある伝統的なプロスポーツの一つであり、多くのプロ野球ファンが全国各地の球場で試合観戦をし、一部の試合はテレビでも放映されテレビにより観戦するファンも少なくない上、プロ野球は、公益を目的とする社団法人である被告 Y2 がその運営を統括しており、…国民的なスポーツとしての公共的な性格を有するものということができる。このようなプロ野球の公共的な性格を考慮すると、上記のような主催者の裁量に属する事項であっても、その判断が事実の基礎を欠くものであるか、又は社会通念に照らし著

⒀　判例時報 2024 号 20 頁
⒁　判例時報 1718 号 92 頁
⒂　判例時報 2075 号 62 頁

しく妥当性を欠くものであって、その裁量権の範囲を逸脱し又はこれを濫用したと認められる場合には、権利濫用として違法となり得る余地がある」とし、「公共的な性格を有するプロ野球の主催者として、円滑な試合進行と観客の安全かつ平穏な試合観戦の確保を目的として本件約款及び本件許可規程を定め、これらをホームページ等で公表しているのであるから、これらの定めに従ってプロ野球を運営すべきであり、プロ野球を支える全国のプロ野球ファンにおいても、そのように運営されることが合理的に期待されているというべきである。そして、販売拒否対象者の指定は、球場での観戦自体を制限するものであるから、応援団方式による応援のように、他の観客に迷惑をかけ球場における秩序を乱す危険性を内在する行為を制限する場面とは異なり、その制限についてはより慎重にすべきであり、本件約款の定める販売拒否対象者指定の要件を欠くにもかかわらず、その指定を行うことは、入場券の販売に関し主催者が裁量権を有することを考慮しても、その裁量権の範囲を逸脱するものとして、許されないというべきである」とした。同判決はプロ野球の公共的性格に着目して主催者の裁量権が制約されることを前提として、さらに、公表されている許可規定等に従った運営がされるという合理的期待が保護されるべきとする判断を示している。

エ　加盟店契約

大阪地方裁判所平成29年8月25日判決は[16]、ウェブサイトで加盟店募集をしている加盟店の事業内容等に関する資料請求を行った者に対して外国籍であることを理由に資料請求を拒否した事案について、「被告は、自己の経済活動を実現するために、本件加盟店契約に向けた集客ないし契約希望者に対する情報提供を目的として、本件資料請求サービスを用いており、広く一般公衆に向けて、自ら資料を無料送付する旨喧伝しているのであるから、請求者としては、請求をしさえすれば、基本的には誰であっても資料送付を受けられるとの合理的期待を抱いているものと認められ、かかる請求者から適式な資料請求があれば、これを受けた被告としては、特段の事情のない限り、誠実にこれに応じるのが取引通念上の信義にも適うものと認められる。そして、被告において、契約締結の自由ないし営業の自由が認められるとしても、被告は、自らの顧客獲得へ向けた情報提供ないし集客のために本件資料請求サービスを設けることに

⒃　判例時報2368号23頁

より、一般公衆に対し、請求しさえすれば誰であっても資料送付を受けられるとの合理的期待を抱くような状況を作り出しているといえるから、そのような一般公衆から資料請求があった場合には、当該請求者の特定の属性のみを理由に、何ら合理的な根拠に基づくことなく資料の送付を拒否することは、不合理な差別的取扱いというべきであり、かかる資料の送付拒否は、憲法14条１項の趣旨に照らし、当該請求者との関係で、当該請求者の合理的期待を裏切り、また人格権を不当に侵害するものとして、不法行為を構成するものというべきである」とした。集客等の目的で広く一般公衆に向けて資料送付をすることを宣伝しているという判示は公開性を前提にしており、同時にそのことによって請求者に資料送付を受けられるという合理的期待を抱かせている点にも着目して、公開性・公共性法理に合理的期待論を加味した判断をしている。

c. 合理的期待に着目した裁判例

公開性・公共性法理よりも合理的期待論に依拠して契約締結上の信義則に基づく責任を認めた判決例としては、住宅の賃貸借契約に関する判決例がある。

大阪地方裁判所平成５年６月18日判決は⒄、日本国籍を有しない者に対して住宅賃貸を拒否した事案について、「信義誠実の原則は、契約法関係のみならず、すべての私法関係を支配する理念であり、契約成立後はもちろん、契約締結に至る準備段階においても妥当するものと解すべきであり、当事者間において契約締結の準備が進展し、相手方において契約の成立が確実なものと期待するに至った場合には、その一方の当事者としては相手方の右期待を侵害しないように誠実に契約の成立に努めるべき信義則上の義務があるというべきである。したがって、契約締結の中止を正当視すべき特段の事情のない限り、右締結を一方的に無条件で中止することは許されず、あえて中止することによって損害を被らせた場合には、相手方に対する違法行為として、その損害についての賠償の責を負うべきものと解するのが相当である」とし、「契約の成立が確実なものと期待するに至った場合」には、その信頼を損なってはならない信義則上の義務が生じ、特段の正当理由がない限り契約拒絶は違法行為になるとして、平等原則に反する国籍差別による契約拒否を信義則違反と位置づけている。

京都地方裁判所平成19年10月２日は⒅、韓国籍を有する者の賃貸借契約締

⒄　判例時報1468号122頁
⒅　TKC法律情報データベース【文献番号】28132351

結を拒絶したことの是非等が争われた事案で、「被告Bは、本件賃貸借契約の成立に向けて準備を行ってきた原告会社に対し、本件賃貸借契約の成立についての強い信頼を与え、客観的にみて、本件賃貸借契約の成立が合理的に期待される段階まで両者の準備が進んでいたにもかかわらず、しかも、合理的な理由がないにもかかわらず[19]、本件賃貸借契約の締結を一方的に拒んだものであって、信義則上、原告会社が被った損害を賠償する責任を負うものと解するのが相当である」として、契約成立に対する合理的期待を信義則に基づいて保護し、契約拒絶の正当理由の中で国籍差別の不合理性を判断している。

iii）学　説

公開性・公共性の認められる領域に平等原則を公序として適用することを提案する見解としては、大村教授の見解がある[20]。同教授は「誰もが参加できる『公共空間』においては、人は合理的な基準でのみ排除・選別の対象となりうる。その基準から外れた属性は捨象されなければならず、排除・選別の際に考慮されてはならい。その意味で平等が実現されるのである。これは、排除・選別を行う主体が私人であっても変わりはない」とする。この見解は、大量取引の顧客となる者が想定する平等な取引条件に対する合理的期待に対する保護を信義則などの契約レベルで基礎づけるよりも公開性・公共性ということがらの性質から平等原則を公序として措定することを提案する。

次に、私人間の法律関係においても国家には基本権の保護義務に基づいて過少保護の禁止と過剰介入の禁止の義務があり、裁判所が両者の衡量を図るべきであるとする山本教授の見解がある[21]。同教授は、国家の基本権保護義務から国家機関である裁判所は私人間の法律関係において一般条項を解釈適用するにあたり、過少保護の禁止（当事者の一方に憲法上要請される最低限の保護を与えること）と過剰介入の禁止（その相手方の基本権に過度に介入しないこと）を守りながら双方の基本権を衡量して解決を導かなければならないとする。そして、公共的な制約が働く場面では、人権侵害をもたらすような差別的取扱いについては、それを正当化するより積極的な理由が求められるとする。

---

(19)　同判決は「賃貸マンションの所有者が、もっぱら入居申込者の国籍を理由に賃貸借契約の締結を拒むことは、およそ許されない」とも指摘している。

(20)　大村敦志『不法行為判例に学ぶ――社会と法の接点』（有斐閣、2011年）195-206頁、同『他者と共に生きる――民法から見た外国人法』（東京大学出版会、2008年）113-123頁

(21)　山本敬三、判例時報1794号167-178頁、なお、後述の本節2(2)参照。

吉田教授の見解は[22]、外国人差別の判決例の分析から、結論の相違をもたらしているのは、「問題となっている財やサービスが提供される市場の性格に関する理解の相違」によるものではないかとする。そして、顧客の人的要素を考慮しない市場」を「開かれた市場」とし、人的要素を考慮する市場を「制限的な市場」として市場の性格を分類する。開かれた市場では経済的自由を根拠にして顧客の人的要素によって選別を行うことの正当性は失われる一方、制限的な市場[23]では顧客の人的要素によって選別を行うことが許される場合があるとする。そのうえで差別を克服していくためには、本来的に市場は人的属性を問題としない抽象的な「人」を取引主体としていることに着目して、①開かれた市場を志向していくことと[24]、②市場化の契機に着目することによって[25]、人的要素による選別を許容しない場面を広げ、制限的な市場においては選別目的の正当性と選別基準の目的との具体的・実質的関連性による正当性審査を行うこと提案している。

(ii)　損害賠償責任に基づく間接的強制力

米国のように懲罰的賠償を認めず、損害賠償は塡補賠償を基本とする場合には、不法行為または債務不履行に基づく損害賠償責任は、本来的には過去の損害の補塡としての役割を果たすものである。しかし、私法領域においても障害差別禁止法制のもとで差別的な契約拒否が違法であると評価されることは同種の拒否を抑止する展望的な作用を持ちえ、さらに、その賠償額によってはその作用を強めることもできる。

---

(22)　吉田克己『市場・人格と民法学』（北海道大学出版会、2012年）67-83頁

(23)　同教授は、永住資格のない外国人の住宅ローンの申し込みの拒絶に関する判決例（東京地方裁判所平成13年11月12日判決、判例時報1789号96頁、東京高等裁判所平成14年8月29日判決、銀行法務21増刊630号45頁）は、「住宅ローンという商品については、返済能力という人的属性を考慮せざるを得ない」として、制限的な市場の例としている。

(24)　例えば、住宅の賃貸借契約が人的な信頼関係に基づくものと考えれば、制限的な市場における契約になるが、むしろ、人の生活基盤になる住宅という商品の重要性に着目して「人格的価値の実現を根拠としながら」住宅市場は開かれた市場であるべきだとすることで差別を克服していくことを提案される。

(25)　前記ゴルフクラブ入会拒否の裁判例（東京地方裁判所平成7年3月23日判決）で、「会員権が市場に流通」している点に着目して、「会員資格が現実の取引の中で人的属性を問題としない物的なものに転化」し、人的属性に基づく排除の正当性が失われるとする。

上記の裁判例では50万円前後の慰謝料を認めるものが多いが、公衆浴場利用拒否の事案や外国人入店拒否事案では100万円を超える損害賠償を認めている。差別の態様や人格権侵害の程度によっても異なるが、損害賠償額が高額化すれば展望的な作用を期待することもできる。在日朝鮮人の学校に対するヘイトスピーチに関する京都地方裁判所平成25年10月7日判決は(26)、「人種差別行為による無形損害が発生した場合、人種差別撤廃条約2条1項及び6条により、加害者に対し支払いを命ずる賠償額は、人種差別行為に対する効果的な保護及び救済措置となるような額を定めなければならないと解される」と判示している(27)。

(iii)　締約強制の可能性

i）　差別的な条件の無効化による契約成立の可能性

契約締結のために約款などであらかじめ一定の条件が付されている場合に、その条件を公序（民法90条）に反し無効とすることで、契約拒絶の理由を消滅させ、締約強制を求める可能性が考えられる(28)。例えばゴルフクラブの入会資格や住宅の賃貸借について日本国籍を有することや障害者でないことを成約の

(26)　臨増ジュリスト1466号26頁。

(27)　もっとも、同事件の控訴審判決（大阪高等裁判所平成26年3月25日判決、ジュリスト臨時増刊1479号288頁）は、「我が国の不法行為に基づく損害賠償制度は、被害者に生じた現実の損害を金銭的に評価し、加害者にこれを賠償させることにより、被害者が被った不利益を補塡して、不法行為がなかったときの状態に回復させることを目的とする。加害者に対する制裁や、将来における同様の行為の抑止を目的とするものではないから、被害者に実際に生じた損害額に加え、制裁及び一般予防を目的とした賠償を命ずることはできない。しかしながら、上記のとおり人種差別を撤廃すべきものとする人種差別撤廃条約の趣旨は、当該行為の悪質性を基礎付けることになり、理不尽、不条理な不法行為による被害感情、精神的苦痛などの無形損害の大きさという観点から当然に考慮されるべきである」として、日本の損害賠償制度が懲罰的賠償制度ではない点に留意しつつ条約の趣旨を生かす方向を示している。

(28)　茂木明奈「契約法における平等処遇の要請──日本の裁判例の検討から」法学政治学論究96号（慶應義塾大学大学院法学研究科内「法学政治学論究」刊行会編、2013年）35-69頁）は、「契約締結の拒絶ないし平等な内容での契約を行わないという行為自体が一定の法律行為ないし契約条項の設定によってなされている場合には、その法律行為ないし契約条項を無効とすることで、『契約実現型』救済あるいはそれに近い救済が可能になる」とし、「『販売拒否対象者指定』行為の無効確認請求に関するプロ野球観戦契約の事案でなされたような、あらかじめする契約拒絶の一方的な意思表示は、それが無効とされることにより契約の締結という帰結が近づくことになる」とする。

条件の一つとしている場合に、他の契約条件については合意が形成されているような場合で[29]、当該条件だけが契約の有効な成立の障害事由となっている場合であれば、当該事由が無効となることで当然に契約が有効に成立する場合を考えることができよう[30]。公共交通機関、娯楽施設、リクリエーション施設の利用・サービス提供契約など、公開性・公共性が認められる領域（「開かれた市場」）の契約では、契約条件は大人、学生、小人などによる入場料・利用料等の設定が示されているだけで、顧客はその料金を支払うだけで定型化された利用・サービス内容の提供を受けられるという契約であることが一般化している。現代の消費者社会で日常的に消費される財・サービスに関する契約は定型化されており、基本的に顧客ごとに契約当事者の債権債務の内容が変わることはない。事業者側の契約拒絶が許されず契約をしなければならないとするなら、差別的な契約条件を除く他の契約内容が定型的に定まっている場合には、差別的条件の無効化によって契約がそのまま成立するとしても、契約当事者の債権債務内容を確定することに困難はないと考えられる。したがって、契約の成立を認めることが事業者に対する過剰介入にならない限り、その成立を認めることができると考えられる。

ⅱ）　一般的な締約強制の可能性

a. ドイツ民法と締約強制論

谷江教授は[31]、ドイツ民法の議論から一般的に締約強制が認められる場合として、①申込者に契約の代替可能性がないこと、②申込者に法律上保護に値する利益があること、③締結者に契約締結志向があること、④提供者に給付能力があることの４要件を抽出し、日本法においてもその理論的枠組みに基づいて締約強制に関する規定がない場合にも、契約の強制的締結を認める解釈が可能

---

(29)　前記大阪地方裁判所平成５年６月18日判決の事案では「契約条件がすべて決まり、手付金に充当すべき金員の授受もなされ、その後は契約書の作成と物件の引き渡し、保証金の支払いが残るだけ」という段階であった。

(30)　もっとも、山本（前掲本節注(21)）はゴルフクラブ入会拒否の事案で入会自体の強制は「過剰介入の禁止」に反して許されないとすべきであるとされる。同教授は、趣味としてのゴルフを楽しむ機会が奪われても生活に支障をきたすわけではなく、また、他のゴルフクラブの利用可能性（いわゆる「乗り換え可能性」）がある反面で、入会強制を認めれば当該ゴルフクラブの結社の自由がその限りで全く否定されることになってしまうことを理由とされている。

(31)　谷江陽介『締約強制の理論――契約自由とその限界』（成文堂、2016年）

であるとされる(32)。代替可能性（要件①）については、㋐実質的な依存関係（代替提供者からの給付対象の入手困難性）、㋑場所的・時間的依存関係（代替提供者からの入手の場所的・時間的困難性）、㋒条件的依存関係（代替提供者からの入手費用の高額化）が考慮されるとされる。申込者の法的保護利益（要件②）については、消極的な要素として申込者が契約上の主たる債務（対価の支払いなど）の履行をしない可能性や付随義務としての必要な情報の提供をしない場合(33)、積極的な要素として医療給付のように申込者の生存にとって重要であり医師法（19条1項）などによってその利益が法的に保護されている場合があげられる。契約志向性（要件③）については、契約内容の通常性や給付内容の明確性、開業による契約締結に対する一般的意思の表明などが判断要素になりうる(34)。

代替可能性の場所的・時間的依存関係に関して、障害のある人が代替給付を得ることの場所的・時間的困難性（要件①の充足）と障害がなければ求められない代替給付を得る努力を求めることの差別性に対する法的保護（要件②の充足）を重視すれば、一般的締約強制理論を前提にしても障害のある人に対する差別

(32)　ドイツ法の根拠条文としては、「善良の風俗に反する方法で他人に対し故意に損害を与えた者は、他人に対し損害を賠償する義務を負う」（民法826条）のほか、「損害賠償義務を負う者は、賠償義務を生じさせた事情がなかったならば存在していたであろう状態を回復することを要す」（同法249条）、「自己の氏名使用権を現に妨害され、または妨害されるおそれがある場合には、妨害の停止または予防を請求することができる」（同法12条）、「占有者が占有を妨害されている場合には、妨害者に対して妨害の除去および停止を請求することができる」（同法862条）、「所有者が所有権を妨害されている場合には、妨害者に対して妨害の除去および停止を請求することができる」（同法1004条）、「債務者が意思表示をせよとの判決を受けたときは、判決が確定したときに直ちに意思表示をしたものとみなす。意思表示を反対給付に係らせているときは、右の効力は、第726条および第730条の規定に従い、確定判決の執行力ある正本が付与されたときに直ちに生ずる」（民事訴訟法894条1項1文）、「係争物に関する仮処分は、現状の変更によって当事者の権利を実現することができなくなるか、著しく困難になるおそれがあるときにすることができる」（同法935条）などの解釈論として議論されている（民法条文の邦文は谷江（前掲本節注(31)）、民事訴訟法の邦文は法務省司法法制調査部『ドイツ強制執行法』（法曹界、1976年））。日本法の根拠条文について、谷江教授は信義則（民法1条2項）、権利濫用（同条3項）、不法行為（同法709条）等を示唆するが、根拠規定を具体的に明らかにすることは今後の課題としている。

(33)　住宅ローンにおける申込者の返済能力や航空機の単独搭乗の際の合理的配慮の必要性に関する情報提供などが考えられる。

(34)　もっとも、企業の設立・承継という事実のみで契約締結に対する意思を表示したと評価すべきか否かにはドイツの学説上争いがあると指摘されている（上記谷江、83頁）。

的契約拒否に対して締約強制を認めることができる場合はあるとも考えられる。

b. 差別禁止法制と締約強制

一般的締約強制の理論を超えて差別的な契約拒否に対する締約強制を認める方向性について、茂木准教授はドイツの一般平等処遇法（2006年）を紹介し、「平等処遇法の効果として、履行利益を含む損害賠償請求権のほか、可能な場合には、平等処遇法に固有の契約締結請求権を認めるべきではないか」と主張される(35)。

ドイツ一般平等処遇法は、「人種を理由とする、又は民族的出自、性別、宗教若しくは世界観、障害、年齢又は性的アイデンティティによる不利益待遇を防止し、又は排除すること」を目的とし（同法1条）(36)、労働、社会保障、教育などの分野のほかに、「住居を含む公衆の利用に供される物品及びサービスの入手及び提供」を適用範囲に含めている（同法2条1項8号）。そして、人の属性を考慮しない大量取引や個人の属性の考慮が重要ではない取引あるいは私法上の保険にかかる（同法19条1項各号）、「民法上の債務関係の締結、履行及び終了の際に、人種を理由とする、又は民族的出自、性別、宗教若しくは世界観、障害、年齢又は性的アイデンティティによる不利益待遇を与えることは、許されない」（同条1項本文）とし、不利益待遇の禁止に対する違反について、損害賠償請求（同法21条2項）のほかに侵害の排除と侵害のおそれのある不利益待遇の停止を求める訴えを認めている（同法21条1項）。(37)

一般平等処遇法21条は契約締結請求権を明文化せず、侵害排除等の請求権を定めるにとどまっているので、被差別者側に一般平等処遇法に基づく契約締結請求権を認めるべきか否かについて争いがある(38)。否定説においても前述の

---

(35)　茂木明奈、「住居の賃貸借契約における平等処遇の意義と課題（上・下）」法律時報90巻4号、同5号（2018年）

(36)　同法の訳文は、齋藤純子訳「外国の立法 No.230」国立国会図書館（2006年）108-123頁による。

(37)　同法の解説として、さしあたり茂木明奈「ドイツ法にみる契約法における平等処遇の要請」法学政治学論究93号（慶應義塾大学大学院法学研究科内「法学政治学論究」刊行会編、2012年）69-99頁、「ドイツ法における不利益処遇の正当化」白鴎法学第22巻2号（2016年）133-150頁

(38)　桑岡和久「契約自由の原則と平等取扱い――差別禁止法を契機とするドイツ法の議論を検討素材として(1)、(2)」民商法雑誌第147巻1号、同2号（2012年）、EUの状況について、茂木明奈「契約法における平等処遇序論―― EUの状況から考える契約自由と差別

一般の締約強制が認められる場合があることは承認されているが、さらに進んで一般平等処遇法に固有の契約締結請求権を承認すべきか否かが争われている。桑岡教授はドイツにおける議論を分析し、否定説の基礎にある考え方として、「私的自治の一部である契約自由は、各人が法関係を自ら形成するために不可欠で放棄できない手段だという古典的な理解」と「契約自由は、市場で財が適切に配分されるために必要な条件でもある」という考え方があるとし、否定説においても例外的に承認されている一般的締約強制の場面は、生活上の重要な財の代替的入手ができない場合や長期継続して無職の状態に置かれるなど自己形成の基盤を確保する必要性がある場合であるとされる。すなわち、「契約自由は、単に財を獲得するための手段としてではなく、自己形成という観点から、その価値が見いだされており、人格から出発した把握がなされている」とされる(39)。これに対して肯定説は契約締結請求権の目的は「市場という社会に各人を参加させること」にあり(40)、「社会参加権は、契約自由が実質的に機能することで、この者に自己の法関係の形成を可能にし、そして社会に参加させるものである。このように自己形成に不可欠な契約自由と関係づけられることで、社会参加権もまた、人格と結びつく」として、両説が守ろうとする共通の価値として自己形成の価値を見いだしている。

しかし、否定説からは「社会からの排除が契約自由の一般的な制限を要するほどに必要となる状況が、本当に存在しているのかが疑問視され」、市場に多数の提供者が存在している場合などに、一提供者の契約拒絶によって社会的排除や社会参加の実現が阻害されることになるのかが疑問になるとされる。けれども、個別の差別行為や差別的な制度は、歴史的社会的に形成されてきた社会集団間の抑圧や従属化という社会構造に基づいて生じ、また、個々の差別行為や

禁止・平等処遇」法学政治学論究91号（慶應義塾大学大学院法学研究科内「法学政治学論究」刊行会編、2011年）115-146頁

(39)　山本敬三『公序良俗論の再構成』（有斐閣、2000年）18-46頁は、私的自治と契約の自由の基礎には「自分の生活空間を主体的に形成する自由」があるとし、こうした自由は憲法13条の幸福追求権に含まれるとする。

(40)　「市場経済社会では、財やサービスは市場での契約を通じて獲得されるものであり、契約を実際に締結できることは、人が消費、社会的・文化的な生活に参加するための条件」であり、「社会参加権は、財の配分という結果の実現そのものではなく、契約を介して財を獲得するという結果に至るまでの過程、つまり各人が社会に参加するというプロセスを重視している」という（桑岡・前掲本節注(38)）。

差別的な制度は全体の従属的な社会構造を維持し強化する役割を果たしていることに差別の本質がある（反従属化モデル、本書第2章第2節）。一提供者の契約拒絶はその者の気まぐれから偶発的にとられた対応ではなく、歴史的社会的に形成されてきた社会集団間の抑圧と従属化という社会構造あるいは社会意識に基づくものである。また、そうした対応を容認し集積させていくことで社会的排除の障壁が強化されていく。否定説は差別が社会構造の所産であり、個別的に偶発的に生じているものではない、という認識を欠いているように見える。

確かに個別の契約拒絶が差別を生む従属構造の所産としての行為であるかどうかは必ずしも明確でないかもしれない。しかし、そのために実定法は歴史的社会的に形成されてきた被従属化集団のメルクマールとして人種や障害などの保護範疇を明示し、その範疇に基づく別異取り扱いを差別になると定義したうえで、例外的に正当理由がある場合には違法性がないとする基準を定めている。したがって、契約拒絶の理由が障害に基づくものである場合には、正当な理由がない限り当該拒絶が許されないことに疑問の余地はない(41)。

否定説は、健全な市場の競争原理によって不当な契約拒絶は是正されていくともするが、従属化構造がある社会ではその構造自体を是正しない限り市場の競争による淘汰は期待できない。また、公衆に対して財・サービス等の有償提供を行おうとする者は、属人的要素に限定されない不特定多数の者が参加する開かれた市場に参入することで収益の機会を拡大しているので、一方で属人的要素の捨象によって利益の機会を増やしながら他方で属人的要素を理由に契約の拒絶をすることは禁反言として認めるべきではない。こうしたことから障害による差別的な契約拒絶に対しては締約強制を認めていくことが求められる。

日本の差別禁止3法はドイツ一般平等処遇法のように差別に対する侵害排除・予防請求権を定めてはいない。しかし、障害に基づく差別は、上掲の裁判例において明言するものがあるように人格権を侵害する行為である(42)。そし

(41)　差別解消法基本方針第2、2(2)は、「正当な理由に相当するのは、障害者に対して、障害を理由として、財・サービスや各種機会の提供を拒否するなどの取扱いが客観的に見て正当な目的の下に行われたものであり、その目的に照らしてやむを得ないと言える場合である」と定めている。

(42)　前掲札幌地方裁判所平成14年11月11日判決は、「原告らは、本件入浴拒否によって、公衆浴場であるOに入浴できないという不利益を受けたにとどまらず、外国人に見えることを理由に人種差別されたことによって人格権を侵害され、精神的苦痛を受けた者といえる」と判示し、前掲静岡地方裁判所浜松支部平成11年10月12日判決は、「不当

て、人格権に基づく侵害排除・予防請求権については判例も認めている[43]。したがって、障害に基づく契約拒絶に対しては、日本法においても人格権侵害に基づく侵害排除・予防請求によって契約締結請求権を認めていくことができると考えられる[44]。契約の強制が認められれば、契約に基づく債務の強制履行を

な方法により原告を店から追い出そうとしたことにより原告の人格的名誉を傷つけた」と判示した。前掲大阪地方裁判所平成29年8月25日判決は、「本件資料送付拒否は、原告が外国人であることのみを理由としてされた不合理な差別的取扱いであって、原告の資料送付を受けられるという合理的期待を裏切るとともに、その人格権を不当に侵害するものとして、不法行為にあたる」と判示した。前掲静岡地方裁判所浜松支部平成26年9月8日判決は、性同一性障害のある者で性別変更の審判を受けた者に対するゴルフクラブへの入会拒否等が争われた事案で、「原告aを排除することで、…経済的利益の実現を妨げるのと同時に、…医学的疾患である性同一性障害を自認した上で、ホルモン治療や性別適合手術という医学的にも承認された方法によって、自らの意思によっては如何ともし難い疾患によって生じた生物的な性別と性別の自己意識の不一致を治療することで、性別に関する自己意識を身体的にも社会的にも実現してきたという原告aの人格の根幹部分をまさに否定したものにほかならない」とし、さらに「原告aの不利益が単に反射的・経済的なものに留まると考えることは、広く社会に対し、性同一性障害という疾患ないしその治療行為を理由とする不合理な取扱いを助長」することにもなることを指摘して、「精神的損害は、看過できない重大なもの」と判示している。

(43) 周知のように最高裁判所昭和61年6月11日大法廷判決（北方ジャーナル事件）は、「実体法上の差止請求権の存否について考えるのに、人の品性、徳行、名声、信用等の人格的価値について社会から受ける客観的評価である名誉を違法に侵害された者は、損害賠償（民法710条）又は名誉回復のための処分（同法723条）を求めることができるほか、人格権としての名誉権に基づき、加害者に対し、現に行われている侵害行為を排除し、又は将来生ずべき侵害を予防するため、侵害行為の差止めを求めることができるものと解するのが相当である。けだし、名誉は生命、身体とともに極めて重大な保護法益であり、人格権としての名誉権は、物権の場合と同様に排他性を有する権利というべきであるからである」として、人格権に基づく差止請求を認めている。前掲ヘイトスピーチに関する判決（一審及び控訴審判決）は、「不作為義務は、契約によっても生じるが、契約がなくとも生じる。例えば、所有権や通行地役権などの物権の侵害行為がされ、それが繰り返されるおそれがある場合に、物権侵害を差し控える不作為義務の履行請求権が物権的請求権として発生する。不作為義務を発生させるのは物権だけではない。生命、身体、名誉、平穏な日常生活を送る利益などの人格的利益は、極めて重大な保護法益であり、物権の場合と同様に排他性を有する権利というべきであるから、人格的利益の侵害行為がされ、それが繰り返されるおそれがある場合にも不作為義務は発生するものと解される」（下線部は控訴審判決の加入）とし、人格的利益の侵害に対する差止請求を認めている。

(44) 契約締結請求権に基づき相手方の承諾の意思表示に代わる裁判（民法414条2項ただし書）を求め、あるいは、契約内容が定型化されている場合などは、予約完結権行使（同

求める（民法414条1項）ことも可能になる。また、損害賠償についても人格的利益の侵害についての慰謝料請求に加えて履行利益の賠償を求めることが可能になるなど、不法行為に基づく損害賠償請求を超えた救済方法を認めることができる。また、締約強制が認められることで、将来的に差別的な契約拒否をなくしていく波及効果が生じることにもなると考えられる。

(2)　契約内容の矯正

障害差別禁止の観点からは、契約に障害のない人には要求しない条件が付され、あるいは、契約内容に必要な合理的配慮の提供が定められていない場合など、障害に基づく差別が認められる場合には、一般条項の解釈によって差別的な契約の一部無効化（民法90条）あるいは合理的配慮義務を契約者に認める（民法1条2項等）ことによって契約内容を補充的に矯正することが考えられる。

(i)　一部無効による矯正

憲法および権利条約の平等・差別禁止規範は民法の公序良俗規範（90条）を介して間接的に私法領域に適用される（間接適用説）。もっとも、障害差別分野では差別禁止3法が制定されており、それらの法律は私法における契約の効力について定めていないが、障害を理由とした差別の禁止という禁止規範と合理的配慮の提供という命令規範を少なくとも事業者に対する行政介入（差別解消法12条、雇用促進法36条の6）の法規範とし、さらに、国および自治体が行う「障害を理由とする差別に関する相談」と「差別に関する紛争の防止又は解決を図る」体制（差別解消法14条）が用いる法規範とすることを予定しているものと解される。雇用促進法においても差別禁止（同法34条、35条）と合理的配慮の提供（同法36条の2、36条の3）は、都道府県労働局長による紛争解決の援助（同法74条の6）および調停（74条の7、同条の8）において紛争解決の法規範とすることが予定されているものと解される。差別禁止3法は紛争解決体制に裁判所を含めていないが、裁判所は民法90条にこれらの法規範が保護する基本権の保護を読み込んで解釈適用することで、差別的な契約条件等を無効とすることができる。もっとも、契約を無効にすることは、契約条件どおりに履行されるものと考えて契約をした他方当事者の契約の自由を制約することになるので、いわゆる国家による「過剰介入の禁止」に反しないかどうかを検討する必

法556条1項）と類似した形で契約の成立を認めることができる場合も考えられるのではないであろうか。

要がある。

この点について差別解消法を前提にして考えると、障害に基づく他の者とは異なる契約条件等に正当理由が認められるか否か、すなわち、契約条件等が「不当な差別的取扱い」にあたるか否かを判断する必要がある。差別解消法6条に基づく差別解消法基本方針（第2、2(2)）は、「障害者に対して、障害を理由として、財・サービスや各種機会の提供を拒否するなどの取扱いが客観的に見て正当な目的の下に行われたものであり、その目的に照らしてやむを得ないと言える場合」には正当な理由が認められるので(45)、「不当な差別的取扱い」にならないとしている。したがって、当該契約条項が客観的に正当な目的を有し、その目的を実現するために必要不可欠であれば、「不当な差別的取扱い」とはならず、したがってまた、法令違反の問題とはならないので、原則として民法90条違反の問題にはならない。ただし、権利条約が定める障害に基づくあらゆる差別の禁止（5条2項）に比べて差別禁止3法の禁止する差別の範囲が狭い場合には、法令を介さずに条約が禁止する差別的な契約条項を民法90条によって無効化すべきか否かを判断する必要がある(46)。

(45)　雇用促進法差別禁止指針は正当理由について一般的な基準を示していないが、「募集に際して一定の能力を有することを条件とすることについては、当該条件が当該企業において業務遂行上特に必要なものと認められる場合には、障害者であることを理由とする差別に該当しない。一方、募集に当たって、業務遂行上特に必要でないにもかかわらず、障害者を排除するために条件を付すことは、障害者であることを理由とする差別に該当する」（同第3、1(3)）としている点は類似の判断構造を示しているものと思われる。

(46)　山本（前掲本節注(39)）は、法令が存在しない場合の、憲法規範の間接適用の定式として、「『基本権侵害』が契約への拘束によって発生することが、契約関係における私人間適用の特徴である」とし、そこでの問題設定は、「第一の問題は、Bによる契約の承認・実現請求を認めることがAの基本権に対する『侵害』を帰結し、過少保護の禁止に反することにならないかどうかである。そして第二の問題は、そこで保護を与えることが、Bの私的自治ないしその個別的なあらわれとしての『基本権』に対して過剰介入にならないかどうかである」と定式化される。そのうえで同教授は、①過少保護の禁止の判断としては、第一に、契約をそのまま有効とすることによって「Aの基本権の実現が阻止される程度」と「Aの基本権の重要性」を勘案し、第二に、契約をそのまま有効としないことによって「Bに生じる不利益の程度」と「Bの基本権の重要性」を勘案すべきであるとされる。②過剰介入の禁止の判断としては、比例原則を前提として、「手段が目的の達成に適したものであること」（適合性原則）、「手段が目的の達成に必要不可欠であること」（必要性の原則）、「目的と手段が均衡を失していないこと」（均衡性原則）に基づいて判断すべきであるとされる。そして「均衡性の原則」では、第一に、契約の無効

上記の正当な理由が認められない場合は、差別解消法違反の契約になるので、民法90条に基づいてその契約条項を無効とすべきかどうかを判断することになる。法令違反行為の法律行為について民法90条を解釈適用する場合の衡量の基準として山本教授は比例原則を適用すべきであるとされ、比例原則の部分原則として、①均衡性原則（法令目的に契約の自由を犠牲にするに足る重要性があること）、②適合性原則（無効化することが法令目的の実現に役立たないとはいえないこと）、③必要性原則（無効化しなければ法令目的が実現できないこと）の観点から契約の無効化が国家による過剰介入にならないかどうかを判断すべきだとされる。

差別禁止3法の法令目的は、権利条約の要請に対応するものであり、差別が人間の多様性を否定し人間の尊厳を損ないインクルーシブな社会の実現を阻害する行為であることからすれば、その禁止を目的とする差別禁止3法の目的は最大限の重要性があり、差別条項の無効化は差別的な法律行為に国家が助力しないことを明確にするものであるから法令目的に適うだけでなく、その法律効果を容認することは差別を容認することに等しいので、無効としなければ法令目的が阻害されるともいえる。したがって、正当な理由が認められない「不当な差別的取扱い」にあたる契約条項は民法90条の公序良俗に反し無効になると考えられる。

(ii)　合理的配慮による契約条項等の矯正

合理的配慮の請求には、差別的な契約条項を適用しないことやその修正を求める側面と契約に定められていないが必要である配慮の補充を求める側面の両面がある。

i）　契約条項の不適用

特定の障害のある人にとって差別的に作用する契約条項については合理的配慮として当該条項をその人には適用しないとすることが考えられるが、民法90条によって当該条項を無効化することによってもほぼ同じ結果を得ることができる。もっとも、「不当な差別的取扱い」では正当な理由の存在が無効化からの除外事由になるのに対して、合理的配慮では契約の相手方にとっての「過重な負担」が契約条項不適用等の除外事由になるので、判断操作によっては結論が

化により「Bの基本権が阻止される程度」と「Bの基本権の重要性」を勘案し、第二に、契約を無効化しない場合に「Aに生じる不利益の程度」と「Aの基本権の重要性」を勘案すべきであるとされる。

異なることも考えられる。また、差別解消法では事業者の合理的配慮義務は行政介入の法規範としては努力義務にとどめられているので、その趣旨の民事法への反映のさせ方によっては結論が異なることも考えられる。もっとも、契約条項の不適用等の配慮が「過重な負担」となったり、努力しても達成できない行為になることは通常は考えられないので、私人間の契約関係において合理的配慮義務を努力義務にとどめるとしても、結論の相違は生じにくいと考えられる。

ii）　契約に定めのない合理的配慮の補充

a. 私人間の契約関係における合理的配慮義務の位置づけ

契約に合理的配慮をすべきことが定められていない場合であっても、例えば車いすを利用している人が車両の乗降をする際に駅員がホームと車両の間に簡易スロープなどを置いて乗降の援助をすることは旅客運送契約に基づく給付義務に含まれると解される。

契約において実現がめざされた債権者の利益の実現は、信義誠実の原則（民法1条2項）に基づき債務の本旨に従って履行されなければならない（同法415条）。必要な合理的配慮が契約で明示的または黙示的に定められている場合には、もとよりそれに基づいて合理的配慮を求めることができる。しかし、そうした定めがない場合でも、合理的配慮が提供されなければ他の人と同じように債権者としての利益が実現されない場合には、上記の一般条項に基づいて必要な合理的配慮の提供を求めることができると解される。

従来、主たる給付義務は給付結果それ自体を実現する義務であり、それに含まれないものは付随義務と位置づけられ、付随義務違反は不完全履行として債務不履行に基づく損害賠償請の根拠とはなるが、現実的履行の請求はなしえないとする理解が多くみられた。しかし、日本民法は債務不履行の形態として履行遅滞と履行不能のみを定めるドイツ民法とは異なり、「債務の本旨に従った履行をしないとき」を包括的に債務不履行と定めている（民法414条）ので、ドイツにおける学説に倣ってあえて付随義務や積極的債権侵害を類型化する意味はないと考えられる(47)。

(47)　平井宜雄『債権総論』（弘文堂、1985年）は、従来、債務不履行について履行不能と履行遅滞のみを定めるドイツ民法に学んで不完全履行や付随義務違反が論じられてきたが、ドイツ民法のような限定をせずに、「債務の本旨」に従わない履行をすべて債務不履行とする日本民法では、給付義務と付随義務の区別をする理論的根拠はないとする。し

契約に基づく義務には、給付結果の実現それ自体のために必要なものではないが、契約の目的達成のために必要な措置を採る義務（十分な利益、受益可能性、安全性など）および完全性利益（生命・身体・財産的利益だけでなく人格権や自己決定権も含まれる）を保護する義務などが含まれる(48)。合理的配慮義務は、障害のある債権者に対して契約目的が安全かつ十分に達成されるようにするための配慮として、また、給付結果を契約目的に適った形で保持し利用するうえでその人格権や自己決定権を保護する配慮として、さらに、障害があることによって契約利益の実現に特殊な危険が伴う場合に生命・身体の安全などを保護する配慮として契約における義務に含めることができると考えられる(49)。そして、合理的配慮義務が契約に基づく義務に含められれば、その不履行については単に損害賠償による救済（同法415条）を求められるだけでなく、履行請求を求めることができ（同法414条）、さらに、本旨に適わない行為の差し止めを求めることも考えられる(50)。特に、同等の財やサービスを他から合理的配慮を受けて容

たがって、「まずいかなる義務が当事者により明示的または黙示的に合意されたのかを確定すべきであり、次に、契約の解釈という作業によってもなお当事者の意思が明らかにならない場合にはじめて、規範的な判断として当該契約によって意図された（法律の規定によって発生する債務の場合には、法律の目的に照らして）目的を最もよく達成するような義務が承認されるべきである（法律論としては信義則（1条2項）をその根拠として用いるしかないであろう）。」とする。

(48) 潮見佳男『新債権総論Ⅰ』（信山社、2017年）159-165頁、同『契約規範の構造と展開』（有斐閣、1991年）162-170頁

(49) 潮見説によれば、完全性利益の保存義務違反の判断構造として①「契約に特殊な危険の存在」: 契約利益実現に伴う完全性利益に対する特殊な危険と言えるか、②「法益の開示と法益に関する管理・保護の委託」: 債権者利益を受けるために自己の法益の管理・保護を債権者に委ねざるをえなかったか、③「完全性利益の保護義務」: 履行過程で完全性利益に対して合理的な注意が尽くされたか、などによって保護義務違反の成否を判断すべきとする（上記『新債権総論Ⅰ』165-166頁、『契約規範の構造と展開』169頁）。

(50) 潮見・前掲本節注(48)『契約規範の構造と展開』は、「契約規範は単なる給付結果実現を保障するのみならず、契約目的が有効に達成されるように、かつ債権者の完全性利益を侵害することのない状態でその実現が図られるように、履行過程を規制するという目的に出るものである上に、そこでは何よりも給付結果を積極的に作出するという使命を担っているものであるから、その効果として、本旨に適わない行為の差止め…や単なる事後的効果としての損害賠償にとどまらず、事前の積極的な履行請求権をもこれら付随的な義務について付与することが妥当である」とする（同書144頁）。本節注(48)潮見167頁は、特に「人間としての存続にかかわる最重要な法益」が対象になる場合には、「法益侵害の危険を事前に阻止すべく履行請求権（安全配慮措置請求権）を与えるのが適切である」とする。

易に得られる場合であれば、合理的配慮を提供しない契約者に対して解除および損害賠償請求を行うという救済方法を使う意味があるが、当該契約関係を維持する利益がそれを終結させることによって生じる損失の補償によって塡補されない場合や同じような障害のある人に対する合理的配慮のあり方の改善を求める観点からは、履行請求を認める意義が大きい(51)。

b. 私人間の契約関係における合理的配慮実現のための対話・協議義務

合理的配慮は、特定の環境条件が特定の障害との関係で、その障害のある人の社会参加や権利の行使を困難にさせてしまう場合に、その環境条件（社会的障壁）を除去、変更、調整すること（権利条約2条、基本法4条2項、差別解消法7条2項、雇用促進法36条の2、36条の3）であるから、必要な合理的配慮はそれぞれの場合に応じて複数存在する可能性がある。そして、それぞれの人に固有の機能障害の状態に対してどのような配慮の仕方が適切であるかは本人から情報を得て意向を尋ねなければ明らかになりにくい。また、特定の環境（例えば会社内）において提供可能な合理的配慮の選択肢（例えば職場や職務の変更・調整）の存否、内容やそれぞれの選択肢に応じて要する時間や経費、困難度、負担などはその配慮を提供する側の事情も尋ねなければ明らかになりにくい。そのため一般的意見6号は、合理的配慮義務実施指針（para.26）の重要な要素の一つとして「障害のある当事者との対話を通じて、障害のある人の人権の享有に影響を与える障壁を特定し、撤廃すること」をあげており、差別解消法基本方針（第2、3⑴イ）も「合理的配慮は、障害の特性や社会的障壁の除去が求められる具体的場面や状況に応じて異なり、多様かつ個別性の高いものであり、当該障害者が現に置かれている状況を踏まえ、社会的障壁の除去のための手段及び方法について、『⑵過重な負担の基本的な考え方』に掲げた要素を考慮し、代替措置の選択も含め、双方の建設的対話による相互理解を通じて、必要かつ合

---

(51)　鎌田耕一「安全配慮義務の履行請求」『労働保護法の再生――水野勝先生古稀記念論集』（信山社、2005年）380-381頁は、安全配慮義務の履行請求の可否について、「社会的接触が容易に終結しうる場合、保護義務の履行請求権は必要ないことになる。しかし、『社会的接触』関係の終結が期待できない場合、事情は異なる。『社会的接触』を維持することから生ずる利益は、終結によって生ずる損失の補償によって塡補されないからである。」とし、また、間接喫煙被害の事案などで「安全配慮義務の履行請求で争われているのは、集団的な労働条件の形成である。こうした問題を解決するためには、損害賠償や解約（退職）という手段では不十分であろう。」として、そうした場合に履行請求権を認めようとする。

理的な範囲で、柔軟に対応がなされるものである」としている。雇用促進法が合理的配慮の提供の前提として障害者の意向の尊重と相談・対応体制の整備（36条の４）、苦情の自主的解決（74条の４）、調停（74条の７、同条の８）を定めているのも、合理的配慮の実現に向けた対話と協議の必要性を前提にしたものと理解することができる(52)。

こうした合理的配慮実現に向けた対話・協議の義務は、契約関係において従たる給付義務としての合理的配慮義務を履行するために信義則（民法１条２項）に基づき誠実に対話、協議すべき義務と位置づけることができる(53)。したがって、契約の相手方は、一方的に合理的配慮と考えるものを提供するのではなく、障害のある契約者に対してあるべき合理的配慮についての交渉の機会を実効的に保障する義務を負う。契約の相手方が、対話、協議に応じない場合には、障害のある契約者は相手方に対して協議に応ずべき地位にあることの確認を求め（確認請求）あるいはその地位にあることを仮に定める仮処分申請を行い、対話、協議の可能性を開くことが考えられる(54)。そして、対話、協議あるいは調停などによって、あるべき合理的配慮の内容が具体的に特定されれば、さらに、その合理的配慮義務の現実的履行の強制を求める（民法414条）ことも可能になると考えられる。

(3)　規範的要件の要素としての差別禁止

不法行為（民法709条）における違法性の要件あるいは労働契約法が規定する「客観的に合理的な理由を欠き、社会通念上相当であると認められない場合」（懲戒について15条、解雇について16条、有期契約の更新について19条）などの要件を判断するにあたって、障害に基づく差別をし、あるいは、合理的配慮を提供しないことは違法性を基礎づけあるいは社会通念上の相当性を失わせる事実として評価される。

(i)　不法行為法と差別禁止法

不法行為の成否を判断する場合には、違法性の内容として公序良俗などの一

---

(52)　川島聡「差別解消法と雇用促進法における合理的配慮」同ほか著『合理的配慮――対話を開く、対話が拓く』（有斐閣、2016年）53-55頁は、合理的配慮には事後的性格、個別的性格と対話的性格があると指摘する。

(53)　前掲本節注(51)鎌田396頁

(54)　安全配慮義務の内容を定めるための協議義務について、前掲本節注(51)鎌田399-400頁

般条項と同じように憲法規範および権利条約ならびに差別禁止３法を間接適用する構造になる。間接適用すべき根拠は国家の保護義務であり、また、権利条約締約国としての義務（４条、５条）である。障害に基づく差別であるか否か、提供されるべき合理的配慮が提供されていたか否かはこれらの差別禁止法制から解釈される。もっとも、差別禁止３法は行政施策の観点から定められているので、その基準を参考にしながらもそれに限定されるわけではなく、権利条約が要請する差別の撤廃（特に４条１項(e)、５条）に依拠して行為の差別性を評価する必要がある。差別禁止３法が直接差別以外の差別形態を禁止していないと解釈する見解にあっても、権利条約はそれ以外のあらゆる形態の差別を禁止しているので、さらに、権利条約の観点から差別の違法性を評価する必要がある。

違法性の評価にあたっては、被害者の権利を保護するために加害者側の権利を過剰に制約することになることは許されない(55)。したがって、第一に、不法行為責任を認めることが比例原則に照らして過剰介入になるか否かを評価する必要がある。その評価の方法としては、不法行為責任を認める目的に対する手段の適合性（適合性原則）、当該手段の必要性（必要性原則）、保護されるべき権利と当該手段の目的の均衡性（均衡性原則）の観点から評価する。不法行為責任を認めることにより過去の差別行為によって生じた損害が賠償されることになるとともに将来における同種の事案を予防する効果を期待することもできるので、不法行為責任を認めることは救済方法として適合性が認められる。また、権利条約の締約国の義務として（同条約４条、５条）、差別に対する救済方法の一つとして不法行為責任を認めることが求められている。差別行為は差別を受ける者の人格権あるいは「人間の固有の尊厳及び価値」の侵害（権利条約前文(h)）行為であるから、そのような行為を行う者に対して不法行為責任を認めることで被差別者を救済し、そのような行為が許容されないことを明確にする必要性は高い。そして、不法行為法によって保護しようとする権利利益は人格権あるいは人間の尊厳というもっとも基本的な価値であるから、不法行為責任を認めることによって制約される差別行為者の権利利益が人格権あるいは人間の尊厳に匹敵しあるいは優越する権利利益でない限りその責任を認めることは均衡を失した措置とはならない。したがって、権利条約および差別禁止３法の観

---

(55)　山本敬三ほか「(座談会）不法行為法の新時代を語る」法律時報78巻８号（2006年)。山本教授は、不法行為においても民法90条と同様の論理構造によって過剰介入の禁止の判断方法を提示される。

点から差別に該当すると判断される場合には不法行為における違法性は原則的に認められることになると考えられる。

差別解消法基本方針は正当な理由が認められ場合は不当な差別的取扱いにならないとし、差別的な行為の目的の客観的正当性と当該目的を達成するために当該行為を採ることの必要不可欠性（合目的的なやむを得ざる行為）を評価すべきものとしている。また、合理的配慮義務については、それが過重な負担に該当する場合にはその義務がないことになる。これらの理由は、不法行為法においては上記の比例原則の適用において均衡性原則の評価において吟味されることになると考えられる。

(ii)　労働契約法と差別禁止法

i）　労働法における間接適用関係

労働契約においては、客観的合理性あるいは社会通念上の相当性などの評価的要件を媒介として権利条約および差別禁止3法の差別禁止（合理的配慮の不提供を含む）の規範的価値が読み込まれることになる。雇用場面においては業務遂行上特に必要な労働能力の程度に応じて採用、賃金、昇進、解雇等の取扱いの区別をすることは雇用目的に照らして客観的正当性が認められるが、労働能力は事業主にとって過重な負担となる場合を除いて合理的配慮が提供されることを前提として評価されなければならない（本書157-159頁参照）。

合理的配慮は、展望的観点から実際に提供されることを求めることができることが第一義的に重要であるが、すでになされた解雇等の有効性を争う場合には、回顧的な観点から、検討ないし提供されるべきであった合理的配慮の検討ないし提供がなかった場合には「客観的合理性あるいは社会通念上の相当性」を欠く解雇等として、その効力を否定することが考えられる。

裁判例においては展望的に合理的配慮の提供を直接的に命じる判決例は管見の限り見当たらないが、就業規則の規定の解釈として、または、信義則、債務の本旨、公序良俗、権利濫用などの一般条項に基づいて、合理的配慮類似の配慮を使用者に求める事案が多くみられる。

ii）　裁判例（合理的配慮義務の間接適用）

a. 就業規則の解釈に基づく合理的配慮義務

最高裁判所平成24年4月27日第二小法廷判決（日本ヒューレッドパッカード事件[56]）は、使用者は精神的な不調のために欠勤を続けていた労働者について「精神科医による健康診断を実施するなどしたうえで…、その診断結果等に応じて、必要な場合は治療を勧めた上で休職等の処分を検討し、その後の経過を見るなどの対応を採るべきであり、このような対応をとることなく、…直ちにその欠勤を正当な理由なく無断でなされたものとして諭旨退職の懲戒処分の措置を採ることは、精神的な不調を抱える労働者に対する使用者の対応としては適切なものとはいい難い」と指摘して、「Xの上記欠勤は就業規則所定の懲戒事由にあたる正当な理由のない無断欠勤に当たらないものと解さざるを得」ないとして就業規則に基づく懲戒処分を無効とした。同判決は、就業規則上の懲戒事由である「正当な理由のない無断欠勤」の「正当な理由」の評価内容として、使用者が労働者の精神的不調について医師の診断結果等に応じて、受診勧奨や休職、経過観察などの配慮がなされていたことを求めている。

京都地方裁判所平成28年3月29日判決（O公立大学法人事件[57]）は、「教職員が職務に必要な適格性を欠く場合」を解雇事由とする就業規則に基づく解雇の有効性が争われた事案で、基本法19条2項、雇用促進法36条の3は施行前であったが、同各条項の「理念や趣旨は、同法施行の前後を問わず妥当するものと解される」とし、「このような法の理念や趣旨をも踏まえると、障害者を雇用する事業者においては、障害者の障害の内容や程度に応じて一定の配慮をすべき場合も存することが予定されているというべきである」とし、「解雇以外に雇用を継続するための努力、例えば、アスペルガー症候群の労働者に適すると一般的に指摘されているジョブコーチ等の支援を含め、障害者に関連する法令の理念に沿うような具体的方策を検討した形跡すらなく、そのような状況をもってXに行ってきた配慮が被告の限界を超えていたと評価することは困難である」と指摘して、「労働契約法16条に照らすと、本件解雇は、就業規則所定の解雇理由に該当する事由があるとは認められないから、客観的に合理的理由を欠くものであって、無効である」と判示した。就業規則が定める「職務に必要な適格性」の判断を労働契約法16条の「客観的に合理的な理由を欠き、社会通念上相当であると認められ」るか否かの観点から行い、その評価の中に雇用促進法等の価値基準を反映させた解釈方法といえよう。

東京地方裁判所平成17年2月18日判決（カンドー事件[58]）は、「精神又は身体の障害若しくは病弱のため、業務の遂行に甚だしく支障があるとき」を解雇事

(56) 労働判例1055号5頁
(57) 労働判例1146号65頁
(58) 労働判例892号80頁

由として定める就業規則について、医師が「原告について、躁うつ病による軽躁状態のため通院治療中であるが、請求の整理、認証手続等の事務的な作業を行うことに支障はないとの診断書を作成しており、また、被告が、本件解雇に先立って専門医に助言を求めた形跡がないことからすると、原告の躁うつ病の病状については、慎重に判断する必要がある」とし、仮に当該医師が被告から原告の状況について具体的な報告を受け、意見を求められていれば、「原告の病状について説明し、被告の対処について助言した可能性は高いというべきである。…原告について治療の効果が上がっていたと考えられることからすると、原告に対し適正な対応を取り、適正な治療を受けさせることによって（自宅待機や再度の休職を前提としたものを含む）、治療の効果を上げる余地があったと認めるのが相当である。」として、「原告の躁の症状について、程度が重く、治療による回復の可能性がなかったということはできない」として就業規則所定の解雇事由は認められないとした。

大阪地方裁判所平成11年10月4日判決（JR東海事件(59)）は、休職期間満了の時における復職の可否の判断について、当該労働者の「能力、経験、地位、使用者の規模や業種、その社員の配置や異動の実情、難易等を考慮して、配置替え等により現実に配置可能な業務の有無を検討し、これがある場合には、当該労働者に右配置可能な業務を指示すべきである」として、現実に復職可能な勤務場所があるのに復職不可とした判断には誤りがあるので、就業規則に反した退職扱いは無効であるとした。

b. 労働契約における信義誠実の原則に基づく合理的配慮義務

東京地方裁判所平成28年9月23日判決（日本ワールドエンタープライズ事件(60)）は、「労働契約では当事者双方が相手方の利益に配慮し、誠実に行動することが要請されているというべきであるが、被告は、原告の欠勤にうつ状態等というやむをえない理由があったのに職場復帰の可能性を十分に見極めず、原告との協議を尽くすことなく、原告の精神状態に与えるであろう悪影響のおそれにも配慮しないで、強引に本件解雇に踏み切っており、使用者の労働者に対する配慮として不十分である」として、労働契約における信義誠実原則に基づいて、労働者のうつ状態に対する職場復帰可能性の見極め義務、協議を尽くす義務、精神症状への悪影響回避配慮義務などを使用者の契約上の配慮義務とし

(59) 労働判例771号25頁
(60) TKC法律情報データベース【文献番号】25543875

て導いている。

神戸地方裁判所尼崎支部平成24年4月9日判決（阪神バス事件(61)）は、「身体障害者に対して適切な配慮を行うことは、厚生労働省の障害者雇用対策基本方針においても求められており、障害者に対し、必要な勤務配慮を合理的理由なく行わないことは、法の下の平等（憲法14条）の趣旨に反するものとして公序良俗（民法90条）ないし信義則（同1条2項）に反する場合があり得る」とし、「勤務配慮を行わないことが公序良俗又は信義則に反するか否かについては、①勤務配慮を行う必要性及び相当性と、②これを行うことによる債務者に対する負担の程度とを総合的に考慮して判断をする」とし、憲法14条と障害者雇用対策基本方針を民法の一般条項を介して労働契約関係に間接適用する判断を示している。

大阪地方裁判所平成11年10月18日判決（全日空事件(62)）は、就業規則所定の解雇事由が争われた事案であるが、「直ちに従前業務に復帰ができない場合でも、比較的短期間で復帰することが可能である場合には、休業又は休職に至る事情、使用者の規模、業種、労働者の配置等の実情から見て、短期間の復帰準備時間を提供したり、教育的措置をとるなどが信義則上求められるというべきで、このような信義則上の手段をとらずに、解雇することはできないというべきである」として、信義則に基づいて短期的な復職準備時間の提供や教育的措置などの配慮が求められるとしている。

c.「債務の本旨」に基づく合理的配慮義務

東京地方裁判所平成27年7月29日判決（日本電気事件(63)）は、アスペルガー症候群を有する労働者の休職期間満了時の就労可能性の判断に関して、「債務の本旨」に従った労務の提供を問題とし、「従前の職務である予算管理業務が通常の程度に行える健康状態になっていること、又は当初軽易作業に就かせればほどなく上記業務を通常の程度に行える健康状態になっていること、これが十全にできないときには、被告においてA職群（総合職）3級の者が配置される現実的可能性があると認められる他の業務について労務を提供することができ、かつ、原告がその提供を申し出ていることが必要である」としたうえで、原告の障害について、基本法19条2項、発達障害者支援法4条、雇用促進法36

(61)　労働判例1054号38頁
(62)　労働判例772号9頁
(63)　労働判例1124号5頁

条の3の趣旨を考慮すべきであるが、基本法および発達障害者支援法の当該条項は努力義務規定であり、合理的配慮についても過度の負担について留意する必要があるなどとし、指導を要する事項について上司とのコミュニケーションが成立しない精神状態で、かつ、不穏な行動で周囲に不安を与える状態では、就労可能とは認められず、他の業務について労務提供の申出もなかったなどとして請求を棄却した。本判決は労務の提供についての「債務の本旨」の評価の中で、就労可能性について基本法等の趣旨や合理的配慮について考慮する指向性を示しているが、合理的配慮と過度の負担の評価方法に踏み込んだ判断は行っていない。

d. 公序良俗に基づく合理的配慮義務

東京高等裁判所平成19年4月26日判決（オリエンタルモーター事件[64]）は、労働者が黄斑変性症により従前の業務が困難となったための業務換えと賃金減額が公序良俗に反するか否かが争われた事案で、「従前どおりの業務を遂行することが困難と認められる場合には、会社は人事権を行使して配置換えないし業務換えを行うほかないと考えられるが、人事権の行使にあたっては、第一審原告の従前の経歴・業務の内容を踏まえた上で、当該疾病による障害の程度を考慮した適切な代わりの業務に就けるよう、また、代わりの業務への就労に対応する賃金についても、業務負担が減少する分相当の減額がされることはありうるとしても、第一審原告のこれまでの職歴、業績、過去の昇給経過等を考慮し適切な範囲にとどまるよう配慮することが要請される」とし、「適切な代替業務へ就労させるための調整努力を怠った」こと、「仕事を失うかもしれないという不安な状態へ追い込んだ」こと、使用者に「組合員を不利益に扱おうとする動機があったこと」などから業務換え・賃金減額の合意を公序良俗に反し無効とした。

e. 権利濫用に基づく合理的配慮義務

東京地方裁判所平成27年7月15日判決（ピジョン事件[65]）は、精神疾患を有する労働者に対する転勤命令について、「労働者に対し通常甘受すべき程度を著しく超える不利益を負わせるときなどには」権利濫用となるとした最高裁判所昭和61年7月14日第二小法廷判決[66]を前提にして「転勤は、職務内容・職場

---

(64)　労働判例940号33頁
(65)　労働判例1145号136頁
(66)　労働判例477号6頁

環境・通勤手段等に関する大きな環境変化を当然に伴うものであり、精神疾患を有する者にはこれらの環境変化がその病状の増悪を誘因するおそれがあることから、このような精神疾患を有する者に対する転勤命令は、主治医等の専門医の意見を踏まえた上で、当該精神疾患を増悪させるおそれが低いといえる場合のほか、増悪させないために現部署から異動させる必要があるとか、環境変化による増悪のおそれを踏まえてもなお異動させるべき業務上の必要があるなど、健常者の異動と比較して高い必要性が求められ、また、労働者が受ける不利益の程度を評価するに当たっても上記のおそれや意見等を踏まえて一層慎重な配慮を要するものと解すべきである」として、権利濫用の評価にあたって、精神障害に対する「一層慎重な配慮」がなされているか否かを評価すべきものとしている。

iii）　労働契約に基づく合理的配慮義務の履行請求

裁判例にみられる事案は、いずれも合理的配慮の提供を行わないでなされた労働能力の評価に合理性が認められないとし、あるいは、合理的配慮を行わないでなされた解雇などの処分を違法無効とするものであり、展望的に合理的配慮義務の履行請求を認容した事案ではない。これは従来、安全配慮義務を労働契約に基づく付随義務と理解し、付随義務違反については損害賠償請求は求められるが、主たる給付義務と同様に現実的履行の請求は求められないとする理解を前提にしているためと考えられる。そのため障害差別禁止法制が求める合理的配慮義務を私法上は契約に伴う付随義務に位置づけるとすれば、安全配慮義務と同様に損害賠償請求の根拠にはなるが、現実的履行の請求はなしえないことになるとも考えられる。しかし、すでに見たように、給付義務は単に給付結果を実現するだけではなく、履行過程を通じて債権者利益の実現を図ることを含み、債権者の安全や人格的利益までを含めた利益侵害の防止と利益の十全な実現をする義務を含んでいると理解すべきであり、また、日本法においては「債務の本旨」に従った履行の有無を論じれば足り、給付義務と付随義務を峻別する意味はない。

確かに、合理的配慮を提供せずになされた労働能力の評価や解雇を違法として、その法的効力を否定し、あるいは、損害賠償請求を認めることは、回顧的な救済方法ではあっても、合理的配慮を尽くしたうえでの労働能力の再評価や解雇処分の再検討をせざるをえなくするという事実上の展望的効果を期待することはできる。しかし、障害のある労働者の側から合理的配慮義務の履行請求ができず、合理的配慮を欠いた職務評価を前提とした解雇等の違法無効を争いうるだけとするのでは、雇用促進法が合理的配慮の具体的な調整のために調停等の手続（同法36条の４、同条の６、74条の４ないし同条の６など）を設けた意義を失わせてしまいかねない。したがって、こうした障害差別禁止法制の趣旨は労働契約関係における信義誠実の原則に含まれるものと解すべきであり、使用者は、信義則上、障害のある労働者に対して合理的配慮についての交渉の機会を実効的に保障する義務を負い、使用者が、対話、協議に応じない場合には、障害のある労働者は相手方に対して協議に応ずべき地位にあることの確認請求訴訟あるいはその地位にあることを仮に定める仮処分申請によってそうした地位の確認を求めることもできると解すべきである。また、雇用促進法に基づく調停などによって提供されるべき合理的配慮の内容が相当程度具体的に特定されたものの調停は不成立となった場合などには、当該合理的配慮義務の現実的履行を求める民事訴訟の道を拓かなければならない。

事項索引

【あ】

ICD-10（国際疾病分類第 10 版）……………… 87
相手が望まない行為（unwanted conduct）…… 46
アクセス可能原則（Accessibility）………… 100
アクセスの無差別原則………………………… 100
アセアン憲章（2008 年）……………………… 110
あっせん……………………………………… 14, 179
アメリカ独立宣言……………………………… 49
安全への配慮（労働契約法 5 条）…………… 187
医学モデル……………………………… 17, 21, 108
「生き心地のよい」社会……………………… 98
意思と選好の最善の解釈基準（best interpretation of will and preference）……… 69
意思の個人モデル……………………………… 63
意思の社会モデル……………………………… 65
意思の表明(申し出)…………………………… 129
意思表明……………………………………… 177
意思理論……………………………………… 63
一部無効……………………………………… 207
一般就労形態………………………………… 154
一般的受容形式……………………………… 6
一般的な教育制度（the general education system）……………………………………… 101
違法性の要件………………………………… 213
医療観察法による入院………………………… 86
医療契約……………………………………… 82
医療保護入院………………………………… 86
インクルーシブ教育…………………………… 96, 98
——の普遍性………………………………… 100
インクルーシブ形態…………………………… 97
インクルージョン（包容）…………………… 105
インジャンクション（差止命令・義務付命令）……………………………………… 184
インテグリティ………………………………… 23
インテンショナル・ピア・サポート………… 60
ヴァルネラビリティ（vulnerability，孤立した人の無防備性・脆弱性）……………… 62, 65, 68
疑わしき区分………………………………… 7
上乗せ・横出し条例…………………………… 11, 173
英国障害差別禁止法（Disability Discrimination Act 1995）…………………………………… 35
円陣形式（サークル）………………………… 60
多く人が許されるあるいは従うべきと考えてしまう行動（institutional behavior）……… 46
O 公立大学法人事件………………………… 216
オープン・ダイアローグ……………………… 61
オリエンタルモーター事件…………………… 219

【か】

外務省総合外交政策局人権人道課…………… 110
隔離（segregation）…………………………… 33
過去の事実について被害の回復を図ることを目的(backward-looking)とする手段……… 185
過重性の基準………………………………… 128
過重負担……………………………………… 128
過剰介入の禁止……………………………… 198, 208
過少保護の禁止……………………………… 198, 208
学校教育法中養護学校における就学義務及び養護学校の設置義務に関する部分の施行期日を定める政令………………………………… 96
過量契約の取消権…………………………… 74
勧　告……………………… 14, 137, 165, 179, 184
勧奨退職……………………………………… 149
間接強制……………………………………… 179
間接交流……………………………………… 104
間接差別…………… 31, 35, 38, 40, 44, 51, 121, 146
間接適用説………………………… 207, 214, 215
完全性利益…………………………………… 211
カンドー事件………………………………… 216
関連差別……………………………… 42, 121, 144
起因差別（discrimination arising from disability）……………………………………… 35, 44
帰責性……………………………… 123, 124, 128
議長草案……………………………………… 42, 89
機能障害（impairment）……………… 21, 87, 174
基本原則法…………………………………… 117
基本理念法…………………………………… 117
虐　待……………………………………… 46, 168
客観的合理性及び社会通念上の相当性（労働契約法 16 条）……………………………… 187, 215
教育の普遍性（universality）………………… 97

教育を受ける権利……96
協議に応ずべき地位にあることの確認を求める確認請求……213
協議を尽くす義務……217
行政規則の外部化現象……137
共生基本原則……118
行政救済型……14
行政指導……165
行政指導型……18
強制履行……206
均衡性原則……208, 209, 214
均衡のとれた(proportionate)手段……38, 44
禁止規範……207
勤　怠……147
均等／均衡モデル……32, 50
国等職員対応要領……136
クーリング・オフ……78
訓　令……137
傾向性アプローチ（liability approach）……35
経済的アクセス可能原則……100
経済的虐待……169
経済的負担の観点……129
形式的平等（formal equality）……51
刑事法型……16
啓発活動……140
「契約実現型」救済……200
契約自由の原則……188
契約締結請求権……203
契約の自由……204
決定支援に対する濫用防止措置……68
結論先取りの対応（teleology）……33
厳格な審査基準（特別意味説）……7, 134
幻覚の症状を伴う精神病……146
現実的履行の請求……210
憲法型……15
権利能力……57
権利濫用……187
権利利益……124
行為能力……57
公開性・公共性(open or provide to the public)法理……189
効果的(effective)で相応の(proportionate)抑止的なもの（dissuasive）……185
公共施設の場所（place of public accommodations）……190
「攻撃的な行為」の法理……76
交差差別（intersectional discrimination）……48, 122
高次脳機能障害……174
公衆が利用できる（available to the public）財およびサービス……189
公衆に開放され又は提供される（open or provide to the public）施設およびサービス……189
公序良俗……187
構造障害……119
構造的・体制的差別（structural or systemic discrimination）……46, 122, 140
公知（common knowledge）……36
公　表……179
公平委員会……9
拷問等……46
合理的期待論……197
合理的配慮……35, 43, 45, 76, 157, 209
——の手続……164
——の不提供……42
合理的配慮義務……56, 78, 102, 125, 135, 160, 177, 215
——と差別禁止の関係……130
——の現実的履行の強制……213
——の法的義務性……131
合理的配慮実現のための対話・協議義務……212
交流および共同学習……103
高齢者虐待防止法……168
国際協調基本原則……118
国際障害分類……21
国際生活機能・障害・健康の国際分類（国際生活機能分類）……22, 66, 87
国内人権機関……14, 109
個人意思自治の原則……64
個人主義的、主知主義的な人間類型……64
個人主義的人間像……63
国家の保護義務論……183
コーディネート機能……141
古典的な契約のパラダイム……80
個別教育計画……104
個別交渉排除原則……80
個別的支援サービス……93
個別テーマに関する人権条約……27
雇用機会均等委員会（EEOC）……184

雇用期間を定めた契約…………………………… 149
雇用義務………………………………………… 152
雇用形態の変更………………………………… 149
雇用促進法の適用除外者（国家公務員、地方公務員、国会職員、裁判所職員、自衛隊員）… 166
雇用率制度……………………………………… 166
困惑による意思表示の取消……………………… 75

【さ】

最後の手段（the last resort）……………… 68, 83
最善の利益基準（beat interest standard）…… 69
最低賃金の減額特例…………………………… 149
差異のジレンマ（dilemma of difference）…… 36
再発の予防や将来の状態の改善を図ることを目的（forward-looking）とする手段 ……… 185
裁判所の確信（court's conviction）…………… 36
債務の本旨………………………… 187, 210, 218
作為義務…………………………………… 127, 128
サークル（対話の輪）…………………………… 62
差止請求………………………………………… 187
差別意思基準説………………………………… 123
差別意図………………………… 32, 123, 145, 156
差別解消のための支援措置…………………… 139
差別禁止基本原則………………………… 80, 118
差別行為の中止等の臨時措置命令…………… 185
差別者差別観…………………………………… 31
差別的な契約拒否……………………………… 188
サポーティッド・ディシジョン・メイキング… 62
サン・グループ事件…………………………… 138
参加原則………………………………………… 80
恣意的拘禁等の禁止…………………………… 88
JR 東海事件 …………………………………… 217
支援付き決定……………………………… 60, 66
指揮監督下の労働……………………………… 152
事業者……………………… 127, 137, 143, 176, 190
事業者対応指針………………………………… 137
事業主………………………………………143, 191
自己決定（self-determination）……………… 90
自己の生活様式を選択する平等の権利（the equal right to choose their own living arrangement）および地域で生活し、地域の構成員である権利（the right to live in and be a part of the community）…………………… 89
自殺稀少地域の研究…………………………… 98
自主的解決方法………………………………… 164
自傷他害のおそれ……………………………… 85
市場の競争原理………………………………… 205
私人間適用……………………………………… 208
施設（institution）……………………………… 92
施設化（institutionalization）………………… 92
施設中心主義からの脱却……………………… 117
施設中心主義政策……………………………… 116
事前指示（advanced directive）……………… 67
事前的改善措置………………………………… 125
持続可能な開発目標（2015 年国連総会採択）…………………………………………… 55
実質的平等（substantive equality）……… 36, 51
疾病・障害の二分法…………………………… 87
私的自治の原則…………………………… 189, 204
指　導…………………………… 14, 124, 137, 165
児童虐待防止法………………………………… 168
支配（dominance）…………………………… 27
支配アプローチ（dominance approach）…… 37
司法救済型……………………………………… 14
事務・事業の本質的内容の変更可能性の観点…………………………………………… 129
社会階層（social stratification）……………… 54
社会権…………………………………………… 95
社会権的側面…………………………………… 29
社会構成主義…………………………………… 53
社会通念上の相当性を失わせる事実………… 213
社会通念による評価（common sense assessment）…………………………………………… 35
社会的構築物……………………………… 51, 53
社会的従属性…………………………………… 27
社会的障壁………………… 95, 119, 125, 155, 160
社会的排除……………………………………… 27
社会的不利（handicap）……………………… 21
社会福祉法型……………………………… 16, 24
社会モデル………………… 17, 21, 74, 95, 108, 156
藉口性（pretextuality）……………………… 33
就業規則所定の解雇事由……………………… 217
自由権的な側面………………………………… 29
集合人（Kollektivmensch）…………………… 65
従属化（subordination）……………… 27, 54, 103
——のマーカー………………………………… 51
従属化構造………………………………… 98, 205
従属性…………………………………………… 168
従属的な社会構造……………………………… 33
住宅賃貸拒否…………………………………… 197

自由保障の差別性……88
就労継続支援 A 型……153
就労継続支援 B 型……153
就労継続支援事業……152
授産施設……153
主たる給付義務……210
受容可能原則（Acceptability）……100
主要な生活活動……120
準司法的機関……14
準司法的権能……109
障害構造論……21
障害差別主義（ableism）……27, 34
障害者差別解消支援地域協議会……140
障害者施策……122
——の基本方針……56
障がい者制度改革推進会議……5
障害者制度改革推進のための第二次意見……118
障がい者制度改革推進本部……5
障害者の定義……25, 119, 144
障害者福祉施設従事者等による障害者虐待……169
障害に関連する事由を理由として……175
障害のある人の関係者（associate）……38
障害の社会モデル……72
障害の定義……17, 25, 120, 174
障害モデル論……21
障害予防対策……106
「障害を理由とする差別の禁止に関する法制」についての差別禁止部会の意見……119
昇　格……148
小規模作業所等の事業者性……153
状況の濫用法理……74
使用者による障害者虐待……169
使用従属性……152
昇　進……148
消費者契約法専門調査会……76
消費者脆弱性……72
消費者法によるユニバーサルな解決手法……72
情報共有化・分析機能……141
情報提供義務……77
条約適合性……108, 111
職員の保健及び安全保持……9
職種の変更……149
職務遂行上特に必要な能力……147
職務に必要な適格性……216
助　言……14, 124, 179
助言義務……77
自律（autonomy）……90
自立した生活の権利（the right to independent living）……89
自立生活運動……90
侵害排除・予防請求権……205
人格権……205
人格的利益……207
信義則……187
人権の不可分性、相互依存性、相互関連性……95
人権モデル……25, 28, 30, 93, 95, 104
人事委員会……9
人種差別主義（racism）……34
心身機能の障害（impairment）……119
心身規範……34
心身障害者対策基本法……115
身体拘束ゼロへの手引き……170
身体的虐待……169
身体の自由……85
親密圏……60, 62
信頼利益に対する賠償……188
心理的虐待……169
ステレオタイプ（固定観念）……41
生活世界の植民地化……61, 82
生活保護における補足性の原則……151
生活様式……91
制限的な市場……199
性差別主義（sexism）……27, 34, 40
脆弱性スペクトラム……72
精神障害差別主義（sanism）……34, 40
精神障害者の保護及びメンタルヘルスケア改善のための原則（The Principles for the Protection of Persons with Mental Illness and the Improvement of Mental Health Care）……88
精神症状への悪影響回避配慮義務……217
精神的能力（mental capacity）……58, 59
性的虐待……169
正当な理由のない無断欠勤……216
制度改革機能……141
制度的契約性……79
成年後見制度の差別性……58
成年後見制度利用促進法……70
是正命令……184
積極的債権侵害……210

積極的差別是正措置（positive action）………………33, 50, 103, 147, 152, 157, 166
積極的な保護義務（positive duties of protection）……………………………………183
積極的バックアップ機能……………………………141
遷延性意識障害…………………………………67, 83
全日空事件……………………………………………218
相互依存的（interdependent）…………………62
相互依存的・相互的・対話的関係………………65
相互性（mutuality）………………………………60
相互モデル……………………………………………23
相　談……………………………………………14, 179
social role devaluation ………………………151, 166
訴訟の援助……………………………………………179
措置入院………………………………………………86
損害賠償責任に基づく間接的強制力…………199

【た】

代行判断基準（substituted judgement standard）……………………………………………69
対象障害者…………………………………152, 166
退店要請………………………………………………193
対　話…………………………………………………60
対話性存在……………………………………………61
対話的相互関係………………………………………67
脱施設化（de-institutionalization）……………91
多様性の尊重…………………………………………34
単一差別禁止事由アプローチ（single ground approach）……………………………………………49
男女同一待遇…………………………………………51
男女非同一待遇………………………………………51
地域社会に包容される権利（the right to be included in the community）……………………89
地域社会への包容……………………………………34
地域人権機関…………………………………………110
地域人権裁判所………………………………………110
力の不均衡（power disparity）…………………34
地方公共団体職員等対応要領……………………136
中央連絡先……………………………………………110
中間審査基準……………………………………7, 134
中高年齢職員等に対する配慮………………………9
中心的機関（focal point）…………………107, 110
懲戒事由………………………………………………173
懲戒処分………………………………………………136
重畳的形態の差別（multiple or aggravated forms of discrimination）…………………48, 53
調整機構（coordination mechanism）…107, 110
調整のための仕組み………………………………110
調　停……………………14, 124, 165, 185, 187, 200
懲罰的賠償（請求）………………………………123
直接差別…………………………31, 39, 121, 145, 156
通級制度………………………………………………103
締約強制…………………………………………80, 201
適合性原則…………………………73, 208, 209, 214
適　性…………………………………………………147
転勤命令………………………………………………219
展望的で非金銭的な（forward-looking, non-pecuniary）救済策……………………………185
ドイツ世話法…………………………………………83
統合形態（integration）……………………97, 103
同種行為の反復継続性……………………………127
搭乗拒否………………………………………………195
動態的な契約プロセス………………………………78
透明性原則とアカウンタビリティ………………81
特定の生活様式（a particular living arrangement）…………………………………91
特別意味説………………………………………………6
特別支援学校…………………………………………103
特別支援教育……………………………………95, 103
取引的契約……………………………………………80
努力義務………………………………………………131
努力義務規定…………………………………………219

【な】

内閣府政策統括官（共生社会政策担当）付参事官（障害施策担当）………………………………110
内心的効果意思………………………………………78
内部規則………………………………………………137
ナショナルミニマム………………………………151
難治性疾患……………………………………………174
難　病…………………………………………………174
二重の差別（double discrimination）…………53
2部隊編成アプローチ（two-pronged approach）……………………………………………107
日本電気事件…………………………………………218
日本ヒューレッドパッカード事件………………215
日本ワールドエンタープライズ事件……………217
入会拒否………………………………………………192
入場禁止規定…………………………………………195
入店拒否………………………………………………193

入浴拒否…………………………………………195
人間の尊厳………………………………………28
人間の本質的同一性（essentialism；本質主義）
……………………………………………………50
認知的バイアス…………………………………41
能力障害（disability）……………………21, 87
信義誠実…………………………………………210

【は】

排除形態（exclusion）…………………………97
配　置……………………………………………148
配置換え…………………………………………219
ハイブリッドな権利保障………………………29
派遣元事業主……………………………………161
派遣労働者………………………………………161
パターナリズム…………………………………58
ハバーマス………………………………………61
バフチン…………………………………………61
ハラスメント…………………35, 46, 168, 170
パリ原則……………………………………107, 109
反従属化モデル…………………………33, 51, 123
阪神バス事件……………………………………218
判断能力の欠如…………………………………85
範疇化テスト……………………………………40
比較論……………………………………………35
非拒絶条項（non-rejection clause）…………100
被差別者差別観…………………………………31
非自発的入院……………………………………85
ピジョン事件……………………………………219
非対称な関係……………………………………68
必要性原則…………………………………209, 214
必要な勤務配慮…………………………………218
表示意思…………………………………………78
表示上の効果意思………………………………78
平等原則…………………………………………80
平等取扱いの原則………………………………9
開かれた市場……………………………………199
非良心的取引（unconscionable bargain）による取消の法理……………………………………75
比例原則…………………………45, 208, 209, 214
ファミリー・グループ・カンファレンス……60
不可分的、相互依存的、相互関連的………28, 29
不完全履行………………………………………210
複合差別（multiple discrimination）…………48
複合的な原因により特に困難な状況に置かれる場合……………………………………………175
複合的な障壁（multiple barriers）……………53
福祉サービス受給契約…………………………79
福祉的就労…………………………………95, 154
服従（submission）……………………………27
復職準備時間の提供や教育的措置などの配慮
……………………………………………………218
復職の可否の判断………………………………217
服務規律…………………………………………137
福利厚生の措置…………………………………148
不招請勧誘の禁止………………………………75
物理的アクセス可能原則………………………100
不当な差別的取扱い……………………………156
普遍化された人…………………………………26
普遍主義…………………………………………50
普遍的（universality）かつ無差別的（non-discrimination）保障………………………………96
普遍的な同一性（universal sameness）………50
ブラウン判決……………………………………33
フランス人権宣言………………………………49
文化的・言語的同一性の尊重…………………105
紛争調整委員会……………………………124, 165
分離（separation）………………………………33
分離形態（segregation）……………………97, 103
分離された並行行路（separate parallel track(s)）………16-18, 24, 95, 97-99, 102, 103
ヘイトスピーチ…………………………………200
変革的平等（transformative equality）………51
弁護士費用敗訴者負担…………………………184
包括的平等（inclusive equality）………………36
放棄・放置………………………………………169
報告の徴収、助言、指導、勧告…………124, 178
報酬の労務対償性………………………………153
法人格（legal person）…………………………57
法定雇用率………………………………………152
法的行為を行える権限（legal agency）………57
法的適格性（legal standing）…………………57
法的能力（legal capacity）……………………57
他の者との平等を基礎として（on an equal basis with others）……………………………12
募　集……………………………………………144
補充性の原則……………………………………83
発作により意識障害又は運動障害をもたらす病気……………………………………………146
北方ジャーナル事件……………………………206

【ま】

マイクロ・ボード……………………………………*63*
自らの主張を貫徹する力のない状態（powerless）
……………………………………………*34, 68*
密接関連性（inextricably link to）…………*41, 44*
民事法型……………………………………………*18*
無差別原則（non-discrimination）……………*105*
明白な事実（obvious facts）……………………*36*
命令規範……………………………………………*207*

【や】

やむを得ない事由による措置……………………*82*
養護学校……………………………………………*96*
——の義務化……………………………………*97*
養護者による障害者虐待…………………………*169*
容貌の障害（facial disfigurement）…………*119*
4As 原則 ……………………………………………*99*

【ら】

ラートブルフ………………………………………*63*
履行利益の賠償……………………………………*207*
立証責任の軽減……………………………………*45*
流動的連続体（fluid continuum）………………*87*
理由とする…………………………*121, 123, 145, 155*
利用可能原則（Availability）……………………*99*
労働者………………………………………………*152*
労働者派遣契約……………………………………*162*
労働政策審議会障害者雇用分科会………………*5*

裁判例索引

国内裁判所

◇最高裁判所
最高裁判所昭和 34 年 12 月 16 日大法廷判決 ……7
最高裁判所昭和 48 年 4 月 4 日大法廷判決 …… 6
最高裁判所昭和 61 年 6 月 11 日大法廷判決 ……206
最高裁判所昭和 61 年 7 月 14 日第二小法廷判決……219
最高裁判所平成 21 年 12 月 18 日第二小法廷判決……17
最高裁判所平成 24 年 4 月 27 日第二小法廷判決…… 127, 215
◇高等裁判所
東京高等裁判所平成 9 年 7 月 10 日判決 ……77
東京高等裁判所平成 14 年 8 月 29 日判決… 199
東京高等裁判所平成 19 年 4 月 26 日判決… 219
大阪高等裁判所平成 20 年 5 月 29 日判決… 195
大阪高等裁判所平成 26 年 3 月 25 日判決… 200
大阪高等裁判所平成 26 年 3 月 25 日判決… 200
◇地方裁判所
大阪地方裁判所平成 5 年 6 月 18 日判決 …… 197
東京地方裁判所平成 7 年 3 月 23 日判決 …… 192
東京地方裁判所平成 7 年 8 月 31 日判決 ……79
大阪地方裁判所平成 11 年 10 月 4 日判決 ……217
静岡地方裁判所浜松支部平成 11 年 10 月 12 日判決……194
大阪地方裁判所平成 11 年 10 月 18 日判決 ……218
東京地方裁判所平成 13 年 5 月 31 日判決… 192
東京地方裁判所平成 13 年 11 月 12 日判決 ……199
札幌地方裁判所平成 14 年 11 月 11 日判決 ……195
大津地方裁判所平成 15 年 3 月 24 日判決… 138
東京地方裁判所平成 16 年 9 月 16 日判決… 193
東京地方裁判所平成 17 年 2 月 18 日判決… 216
京都地方裁判所平成 19 年 10 月 2 日判決… 197
名古屋地方裁判所平成 22 年 1 月 28 日判決 ……195
神戸地方裁判所尼崎支部平成 24 年 4 月 9 日判決…… 127, 218
東京地方裁判所平成 24 年 11 月 2 日判決… 193
京都地方裁判所平成 25 年 10 月 7 日判決… 200
静岡地方裁判所浜松支部平成 26 年 9 月 8 日判決…… 193, 206
東京地方裁判所平成 27 年 7 月 15 日判決… 219
東京地方裁判所平成 27 年 7 月 29 日判決… 218
京都地方裁判所平成 28 年 3 月 29 日判決… 216
東京地方裁判所平成 28 年 9 月 23 日判決… 217
大阪地方裁判所平成 29 年 8 月 25 日判決… 196

個人通報

〈特定の生活様式を強いられない権利〉
CRPD Committee, Communication No.3/2011, H. M. v. Sweden, Views adopted on 19 April 2012……93

欧州司法裁判所

〈外見上中立的な基準が直接差別になる場合〉
Case C. 196/02: Vasiliki Nikoloudi v Organismos Tilepikoinonion Ellados AE[2005] ECR I-1789……32
Case C. 267/06: Tadao Maruko v. Versorgungsanstalt der deutschen Buhen ,judgment of 1 April 2008(n.y.r)……32
〈関連差別〉
Case C-303/06: S. Coleman v Attridge Law and Steve Law17 July 2008; para. 56…42
〈間接差別の差別的効果の評定〉
Case C-79/99: Julia Schnorbus v Land Hessen 2000 ECR I-10997……36
Case C-322/98: Barbel Kachelmann v Bankhaus Hermann Lampe KG 2000 ECR I-7505 ……36

Case C-237/94: John O'Flynn v Adjudication Officer 1996 ECR I-2617 ……………… *36*

〈差別禁止事由との密接関連性〉

Case C-499/08: Ingeniø rforeningen i Danmark, acting on behalf of Ole Andersen v Region Syddanmark 2010 ECR I-9343 ……………… *41*

〈効果的で相応の抑制的制裁〉

Case C-81/12: Asociaţia Accept v Consiliul Naţional pentru Combaterea Discriminăii, 25 April 2013 ……………… *185*

ADA 関連判決

〈関連差別〉

Den Hartog v. Wasatch Academy, 129 F 3d. 1076 （10th Cir. 1997） ……………… *43*

〈分離の差別性〉

Brown v. Board of Education of Topeka, 347 U. S. 483 （1954） ……………… *33*

〈間接差別〉

Griggs v Duke Power Co, 401 U. S. 424 （1971） ……………… *121*

英 国 判 決

〈起因差別〉

Lewisham LBC v Malcom 2008 UKKHL …… *35*

障害差別禁止法令等索引

日本国憲法

7条1号（法令・条約等の公布）……………7
9条（戦争放棄）……………………………12
13条（個人の尊重・幸福追求権）……13, 204
14条（法の下の平等）
・特別意味説　6, 7, 134
・「理由とする」の意義　121
・私人間効力　218
22条（居住移転の自由）…………………12
25条（生存権）……………………17, 81
26条（教育を受ける権利）…………12, 96
61条（条約の承認）…………………………7
73条3号（条約の締結）……………6, 7
96条（憲法改正手続）………………………7
98条（憲法の最高法規性, 条約・国際法の遵守）………………………………7

◆条　約◆

世界人権宣言

1条（人間の普遍的同一性）………………49
13条（居住移転の自由）…………………12
26条（教育を受ける権利）…………95, 96

自由権規約

4条（公的緊急事態における差別的適用除外の禁止）…………………………………60

社会権規約

13条（教育に関する権利）…………95, 96

障害者権利条約

前文c（人権の不可分性・相互依存性・相互関連性）……………………………29, 95
前文e（障害の概念）
・社会的障壁との相互作用　5, 23
・社会的構築物　54
・疾病と障害　87
・障害と障害者　119
前文k（障害のある人の人権状況）12, 27, 91
前文h（人間の尊厳と差別）…………138, 214
前文m（多様性の尊重）……………………105
前文n（個人の自律・自立）…………………90
前文p（複合的・重畳的差別）…………48, 55
1条（目的・障害者の定義）
・人権モデル　28, 95
・社会的構築物　54
・疾病と障害　87
・障害と障害者　119
2条（差別・合理的配慮等の定義）
・あらゆる形態の差別　38
・間接差別　40
・差別行為態様　122
・差別意図　123, 145
・合理的配慮　125
・過重負担　128
・合理的配慮と差別禁止　130
・合理的配慮と対話　212
3条（一般原則）
・憲法規範の意味充填　13
・多様性と相互モデル　23
・人権モデル　28, 95, 105
・差別者差別観と被差別者差別観　31
・反従属化モデル　34
・ハラスメントと尊厳　47
・自立した生活と尊厳・自律・自立　90
・基本法　116
4条（締約国の一般的義務）
・法制度・政策の改廃・創設義務　7
・司法救済　15
・インクルーシブ教育　101
・過重負担軽減措置　128
・事業者の合理的配慮義務　131
・差別解消法の不十分性の補充　134, 138, 141
・国家の保護義務　183, 214
・私法上の救済方法　187
5条（平等及び無差別）
・差別者差別観と被差別者差別観　31
・交差差別　55
・人権モデル　95
・過重負担軽減措置　128
・差別解消法の不十分性の補充　134, 138

・「理由とする」の意義　*145*
・障害の特性に配慮した措置　*161*
・積極的差別是正措置　*166*
・国家の保護義務　*183*
・差別禁止三法の不十分性の補充　*208*
・間接適用の根拠　*214*
6条（障害のある女子）
・複合差別・交差差別　*48*
・性・年令等に応じた医療・介護（基本法）　*116*
・性・年令・障害の状態に応じた配慮（雇用促進法）　*161*
7条（障害のある児童）……………………… *116*
8条（意識の向上）………………………… *108*
9条（アクセシビリティ）………………… *189*
12条（法的能力の平等性）
・法的能力の解釈　*57*
・支援付き決定の意義　*60*
・意思の社会モデル　*65*
・濫用防止措置　*68*
・最短期間性の意義　*83*
14条（身体の自由及び安全）
・ハラスメント　*47*
・自由保障における差別禁止　*85*
・恣意的拘禁の禁止　*88*
・医療・保健における差別禁止　*178*
16条（搾取・暴力及び虐待からの自由）
・ハラスメント　*47*
・虐待防止法　*168*
・虐待の刑事・民事責任　*169*
・虐待の予防・監視　*171*
17条（インテグリティ）
・憲法規範の意味充填　*13*
・インテグリティと相互モデル　*23*
・ハラスメント　*47*
・医療契約とインテグリティ　*82*
・障害予防とインテグリティ　*106*
19条（自律した生活及び地域生活への包容）
・人権モデル　*29*
・差別者差別観と被差別者差別観　*31*
・反従属化モデル　*34*
・自立した生活と地域社会に包容される権利　*89*
・特定の生活様式からの解放　*91*
24条（教育）
・憲法規範の意味充填　*13*
・人権モデル　*95*
・世界人権宣言26条、社会権規約15条との関係　*96*
・インクルーシブ教育　*100-104*
・無差別・包容・尊厳・自律・言語的・文化的同一性　*105*
・基本法　*116*
・合理的配慮の義務者　*127*
25条（健康）
・人権モデル　*29, 95*
・無差別・尊厳・自律　*105*
・障害予防　*106*
・性・年令等に応じた医療・介護　*116*
26条（ハビリテーション・リハビリテーション）……………………………… *95, 105*
27条（労働及び雇用）
・人権モデル　*95*
・無差別・包容・尊厳・自律　*105*
・合理的配慮の義務者　*127*
・最低賃金減額特例　*151*
28条（相当な生活水準及び社会的な保障）……………………………… *95, 105*
30条（文化的な生活，リクリエーション，余暇・スポーツへの参加）………… *105*
33条（国内実施と監視）……………… *107-111*
34条（障害者権利員会）…………………… *13*
35条（締約国報告）………………………… *13*
36条（報告の検討）………………………… *13*

選択議定書

1条（個人通報についての委員会の権限）‥ *13*
5条（通報の検討）………………………… *13*
6条（委員会の調査）……………………… *13*

子どもの権利条約

28条（教育に関する権利）………………… *95*

■ **人種差別撤廃条約**

5条（一般公衆の使用を目的とする場所・サービスの利用権）………………… 194

■ **条約法に関するウィーン条約**

31条（解釈に関する一般的な規則）………13
32条（解釈の補足的な手段）…………………13

◆ **人権文書等** ◆

■ **一般的意見1号（12条 法の前における平等な承認）**

para.5（法的能力の平等性の不可適用除外）…………………………………………………60
para.12（法的能力が権利能力と行為能力を含むこと）…………………………57
para.13（法的能力と精神的能力の区別）……………………………………… 57, 58
para.14（行為能力の平等保障の重要性）……………………………………… 57-59
para.15（精神的能力の分析方法の問題点） 58
para.17（フォーマル／インフォーマルなさまざまな支援）……………… 60, 67
para.21（意思と選好の最善の解釈基準）…69
para.22（不当な影響の回避，間違えを犯す権利）………………………………69
para.26（成年後見と支援付き決定の併存の不許容）……………………………66
para.28（同上）………………………………66
para.30（法的能力行使支援義務と合理的配慮義務の違い）……………………60
para.42（強制医療とトラウマ）……………89

■ **一般的意見2号（9条 アクセシビリティ）**

para.13（公衆に開かれ提供される場，財，サービス等のアクセス保障）…… 189
para.29（アクセス否認の差別性）………… 189
para.26（合理的配慮義務の発効要件）…… 129
para.34（公衆に開かれているサービスへのアクセスの否認の差別性）……… 189

■ **一般的意見3号（障害のある女子）**

para.4(c)（複合差別）…………………………48
para.8（差別の社会構造と力関係）…………54
para.13（6条1項，複合差別）………………55
para.16（交差差別）……………………………54
para.17(a)（直接差別）……………………… 122
para.17(b)（間接差別）……………… 39, 40
para.17(e)（構造的・体制的差別）…………45

■ **一般的意見4号（インクルーシブ教育を受ける権利）**

para.11（教育の排除形態，分離形態，統合形態とインクルージョンの違い）…………………………………… 97, 98
para.18（一般的な教育 general education の定義）…………………………… 101
para.19（インクルーシブ教育制度を確立する締約国の義務）……………… 101
para.20-26（4As 原則：利用可能性，アクセシビリティ，受容可能性，適合可能性）………………… 101
para.27（障害のある生徒の兄弟姉妹その他の生徒との積極的かかわりの重要性）………………………… 101
para.30（教育を阻む社会的障壁の評価に基づく合理的配慮）……………… 102
para.31（合理的配慮不提供が差別になること）…………………………………………… 102
para.33（分離型教育環境から通常の教育環境への移行）…………………… 104
para.38（合理的配慮と積極的差別是正措置）…………………………………………… 103
para.40（特別支援教育の併存の不許容）・104
para.48（インクルーシブ教育に対する親の消極的態度への懸念）………… 104

■ **一般的意見5号（自立した生活及び地域社会への包容）**

para.19（自立した生活に対する権利と地域社会への包容に対する権利）……89
para.24（どこで誰とどのように生活するかを選択し決定する権利）…………91
para.27（12条及び14条との関係）………92
para.28-31（人権モデルに基づく個別支

援サービス）……………………93
para.32-35（地域社会サービスのユニバーサル化）……………………94
para.48（非自発的入院，後見制度などを廃絶する締約国の義務）……………92
para.57（脱施設化の戦略と行動計画）……93
para.58（脱施設化の総合戦略）……………93
para.81（法的能力の地域に根差したアプローチ）……………………………92
para.83（19条と14条の関連性）…………93

■ **一般的意見6号（平等及び無差別）**

para.9（人権モデル，社会的構成概念としての障害，人権の不可分性・相互依存性・相互関連性）……………………54
para.10（差別のジレンマと実質的平等）…36
para.11（包括的平等）……………………36
para.17（関連差別，他の者との平等を基礎とすることの意味）……………183
para.18(a)（直接差別）………………39, 40
para.18(b)（間接差別）……………………40
para.18(d)（ハラスメント）……46, 168, 170
para.19（交差差別，複合差別）……………48
para.22（展望的・非金銭的救済）………185
para.24(b)（合理的配慮義務の発効要件）129
para.25(a)（合理的配慮の合理性の意義）126
para.26（合理的配慮義務実施指針の要素）
……………………………………………212

■ **障害者権利条約14条に関するガイドライン**

para.6（自傷他害などの付加要件により自由剥奪が正当化されないこと）……85
para.7（同上）……………………………85
para.13（危険性，ケアの必要性の付加と恣意的拘禁）……………………………88

■ **世界人権宣言60周年記念・被拘禁者のための尊厳と正義の週間**

Information Note No.4 ……………………86

■ **到達可能な最高水準の身体的および精神的健康を享受するあらゆる人の権利に関する特別報告官報告書**

para.12（非自発的入院の存続状況）………89
para.52（トライビューナルの無効性）……89
para.31-33（法的能力の平等性と非自発的入院の禁止）……………………87
para.63（インフォームドコンセントと健康の権利の関係）……………………87
para.64（医療の必要性・危険性要件の恣意性）……………………………87, 89
para.65（強制医療の弊害，廃絶への行動の必要性）……………………87, 89
para.66（強制医療廃絶の行動計画）………87
para.81（精神保健のパラダイムシフト）…87
para.95f（強制医療・強制入院を廃絶する具体的方策をとることの勧告）……87

■ **障害のある人の他の者との平等を基礎とする自立した生活を営み社会に包容される権利に関する人権文書**
………………………………………87

■ **精神障害者の保護及びメンタルヘルスケア改善のための原則**

原則16（強制入院の要件）…………………88

■ **拷問等禁止条約関する日本の第2回定期報告に関する総括所見** ………88

■ **自由権規約に関する日本の第6回定期報告に関する総括所見** …………88

■ **障害のある人の自立した生活と地域に包容される権利に関するテーマ研究**

para.13（自立した生活の権利と地域に包容される権利の関係）…………………91
para.21（施設の構成要素）…………………92

■ **教育に関するテーマ研究**

para.3（教育を受ける権利の普遍性，無差別性）……………………………96, 101
para.4（教育の排除形態，分離形態，統合形態）……………………………………97

para.7（インクルーシブ教育の規範的要素） …… 99
para.8（インクルーシブ教育の社会的意義） …… 98
para.22（コミュニケーション方法・手段の指導） …… 102
para.23（手話・点字を習得した教員の配置） …… 102
para.26（過度の負担を理由にインクルーシブ教育を拒否できないこと） …… 101
para.51（バイリンガルな教員の配置） …… 102

■ **権利条約33条に関するテーマ研究**
para.22-32（中心機関の役割） …… 108
para.41（履行の促進・保護・監視機関の主要3要件） …… 109
para.76（パリ原則に基づく履行の促進・保護・監視機関の必要性と履行機関との分離） …… 107

■ **障害者権利条約および選択議定書に基づき排除から平等に向けた障害のある人の権利実現のための議員向けハンドブック**
95-96頁（中心的機関の役割） …… 108

■ **国際人権条約の履行監視の指標に関する報告書** …… 109

■ **人権の履行の促進及び監視の指標に関する報告書** …… 109

■ **経済・社会・文化的権利にかかる人権の履行に関する国連人権高等弁務官事務所報告書**
para.35-38（履行の促進・保護・監視機関の役割） …… 108

■ **女子差別撤廃条約一般的勧告18号** …… 53

■ **女子差別撤廃条約一般的勧告25号**
para.6（男女同一待遇） …… 51
para.8（男女非同一待遇，差別の社会的構築性） …… 51, 53
para.10（変革的平等：transformative equality） …… 51
para.12（複合差別の定義） …… 48
Note 1（差別と従属構造） …… 54
Note 2（ジェンダーの社会的構築性） …… 54

■ **女子差別撤廃条約一般的勧告28号**
para.16（直接差別，間接差別） …… 39, 40, 41
para.18（交差差別の定義） …… 49

■ **障害者に関する世界行動計画** …… 53

■ **第4回世界女性会議北京宣言**
para.32（複合的な障壁） …… 53

■ **人種主義・人種差別・外国人排斥及び関連のある不寛容に対する世界会議宣言**
General Issues 2（複合差別について） …… 53

■ **人種差別撤廃条約1条1項「世系」(Descent) に関する一般的意見29号** …… 54

■ **子どもの権利条約一般的意見9号**
para.5（障害児の社会的構築性） …… 54
para.9（障害のある女子への差別の複合性） …… 54
para.67（インクルーシブ教育の定義） 97, 99

■ **ウィーン宣言及び行動計画**
第Ⅰ部36（国内人権機関の重要性） …… 110
第Ⅱ部85（地域的・国際的人権機関との連携） …… 110

◆法　律◆

■ **障害者基本法**
1条（目的） …… 7, 115-117
2条（定義） …… 119, 174, 160
3条（地域社会における共生等）

…………………………115, 117, 118, 155

4条（差別の禁止）

・差別禁止法の類型　14

・差別禁止基本原則　118

・差別の成立要件（4条1項）　120-125

・合理的配慮義務の成立要件（4条2項）　125-130

・4条違反の効果　132

・正当化要件　134

・一般私人の差別的言動　141

・雇用促進法との異同（差別行為態様）　147

・「理由とする」の意義　155, 175

・雇用促進法との異同（社会的障壁）　160

・合理的配慮と対話　212

5条（国際的協調）……………………… 8, 118

6条（国及び地方公共団体の責務）…· 14, 118

7条（国民の理解）………………………… 122

9条（障害者週間）………………………… 122

10条（施策の基本方針）………………56, 122

12条（法制上の措置等）………………14, 116

14条（医療，介護等）………………116, 122

16条（教育）……………………103, 116, 122

17条（療育）…………………………116, 122

19条（雇用の促進等）………………216, 218

21条（公共的施設のバリアフリー化）…… 115

22条（情報の利用におけるバリアフリー化等）……………………………………… 115

26条（防災及び防犯）………………116, 122

27条（消費者としての障害者の保護）…… 116

28条（選挙等における配慮等）…………… 116

29条（司法手続における配慮等）…· 116, 122

30条（国際協力）………………………… 116

36条（都道府県等における合議制の機関）111

■ 障害者差別解消法

2条（定義）

・事業者　127

・障害者　155, 174

・雇用促進法との異同（社会的障壁）　160

・条例との関係　173

3条（国及び地方公共団体の責務）…· 11, 173

5条（社会的障壁の除去の実施についての必要かつ合理的な配慮に関する環境の整備）……………………………… 125, 161

6条（障害を理由とする差別解消基本方針）……………………………………… 10, 11

7条（行政機関等における障害を理由とする差別の禁止）

・基本方針・対応要領との関係　10

・交差差別　56

・「権利利益を侵害してはならない」の意義　124

・合理的配慮の義務者　126

・過重負担　128

・合理的配慮を求める意見の表明　129

・合理的配慮義務と差別禁止の関係　130

・差別禁止3法における合理的配慮義務の法的義務性の異同　131-132

・被差別の対象者　133

・合理的配慮義務の成立要件　135

・7条違反の効果　136-137

・雇用促進法との異同（差別行為態様）　147

・「理由とする」の意義　155

・雇用促進法との異同（社会的障壁）　160

・雇用促進法との異同（交差差別との関係）　161

・条例との関係　173, 175-178

・合理的配慮と対話　212

8条（事業者における障害を理由とする差別の禁止）

・基本方針・対応要領との関係　10

・交差差別　56

・「権利利益の侵害してはならない」の意義　124

・合理的配慮の義務者　126

・事業者　127

・過重負担　128

・合理的配慮を求める意見の表明　129

・合理的配慮義務と差別禁止の関係　130

・差別禁止3法における合理的配慮義務の法的義務性　131-132

・被差別の対象者　133

・合理的配慮義務の成立要件　135

・8条違反の効果　137-138

・事業者と事業主の異同　143

・雇用促進法との異同（差別行為態様）　147

・雇用促進法との異同（合理的配慮義務）　154

・「理由とする」の意義　155

・雇用促進法との異同（社会的障壁）　160

・雇用促進法との異同（交差差別） *161*
・派遣労働における合理的配慮義務 *162*
・条例との関係 *175-178*
・公開性・公共性法理と事業者 *190*
9条（国等職員対応要領）
・基本指針・対応要領との関係 *10*
・行政手法による差別解消 *134*
・7条違反の効果 *136-137*
10条（地方公共団体等職員対応要領）
……………………………*10, 136, 173*
11条（事業者のための対応指針）
・基本指針・対応要領との関係 *11*
・行政手法による差別解消 *134*
・8条違反の効果 *137-138*
・公開性・公共性法理と事業者 *190*
12条（報告の徴収並びに助言，指導及び勧告）
・差別意図との関係 *124*
・8条違反の効果 *137*
・条例による救済方法の強化 *178*
・公開性・公共性法理との関係 *190*
・8条と12条の関係 *207*
13条（事業主による措置に関する特例）
・差別解消法と雇用促進法の適用関係 *8, 144*
・労働者性との関係 *154*
・裁判所職員・国会職員・自衛隊員に対する合理的配慮規定の適用関係 *167*
14条（相談及び紛争の防止等のための体制の整備）…………………………*139, 206*
15条（啓発活動）……………………………*140*
16条（情報の収集，整理及び提供）………*140*
17条（障害者差別解消支援地域協議会）‥*140*
18条（協議会の事務等）……………………*140*
19条（秘密保持義務）………………………*140*
20条（協議会の定める事項）………………*140*
21条（主務大臣）……………………………*140*

■ 障害者雇用促進法

2条（用語の意義）
・社会モデル *25, 144, 155*
・対象障害者 *152*
・均等な機会の確保の支障になっている事情と社会的障壁 *160*
34条（障害者に対する差別の禁止，募集・採用時）
・雇用促進法差別禁止指針との関係 *11*
・合理的配慮義務と差別禁止の関係 *130*
・募集・採用時の差別禁止の要件 *143-148*
・公開性・公共性法理と労働者の募集・採用 *191*
・34条と行政指導・調停等の関係 *207*
35条（障害者に対する差別の禁止，採用後）
・雇用促進法差別禁止指針との関係 *11*
・合理的配慮義務と差別禁止の関係 *130*
・「理由とする」の意義 *145-146*
・労働契約締結後の差別禁止の要件 *148-159*
・35条と行政指導・調停等の関係 *207*
36条（障害者に対する差別の禁止に関する指針）……………………………………*11*
36条の2（雇用の分野における障害者と障害者でない者との均等な機会の確保等を図るための措置，募集・採用時）
・雇用促進法合理的配慮指針との関係 *11*
・合理的配慮の義務者 *126*
・過重負担 *128*
・合理的配慮を求める意思の表明 *129*
・合理的配慮義務と差別禁止の関係 *130*
・差別禁止3法における合理的配慮の法的義務性の異同 *131-132*
・募集・採用時の合理的配慮義務の成立要件 *160-161*
・36条の2と行政指導・調停等の関係 *207*
・合理的配慮と対話 *212*
36条の3（雇用の分野における障害者と障害者でない者との均等な機会の確保等を図るための措置，採用後）
・雇用促進法合理的配慮指針との関係 *11*
・合理的配慮の義務者 *126*
・過重負担 *128*
・合理的配慮を求める意思の表明 *129*
・合理的配慮義務と差別禁止の関係 *130*
・差別禁止3法における合理的配慮の法的義務性の異同 *131-132*
・最低賃金減額特例 *151*
・労働能力評価と合理的配慮の関係 *158*
・労働契約締結後の合理的配慮義務の成立要件 *161-163*
・36条の3と行政指導・調停等の関係 *207*

・合理的配慮と対話　*212*
・36条の3施行前に同条に言及した判決例　*216*
・36条の3に言及した判決例　*218*
36条の4（合理的配慮における意向の尊重，相談対応体制の整備）
・雇用促進法合理的配慮指針との関係　*11*
・合理的配慮を求める意思の表明　*129*
・自主的解決方法　*164*
・合理的配慮と対話　*213*
・合理的配慮義務の履行請求　*221*
36条の5（雇用の分野における障害者と障害者でない者との均等な機会の確保等に関する指針）…………*11*
36条の6（助言，指導及び勧告）
・差別意図との関係　*124*
・行政指導による救済　*165*
・行政介入の基準としての差別禁止・合理的配慮規範　*207*
・合理的配慮義務の履行請求　*221*
37条（対象障害者の雇用に関する事業主の責務）……………………………*166, 152*
74条の4（苦情の自主的解決）……*213, 221*
74条の6（紛争解決の援助）…*165, 206, 221*
74条の7（調停の委任）………*165, 206, 213*
74条の8（調停）………………*165, 206, 213*
85条の3（適用除外）……………*8, 166, 167*

■ 個別労働関係紛争の解決の促進に関する法律
6条（紛争調整員会の設置）…………*124, 165*

■ 労働者派遣法
44条～47条の3（労働基準法等の適用に関する特例等）…………*162*

■ 最低賃金法
7条（最低賃金の減額の特例）……………*149*
9条（地域別最低賃金の原則）……………*151*

■ 労働基準法
9条（労働者の定義）…………………*152, 153*

■ 労働契約法
3条（労働契約の原則）……………………*184*
5条（労働者の安全への配慮）………*184, 187*
7条（労働契約と就業規則）…………*184, 187*
15条（懲戒）……………………………………*213*
16条（解雇）
・私法の一般条項　*184*
・救済方法の機能　*187*
・規範的要件の要素としての差別禁止　*213-215*
・裁判例　*216*
19条（有期労働契約の更新等）……………*213*

■ 男女雇用機会均等法
5条（性別を理由とする差別の禁止）……………………………………*121, 162*
6条（同上）…………………………*121, 162*
7条（性別以外の事由を要件とする措置）………………………………*121, 145, 162*
11条（職場における性的な言動に起因する問題に関する雇用管理上の措置）…*162*

■ 国家公務員法
27条（平等取扱の原則）………………*9, 166*
33条（任免の根本基準）…………………………*9*
71条（能率の根本基準）………………*9, 167*

■ 独立行政法人通則法
2条（定義）…………………………………………*8*

■ 行政執行法人の労働関係に関する法律
2条（定義）…………………………………………*8*

■ 地方公務員法
13条（平等取扱の原則）………………*9, 166*

■ 裁判所職員臨時措置法…………*9, 167*

■ 国会職員法
1条（国会職員の定義）…………………………*9*
11条（身分保障）………………………………*10*

■ 自衛隊法
2条5項（隊員の定義）………………… 9, 167
42条2項（身分保障）…………………………10

■ 生活保護法
4条（保護の補足性）……………………… 151

■ 身体障害者福祉法
4条（身体障害者の定義）……………17, 152

■ 精神保健福祉法
5条（精神障害者の定義）……………………17
29条（措置入院）………………………………86
33条（医療保護入院）…………………………86
45条（精神障害者保健福祉手帳）………… 153
51条の11の2（市町村長の成年後見開始等の審判の請求）……………………………84

■ 心神喪失者等医療観察法
42条（入院等の決定）…………………………86

■ 知的障害者福祉法
28条（市町村長の成年後見開始等の審判の請求）……………………………………84

■ 発達障害者支援法
4条（国民の責務）………………………… 218

■ 障害者総合支援法
5条（各種支援の定義）…………… 79-80, 153
20条ないし22条（申請，支援区分認定，支給要否決定等）… 79-80
29条（介護給付費又は訓練等給付費）… 79-80

■ 障害者虐待防止法
1条（目的）……………………………… 169
2条（定義）……………………………… 169
9条（養護者による虐待の通報等を受けた場合の市町村の措置）…………………… 169
11条（立ち入り調査）…………………… 169
14条（養護者の支援）…………………… 169
19条（福祉施設従事者等による虐待の通報等を受けた場合の市町村，都道府県の措置）……………………………… 170
20条（公表）……………………………… 170
26条（使用者による虐待の通報等を受けた場合の都道府県労働局の措置）……… 170
28条（公表）……………………………… 170
43条（財産上の不当取引による被害の防止等）……………………………………… 169
44条（成年後見制度の利用促進）……… 119

■ 学校教育法
72条以下（特別支援教育）……………… 103

■ 民 法
1条（基本原則）
・差別意図の要否と私法的効果 124
・私法上の合理的配慮義務 127, 210-212
・国家の保護義務と民事法の解釈 184
・回顧的救済方法と展望的救済方法 187
・契約内容の矯正 207
・合理的配慮と対話 213
・必要な勤務配慮の裁判例 218
3条（権利能力）……………………………57
7条（後見開始の審判）……………………84
10条（後見開始の審判等の取消）…………57
11条（保佐開始の審判）……………………84
14条（保佐開始の審判等の取消）…………57
15条（補助開始の審判）……………………84
18条（補助開始の審判等の取消）…………57
90条（公序良俗）
・差別意図の要否と私法的効果 124
・基本法4条違反の効果 132
・差別解消法8条違反の効果 138
・国家の保護義務と民事法の解釈 184
・回顧的救済方法と展望的救済方法 187
・契約拒絶理由の無効化による締約強制 200
・契約内容の矯正 207
・過少保護の禁止と過剰介入の禁止 208-209
・必要な勤務配慮の裁判例 218
・公序良俗による合理的配慮の裁判例 219
414条（履行の強制）
・締約強制と強制履行 207
・私法上の合理的配慮義務 210-212

415条（債務不履行による損害賠償）
・差別的意図の要否と私法的効果　*124*
・国家の保護義務と民事法の解釈　*184*
・展望的救済方法と回顧的救済方法　*187*
・私法上の合理的配慮義務　*210-213*
709条（不法行為）
・差別的意図の要否と私法的効果　*124*
・基本法4条違反の効果　*132*
・差別解消法8条違反の効果　*138*
・国家の保護義務と民事法の解釈　*184*
・過少保護の禁止と過剰介入の禁止　*213-215*
710条（財産以外の損害の賠償）…………*206*
723条（名誉棄損における原状回復）……*206*
858条（成年被後見人の意思の尊重及び身上の配慮）……………………………*57*
863条（後見の事務の監督）……………………*57*
876条の5（被保佐人の意思の尊重及び身上の配慮等）………………………*57*
876条の10（被補助人の意思の尊重及び身上の配慮等）………………………*57*

■ **成年後見制度の利用の促進に関する法律**
1条（目的）……………………………………*70*
3条（基本理念）………………………………*70*
11条（基本方針）………………………………*70*

■ **消費者契約法**
2条（定義）……………………………………*71*
3条（事業者及び消費者の努力）……………*77*
4条（消費者契約の申込み又はその承諾の意思表示の取消）……………………*74-77*

■ **金融商品取引法**
37条の3（契約締結前の書面の交付）……*77*
38条（禁止行為）………………………………*75*

■ **特定商品取引に関する法律**
17条（契約を締結しない旨の意思を表示した者に対する勧誘の禁止）…………*75*

■ **金融商品の販売等に関する法律**
3条（説明義務）………………………………*77*
5条（損害賠償責任）…………………………*77*
6条（損害賠償額の推定）……………………*77*

■ **刑　法**
37条（緊急避難）……………………………*170*

■ **刑事訴訟法**
213条（現行犯逮捕）…………………………*170*

■ **道路交通法**
90条（免許の拒否等）………………………*146*
103条（免許の取消，停止等）……………*146*

◆施行令・施行規則等◆

■ **雇用促進法施行令**
27条（法別表第5号の政令で定める障害）*144*

■ **雇用促進法施行規則**
1条の2（知的障害者）………………*144, 153*
1条の4（重度知的障害者）………………*144*

■ **障害者総合支援法施行規則**
6条の10（厚生労働省令で定める便宜，就労継続支援）………………………*153*

■ **男女雇用機会均等法施行規則**
2条（実質的に性別を理由とする差別となるおそれがある措置）…………………*144*

■ **学校教育法施行令**
18条の2（保護者及び視覚障害者等の就学に関する専門的知識を有する者の意見聴取）……………………………………*103*

■ **学校教育法施行規則**
118条以下（特別支援教育）………………*103*
140条（通級対象生徒）……………………*103*
141条（通級制度）…………………………*103*

■ **人事院規則8-12**
2条（任免の根本原則等）……………………*9*

■ **人事院規則 10-4**
18条(中高年齢職員等に対する配慮)…… *9, 167*

■ **人事院規則 11-4**
2条（職員の身分保障）…………………………… *9*

■ **裁判所職員健康安全管理規程**
17条（中高年齢職員等に対する配慮）…… *167*

◆ 方針，要領，指針，通知等 ◆

差別解消法基本方針
・差別解消法が定める差別形態　*121*
・事業者の定義　*127, 176*
・公開性・公共性法理と事業者　*190*
・差別解消法の正当化要件　*134*
・締約強制と正当化要件　*205*
・民法 90 条と正当化要件　*208*
・民法 709 条と正当化要件　*215*
・国等職員対応要領の訓令・内部規則性　*137*
・啓発活動　*140*
・上乗せ・横出し条例　*173*
・合理的配慮のための建設的対話　*212*
国等職員対応要領……………………………… *133, 137*
地域協議会設置・運営暫定指針……………………………… *140*
国土交通省所管事業における障害を理由とする差別の解消の推進に関する対応指針………… *178, 191*
医療分野における事業者が講ずべき障害を理由とする差別を解消するための措置に関する対応指針……………………………… *178, 191*
衛生分野における事業者が講ずべき障害を理由とする差別を解消するための措置に関する対応指針……………………………… *191*
福祉分野における事業者が講ずべき障害を理由とする差別を解消するための措置に関する対応指針……………………………… *191*
社会保険労務士の業務を行う事業者が講ずべき障害を理由とする差別を解消するための措置に関する対応指針……………………………… *191*
文部科学省所管事業分野における障害を理由とする差別の解消の推進に関する対応指針…………… *191*
法務省所管事業分野における障害を理由とする差別の解消の推進に関する対応指針………………… *191*
障害者差別解消支援地域協議会体制整備事業の実施に係る同協議会の設置・運営暫定指針…… *140, 141*
療育手帳制度について（昭和 48 年 9 月 27 日厚生省発児第 156 号厚生事務次官通知）……………… *152*
雇用促進法差別禁止指針
・雇用促進法が定める差別形態　*121, 146*
・募集・採用の定義　*144*
・雇用促進法の正当化要件　*147, 157*
・その他の待遇（35 条）　*148*
・公開性・公共性法理と労働者の募集・採用　*191*
・民法 90 条と正当化要件　*208*
雇用促進法合理的配慮指針
・勤怠と合理的配慮　*147*
・合理的配慮と能力発揮の支障となる事情改善の程度　*159*

・過度の負担　*161*
・合理的配慮指針別表の具体例　*163*
・合理的配慮の手続　*164*
雇用促進法 Q&A
・障害者であることの確認方法　*144*
・正当化要件としての「労働能力等」　*147*
・その他の待遇（35 条）　*148*
・最低賃金減額特例の根拠　*149-150*
・就労継続支援 A 型事業所への雇用促進法の適用　*154*
・雇用促進法の障害者概念の説明　*156*
・正当化要件　*157*
・派遣労働関係における合理的配慮義務者　*162*
・公務員等への雇用促進法適用除外の合理性　*166*
今後の障害者雇用施策の充実強化について（意見書）（労審発第 687 号 平成 25 年 3 月 14 日）……*160*
労働政策審議会障害者雇用分科会意見書……*41, 130, 160*
雇用促進法局長通知
・事業主の定義　*143*
・直接差別と差別意図　*145, 156*
・間接差別的行為を含める趣旨　*146*
・差別行為態様　*147*
・その他の待遇（35 条）　*148*
・最低賃金減額特例　*149*
・労働能力等の評価と合理的配慮の関係　*157-159*
・合理的配慮の手続　*164*
派遣元事業主が講ずべき措置に関する指針（平成 11 年労働省告示第 137 号，最終改正 平成 29 年厚生労働省告示第 210 号）……*161*
派遣先が講ずべき措置に関する指針（平成 11 年労働省告示第 138 号，最終改正 平成 28 年厚生労働省告示第 379 号）……*162, 163*
最低賃金法第 7 条の減額の特例許可事務マニュアル（厚生労働省労働基準局勤労者生活部勤労者生活課）……*149*
労働者に対する性別を理由とする差別の禁止等に関する規定に定める事項に関し，事業主が適切に対処するための指針（平成 18 年厚生労働省告示第 614 号）……*121*
障害者自立支援法に基づく就労継続支援により作業を行う障害者に対する労働基準法の適用等について（基発第 1002004 号　厚生労働省労働基準局長）……*153*
授産施設，小規模作業所等において従事する障害者に対する労働基準法第 9 条の適用について（基発第 0517002 号 平成 19 年 5 月 17 日）……*153*
職業安定局長解釈通知……*144, 149*
改正雇用の分野における男女の均等な機会及び待遇の確保等に関する法律の施行について（雇児発第 1011002 号 平成 18 年 10 月 11 日，最終改正 平成 28 年 8 月 2 日雇児発 0802 第 1 号）……*145*
障害のある児童生徒に対する早期からの一貫した支援について（平成 25 年 10 月 4 日付 25 文科初第 756 号文部科学省初等中等教育局長通知）……*103*

◆条　例◆

北海道障がい者及び障がい児の権利擁護並びに障がい者及び障がい児が暮らしやすい地域づくりの推進に関する条例……*174-179*
障がいのある人もない人も共に学び共に生きる岩手県づくり条例……*174-179*
仙台市障害を理由とする差別をなくし障害のある人もない人も共に暮らしやすいまちをつくる条例……*174-179*
新潟市障がいのある人もない人も共に生きるまちづくり条例……*174-179*
障害のある人もない人も共に歩み幸せに暮らすための茨城県づくり条例……*174-179*
障害のある人もない人も共に暮らしやすい千葉県づくり条例……*184, 174-179*
浦安市障がいを理由とする差別の解消の推進に関する条例……*174-179*
埼玉県障害のある人もない人も全ての人が安心して暮らしていける共生社会づくり条例……*174-179*
誰もが共に暮らすための障害者の権利の擁護等に関する条例（さいたま市）……*174-179*
東京都障害者への理解促進及び差別解消の推進に関する条例……*174-179*
山梨県障害者幸住条例……*174-179*
愛知県障害者差別解消推進条例……*174-179*
京都府障害のある人もない人も共に安心していきいきと暮らしやすい社会づくり条例……*174-179*
宝塚市障害者差別解消に関する条例……*174-179*
明石市障害者に対する配慮を促進し誰もが安心して暮らせる共生のまちづくり条例……*174-179*
松江市障がいのある人もない人も共に住みよいまちづくり条例……*174-179*
障害のある人もない人も共に生きる平和な長崎県づくり条例……*174-179*
別府市障害のある人もない人も安心して安全に暮らせる条例……*174-179*
東京都受動喫煙防止条例（罰則：15条～17条）……*179*

◆比 較 法◆

■ハラスメント

Racial Equality Directive，2条(3)……*46*
Employment Equality Directive，2条(3)……*46*
Gender Goods and Service Directive，2条(c)……*46*
Gender Equality Directive 2条(1)(c)……*46*

■公開性・公共性法理

人種又は民族間の均等待遇原則実施指令（2000/43/EC）
3条1項h（公衆の利用可能な財，サービスの均等待遇）……*185, 189*
財及びサービスのアクセスと供給における男女均等待遇原則実施指令（2004/113/EC）
3条1項（公衆が利用可能な財，サービスの均等待遇）……*189*
宗教，信条，障害，年齢又は性的指向によることのない人の均等待遇原則実施指令のための提案
（職業または商業として行われるものへの限定）……*190*

▩雇用及び職業における平等取り扱いのための一般的な枠組みの確立に関するEU 指令

2 条　直接差別と間接差別……39, 42
6 条　年齢による差別……39
17 条（効果的で相応の抑止的制裁）……185

▩人種又は民族間の均等待遇原則実施指令（2000/43/EC）

15 条（効果的で相応の抑止的制裁）……185

▩英国平等法（Equality Act 2010）

Section 15（起因差別）……44
Section 26（ハラスメント）……47

▩ADA

12111 条（合理的配慮）……43
12112 条（関連差別）……43
12181 条（公共施設の場所）……190
12182 条（公共の施設の場所の所有者等による差別禁止）……190
改正 ADA12102 条（主要な生活活動）……120

▩ドイツ一般平等処遇法……000

1 条（障害等による不利益待遇の禁止）……203
2 条（公衆の利用に供される物品・サービスへの適用）……203
19 条（属人性のない大量取引等への適用）……203
21 条（損害賠償請求権・不利益待遇停止請求権）……203

▩韓　国

障害者差別禁止及び権利救済等に関する法律……185

〈著者紹介〉

池 原 毅 和（いけはら・よしかず）

1956 年 4 月　東京都生まれ
1980 年 3 月　中央大学法学部法律学科卒業
1984 年 3 月　東京都立大学人文学部哲学専攻科中退
1986 年 9 月　第二東京弁護士会登録，弁護士（現在に至る）
東京アドヴォカシー法律事務所 所長
2010 年～2012 年　障害者政策委員会差別禁止部会委員
2017 年～2018 年　障害者の理解促進及び差別解消のための条例制定にかかる検討部会副部会長
早稲田大学臨床法学教育研究所招聘研究員
日本障害法学会理事

〈主要著作〉

「障害と刑事司法」菊池馨実・中川純・川島聡編著『障害法』（成文堂，2020 年）
『障害者をめぐる法律相談ハンドブック』（編著，新日本法規出版，2020 年）
Implementation of the Human Right to Inclusive Education in Japan, "The Right to Inclusive Education in International Human Rights Law" Gauthier de Becco et al. Cambridge University Press, 2019
The UN Convention on the Rights of Persons with Disabilities: A Commentary, Michael Ashley Stein et al. Oxford University Press, 2018
「差別禁止」長瀬修・川島聡編『障害者権利条約の実施――批准後の日本の課題』（信山社，2018 年）
「障害者の権利に関する条約と非自発的入院のあり方」法と精神医療 32 号（成文堂，2017 年）
『精神障害法』（三省堂，2011 年）
「法的能力」松井亮輔・川島聡編『概説障害者権利条約』（法律文化社，2010 年）

日本の障害差別禁止法制
―― 条約から条例まで ――

2020（令和 2 ）年11月30日　第 1 版第 1 刷発行

著　者　池　原　毅　和
発行者　今井 貴・稲葉文子
発行所　株式会社 信 山 社

〒113-0033　東京都文京区本郷 6-2-9-102
Tel 03-3818-1019　Fax 03-3818-0344
info@shinzansha.co.jp

笠間才木支店　〒309-1611　茨城県笠間市笠間 515-3
笠間来栖支店　〒309-1625　茨城県笠間市来栖 2345-1
出版契約 2020-8574-1-01011　Printed in japan

印刷・製本／亜細亜印刷・渋谷文泉閣
ISBN978-4-7972-8574-1 C3332 分類329.100 障害法・人権法
P268　￥3000E-329.100-a016 012-010-005

● 読者のみなさまにお知らせ

点訳データ，音読データ，拡大写本データなど，視覚障害の方のための利用に限り，本書内容を複製することを認めます。ただし，営利を目的とする場合はこの限りではありません。

● 本書のテキストデータを提供します

視覚障害，肢体不自由などを理由として必要とされる方に，本書のテキストデータをCD-ROMで提供致します。300円分の切手と返信用封筒(住所明記)と下のテキストデータ引換券(コピー不可)を同封の上，下記の住所までお申し込みください。

● あて先

〒113-0033
東京都文京区本郷6-2-9-102
信山社内『日本の障害差別禁止法制』テキストデータ係

テキストデータ
日本の障害差別禁止法制
引　換　券